Hongkong against Japan War Documentary

日落香江

香港对日作战纪实

（修订版）

莫世祥　陈　红　著

SPM

南方出版传媒

广东人民出版社

· 广州 ·

图书在版编目（CIP）数据

日落香江：香港对日作战纪实（修订版）/ 莫世祥，陈红著. —
广州：广东人民出版社，2015.8
ISBN 978-7-218-10286-3

Ⅰ．①日… Ⅱ．①莫… ②陈… Ⅲ．①抗日战争 – 史料 –
香港 Ⅳ．①K265.06

中国版本图书馆 CIP 数据核字（2015）第 180909 号

RILUO XIANGJIANG：XIANGGANG DUIRI ZUOZHAN JISHI（XIUDING BAN）

日落香江：香港对日作战纪实（修订版）

莫世祥 陈 红 著

版权所有 翻印必究

出 版 人：曾 莹

责任编辑：周惊涛 陈其伟 林 冕
装帧设计：彭 力
责任技编：周 杰 易志华

出版发行：广东人民出版社
地 址：广州市大沙头四马路 10 号（邮政编码：510102）
电 话：(020) 83798714（总编室）
传 真：(020) 83780199
网 址：http://www.gdpph.com
印 刷：广东信源彩色印务有限公司
开 本：787mm×1092mm 1/16
印 张：19.75 字 数：270 千
版 次：2015 年 8 月第 1 版 2015 年 8 月第 1 次印刷
定 价：45.00 元

如发现印装质量问题影响阅读，请与出版社（020 – 83795749）联系调换。
售书热线：(020) 83793157 83795240

谨以本书献给

香港对日作战的牺牲者、亲历者与关注者

修订版序言

近代以来，香港经历过两次战争。

一次是 19 世纪 40 年代初期曾经给中华民族带来屈辱和反省的鸦片战争。战争给香港带来的命运，已是众所周知。

另一次是 20 世纪 40 年代中期中华民族终于首次战胜外国侵略者的抗日战争以及同盟国打败日本军国主义的太平洋战争。香港在战争中的牺牲和贡献，还鲜为人知。

从战争规模、持续时间、激烈程度，以及中外人士广泛参与的范围来说，香港经历的后一次战争远远超过前一次战争。因此，可以确切地说，香港真正经历的只有一次战争，即香港对日作战。

参加香港对日作战的，有包括香港华人在内的中国人、英国人、加拿大人、印度人、美国人。在香港对日作战的国家和政党，共有三国四方，即中国（含中国国民党和中国共产党两方）、英国、美国。三国四方的首脑远在千里之外运筹帷幄，三国四方的将士在香港地区决胜疆场。

香港对日作战，无疑是中国抗日战争和国际太平洋战争的重要一役。香港在战争期间经历的苦难、奋斗、胜利和遗憾，与战争带给中国以及其他盟国的遭遇紧密相连。

前事不忘，后事之师。

早已逝去大半个世纪的漫长岁月，或许已经抚平战争亲历者及其后人的身心创伤，促使期盼世界和平者探求引导昔日的受难者、反抗者与施暴者的后人消融仇恨、达成和解的路径。可是，后人和解之路只有建构在厘清前人历史与是非的共识基础上，才能消除世代因袭的怨恨，开启友好合作的前程。有鉴于此，将迄今仍然鲜为人知的香港对日作战的历史概貌客观展示在世人面前，仍然是香港历史研究者义不容辞的责任。

为了发掘和彰显这段被岁月烟尘掩盖的历史，从 20 世纪 40 年代开始，中国香港、中国台湾和英国的作家、学者陆续出版相关的中、英文著作。20 世纪 80 年代起，中国内地也出版有关东江纵队在香港抗战的著述和资料集。

所有这些成果，或集中描述香港抗战史的某一段历程，或集中介绍参与香港抗战的某一个人群，从而引导读者得出合乎某一侧面史实的认知。它们虽然都未能完整展现中、英、美三国和中国国民党、中国共产党、英国、美国四方在香港对日作战的历史全貌，却奠定了对这段历史进行全面探索、宏观把握的学术基础。

当年属于绝密而今已经解密的中、英、美、日等国的大量档案文献，为全面、真实地揭示这段历史提供了坚实的史料依据。

1997 年香港回归祖国前夕，笔者利用应邀到香港进行学术访问研究的机会，收集有关香港对日作战的中外历史资料和档案文献，和内子陈红一起，共同撰写这部书稿。

书稿的表述形式经过了一番斟酌：是写成一本正经的学术专著，仅供崇尚高雅的学术小圈子品评，而失去普及香港历史的功效？还是写成向壁虚构的小说家言，风靡一时便烟消云散，无法维持长久的生命力？斟酌的结果是：两者都不可取。

窃以为，历史专业的研究者需要借助文学的感染力，兼顾历史知识的普及工作。史学的真实性与文学的可读性相统一，乃是文史类著作赖以普及和持续的活力。因此，本书决定采用历史纪实的表述形式，以翔实的档案文献为依据，借助文学对于历史场景与具体细节的想象和描述，力求如实而生动地展现昔日中、英、美三国和中国国民党、中国共产党、英国、美国四方在香港对日作战的综合历史画卷。

1997 年 12 月，本书由广州出版社出版简体字版。次年 11 月，该书重印。

18 年后的 2015 年，适值中国抗日战争和国际太平洋战争胜利 70 周年。在寰宇同庆的日子里，缅怀昔日中国人、英国人、加拿大人和美国人在香港合力抗击日本侵略者的历史，反省人类相斗相残的惨烈教训，目的当然不是延续中国、盟国与日本之间的上代仇怨，而是在尊重历史、明辨是非、总结教训的基础上，谋求共识，俾有助于昔日战争中分处敌、我、友地位的亲历者的后世子孙们达成相互和解，永不重蹈战争的覆辙。

有鉴于此，笔者再次修订本书，书稿按照审读专家意见，删去相关文字，由广东人民出版社重新出版，献给关注这段历史的各界读者，希望继续得到有识之士的批评指正。

莫世祥于香港宝马山
2015 年 3 月 18 日

目　录

第一章　战云笼罩香江

小廖：条件不要太苛刻。

第二章　百年一战

第三章　秘密大营救

与国军别动队队长。她最早出书，叙述逃港外国人投奔"自由中国"。

第四章 地火潜行

第五章　谁来收复香港

如果途经港九的十万国军不去打内战，而留下来接收香港，历史将重新改写。英国人在香港"重光"之初，需要借助东纵的实力和影响力。香港的命运其实不是由"天机"，而是由中国人民的民意决定的。

第一章
战云笼罩香江

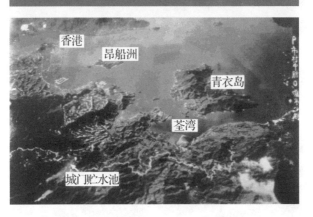

太平洋战争爆发前日军飞机从空中俯拍的香港地形图

天皇垂询对港英作战

1941 年，中国抗日战争进入艰难相持的岁月。孤悬珠江口外的香港，终于感受到战争的威胁。

自从 1841 年 1 月 26 日英军侵占香港，实行殖民统治以来，香港已经百年无战事。相对于战乱频仍的近代中国来说，香港可谓避乱居安、生息繁衍的"世外桃源"。而今，这个"世外桃源"已经完全笼罩在战争的阴影里。

战争的阴影在日本扩大侵华战争之时便悄然降临。

1938 年 10 月 12 日凌晨，日军在与香港一水之隔的广东惠阳县大亚湾登陆。10 月 21 日占领广州，广（州）九（龙）铁路华段完全落入日军手中。

1939 年 8 月中旬，日军进占深圳和沙头角，与驻守香港新界中英边界沿线的英军对峙。

1938 年 11 月，日军在深圳罗湖桥与英军对峙

1940 年 6 月 22 日，华南日军再度进行广九作战，扫荡第七战区司令官余汉谋指挥的国军和中共领导的抗日游击队，重新进占

深圳和沙头角，完全封锁中英陆路边界。

至此，吞噬了大半个中国的日本军国主义巨兽，已经将香港这块肥肉置于嘴边。

吃掉香港这块肥肉，是日本帝国向太平洋扩张的既定国策。

1936年6月3日，东京城内碧水环绕的皇宫。

令人赏心悦目的樱花怒放季节早已过去，即便是皇宫花园，也是好花不常开，只留下残枝败叶的凋零景象。甫及中年的天皇裕仁一身戎装，端坐在高大的御座上，面目冷峻地翻阅着刚刚摆到案上的两份奏折。奏折封面赫然写着一行大字：《帝国国防方针》、《帝国军队用兵纲领》。

奏折是裕仁的叔辈、资深望重的参谋本部总长、闲院宫载仁亲王呈递上来的。裕仁对其中的内容要义早就耳熟能详。

自从1931年9月中旬日本关东军制造"九一八"事件，乘机吞占中国东北三省以来，军部扩大战争的欲望越来越迫切，胃口越来越大。1936年2月26日凌晨，几百名激进的少壮派官兵发动"清君侧"政变，袭击首相和大臣们的官邸，扬言要诛杀主张维持中日现状的保守派大臣和政客，推拥天皇亲政，实行"昭和维新"。天皇无法容忍这些狂妄的下层官兵随意杀戮自己信赖的重臣，下令军部讨伐叛乱。平乱后组成的日本内阁，却从此倚赖和震慑于军部干政的指挥刀下。军部向外扩大战争的主张和部署变得更加肆无忌惮。

"为了与英、美为首的白种人抗衡，必须建立日本为主导的大东亚共荣圈。"

"必须以经营中国大陆为首要目标，以建立满洲为中心，牵制北部正面之敌苏联，攻击背后的蒋介石。"

"无论是南进，还是北进，都必须实现全国意志的统一和国家的高度国防化。"

有关这一切主张和部署，裕仁已从先前的奏折和御前会议中了解得一清二楚。他要的就是日本列岛乃至全世界都向他这位天照大神的后人称臣。军部虽然有点强悍不羁，却正好充当他争霸宇内的鹰犬。既然有效忠天皇的武士道精神作为驾驭军部的无形缰绳，他又何必对军部管束太多呢？裕仁一边翻阅奏折，一边思量着要对正在候旨的载仁亲王说些嘉勉的话，忽然发现在《帝国国防方针》的奏折里，写有"将英国作为假想敌国"的字样，不由一愣。这是他第一次看见军部有如此新奇的想法。他打开《帝国军队用兵纲领》，只见第五项中写着：

> 在以英国为敌国作战时，应遵循下列要领：
> 作战初期的目的在于击败东亚的敌人，摧毁其活动的根据地，并歼灭由其本国驶来的敌舰队主力。
> 陆海军作战的要领应相机制定之。

裕仁抬起头，威严地盯着载仁亲王，问道："为什么要增加对英作战一项？"

对于天皇的这一垂询，载仁早有准备。不过，因为事关日后日军南进战略的取舍，他还是沉吟片刻，才字斟句酌地回答："英国最近加强香港和新加坡的防务，国际形势不稳，为了预防万一，就加上这一项。"

"朕明白了。"裕仁合上眼睛，口角边似乎露出一丝微笑。

天皇垂询对英作战，认可摧毁英国在远东的根据地——香港、新加坡等地的战略设想，这一消息使参谋本部上下兴奋不已。3 年之后，即 1939 年 8 月，参谋本部综合有关情报资料，精心制作成比例为 1：25000 的《香港附近防御设施图》。该图详细标明英军在香港各地的据点、炮台、兵营、弹药库等军事设施的位置和兵力配备情况，供大本营发给作战师团大队长以上的军官参考使用。后来利用该图攻占香港的日军第 38 师团参谋长阿部，回忆当初他看到该图时的心情说："中央印刷的九龙半岛、香港地区要塞、主要阵地等地图资料，细致入微，一目了然，使人惊叹。我对平素深入侦察的参谋本部深表敬意。"

这年年底，日本大本营批准 1940 年度对华作战计划，其中明文规定"中国派遣军在香港方面的作战要领"：

> 一、在战争开始之后，应立即以空军摧毁香港附近的空军部队，并努力歼灭敌人停泊的舰艇。
>
> 二、第 21 军一部应主要从陆地正面攻占香港。

这里说的"第 21 军一部"，指的是第 38 师团。该师团后来编入专门负责华南作战的第 23 军战斗序列。

1940 年五六月间，德国在欧洲战场发动西线大攻势。法军一触即溃，法国贝当政府投降；英军丢盔弃甲，从敦刻尔克败退本土。德军的"闪电战"，赢得闪电般的胜利。日本朝野上下为之兴奋不已，大本营陆军部唯恐赶不上瓜分世界的"最后一趟公共汽车"，遂于同年 7 月 3 日召开首脑会议，确定采取以南进为目标的战略决策。首期作战目标，就是攻占英国殖民统治下的香港、新加坡和马来半岛，扩张"大东亚共荣圈"。

与此同时，大本营海军部也开始制订袭击美国太平洋舰队的基地——夏威夷珍珠港的计划。

即将震撼全球的太平洋战争正在酝酿之中……

1941 年 7 月 29 日，日军第 25 军不费一枪一弹，"和平"进驻半个多世纪以来一直由法国人实施殖民统治的法属印度支那。远处太平洋彼岸的美国不甘任由日本在亚洲恣意侵略扩张，在同月 25 日宣布冻结日本在美国的全部财产，继而宣布对日本实施石油禁运。英国和荷兰也相继采取同样的对日制裁措施。

正在东亚大陆上逞凶横行的战争狂人，忽然被昔日的海上列强切断赖以纵横世界的能源！

这个战争狂人顿时怒不可遏。他矢志大打出手，不仅打中国，还要打美国、打英国、打荷兰！

一句话，他要重新瓜分世界，要把亚洲和太平洋地区置于自己控制之下。

8月9日，日本大本营决定，以11月底为最后期限，完成"南方作战"的所有准备工作。

太平洋上空，战云翻卷。

撤退还是救援，丘吉尔不置可否

1941年初夏的伦敦，到处是残垣断壁，到处是炸弹坑和瓦砾场。

这个曾经以繁华显赫于世的英国首都，在蜂拥而至的德国飞机轮番轰炸下，已经变得体无完肤。

1940年3月7日晚上起，德国空军大将戈林亲自率领大批战机，不间断地对伦敦进行狂轰滥炸。第一波轰炸竟然连续57个夜晚。其中最猛烈的一次，是10月15日晚上，德军出动飞机480架次轰炸伦敦，投下炸药386吨，燃烧弹7万枚。1941年5月间，德机又几度轰炸伦敦。

屡遭轰炸的伦敦，已经算不上一座物质意义上的城市。可是，它仍旧是一座精神意义上的城市，是统治着当时世界1/4土地的大英帝国的精神之都。

首相温斯顿·丘吉尔跨出地下指挥所的铁门，迎着晨曦，走在弹痕累累的大街上。经历长夜不眠的思虑、争议和决策之后，丘吉尔喜欢在晨曦中漫步长街，让清新的凉风吹拂由于整夜绞尽脑汁地与德国元首希特勒较量而逐渐稀疏脱落的头发，从中获得新的灵感与活力。处在战争的惊涛骇浪里，舵手应该始终保持平静的心境。

此刻，丘吉尔却难以保持平静的心境。他的内心甚至有点焦躁不安。

这种焦躁不安是由于无能为力、无计可施而造成的。

昨天晚上，他先后收到来自香港的两份电报。电报分别是香港总督罗富国爵士和英军驻港陆军总司令贾乃锡少将打来的。两人在电报中汇报的都是香港防务问题，彼此的意见却针锋相对，最后只能电请丘吉尔定夺。

罗富国在 1937 年 12 月就任香港第 20 任总督。在此之前，他一直被派驻非洲英属殖民地任职，调任前官至圭亚那总督。罗富国对亚洲尤其是对中国事务，知之甚少。上任后，他目睹日军大举侵华，威逼香港，内心颇为不安。他主持下的港英政府一度宣布对中国抗日战争保持中立，借以希望日军能对香港"井水不犯河水"。随着战局发展，他逐渐同情和半公开地支持在香港举行的抗日宣传活动。1940 年 6 月，当日军再度进占深圳等地之后，港府宣布香港进入非常时期，开始将英籍妇孺撤退到澳大利亚，同时征召英侨入伍，加强军事防御设施。不过，罗富国心里并不希望在其任上和日军公开对阵。由于身体多病，他只希望能在 1941 夏天任期将届 4 年之时退休离港，远离是非之地。因此，他致电伦敦，建议撤退香港的所有军事力量与装备，"以避免日本人进攻之后引起的平民伤亡和财产损失"。英军驻港陆军总司令贾乃锡少将却强烈反对罗富国的主张。他声明：香港需要的是更多的军队。他致电伦敦，正式请求增援。贾乃锡的意见得到远东英军总司令、空军大将布鲁库·包法姆的赞同。大将强烈要求首相给香港增派两营援军。

撤退，还是增援？

撤退？丘吉尔鄙弃般地看着路边被击落的德机残骸。自从 1940 年 5 月底 6 月初英国远征军和部分法军从敦刻尔克大撤退至英伦本土之后，欧洲大陆已经任由德国纳粹军队横行。大英帝国岌岌可危，再也经不起撤退，也绝不能再撤退。他曾经像一头雄狮，咆哮着痛斥英国能否坚持战斗的论调：

我们不能松懈，也不能失败，我们要抗战到底。我们要在大海大洋上作战。我们越战信念越坚，空军越强。我们不顾一切牺牲，保卫我们的岛国。我们要在海滨作战，要在登陆的地方，在田野里，在街头上，以及在群山中作战。我们永不屈服！

撤退，当然不是丘吉尔所欲为。他在战争中出任英国首相，就是为了不使大英帝国从原来的版图上撤退。

增援？丘吉尔望着正在大街上出操跑步的一队加拿大士兵，心头一阵苦笑。在上年夏天敦刻尔克的仓皇大撤退中，大约30万名英国远征军士兵除带回随身携带的步枪和刺刀之外，只带回几百挺机关枪，其余所有重型武器都丧失殆尽。而在英伦本土上，堂堂英国陆军只剩下野战炮500门、坦克200辆。步兵连队中，平均4个人才有1杆枪，有的连队甚至平均6个人才有1杆枪。英军已不能靠实力而只能靠勇气去对付入侵者了。为了安抚民心，丘吉尔调令加拿大、新西兰和澳大利亚等英联邦国家的数千名官兵火速增援英国，还故意下令让这些官兵定期到伦敦市区出操和游玩，使英国老百姓看到援军已到，不再惊慌。现在，与英伦本土远隔数万里的香港竟也要求增援，岂不让早就捉襟见肘的丘吉尔哭笑不得？

退又不是，援又不能，丘吉尔在两难的抉择中，意识到这实际上是"日不落"的大英帝国行将衰落而生发出来的难题，因而益加焦躁起来。

他想起上年夏秋间英国三军参谋总长对远东军事形势的建言：

> 日本正伺机将英国势力从中国和香港赶走，香港守军将无法长期抵挡日军的攻击。即使我们可以向远东派遣强大的舰队，面对已经在中国大陆上站稳脚跟的日军，能否确保香港仍属疑问。无论如何，香港都不能作为海军的前进基地了。香港既然不能救援，也不能长期坚守，就只能当作一个尽可能长期保持的前哨阵地来对待。要坚决顶住主张增援香港的压力。

丘吉尔沉思半晌，向后扬起食指，示意尾随身后的机要秘书走上前来，然后口授电文，作为对有关香港的两种对立意见的答复：

> 所提建议皆错。如日本对我开战，则无希望守住或救援香港。在那里增加我方损失，极属不智。不仅不应增兵，反而应将驻军减少到象征性的程度。那里发生的一切纠纷，都必须留待战后的和平会议解决。我方应避免在难以坚守的阵地上消耗实力。日本若对英帝国宣战，谅必酝酿已久，因而无论香港守军有二营或六营，都不会影响其决策。我宁愿那里的守军少一些，但任何撤离行动都必然引人注目，招致危险。

到底是撤退，还是增援？丘吉尔都没有明确表态。

不表态，其实也是一种表态。即：无论撤退，还是增援，香港都要守下去。

因为，香港是镶嵌在大英帝国皇冠上的一颗东方明珠，是皇家军队在远东立足的前哨基地。

"蒋委员长对于香港期望甚殷"

香港也是抗战的中国争取外国支持和援助的门户和海上通道。

当时，国际舆论公认中国国民政府军事委员会委员长蒋介石为中国抗战的领袖。因此，日本军方深恶痛绝地将香港称为"援蒋基地"。

自从1841年英军占领香港以后，无论历史风云如何变幻，香港都会在祖国危难的关键时刻，成为援助祖国大陆的"××基地"。

因为香港始终和中国大陆同声相求，同气相通。香港华人本来就是中国人，血浓于水。

现在，中国在抗战，香港自然成为援助中国抗战的海外基地。

中国的抗战，肇始于1931年9月18日日本军队悍然侵占东北三省。可是，此后数年中国军队抵御日军侵略的战斗，充其量只属于局部的抗战。

面对日军占领东北、继而向华东和华北扩张的步步进逼，蒋介石虽然也曾挥军抵挡，但却认为未到国家存亡的"最后关头"，因此坚持"攘外必先安内"的国策，调集重兵，致力"围剿"实行武装割据以反抗国民党专制统治的中国共产党及其领导的工农红军，同时压制国民党内部敢于挑战其个人独裁地位的反蒋派系。

蒋介石的行径，终于逼反不愿继续"剿共"的东北军首领张学良和西北军首领杨虎城。1936年12月12日，张、杨两人在西安发动"兵谏"，扣押前来督战"剿共"的蒋介石及其随从官员，要求停止内战，一致抗日。

为了和平解决西安事变，一年前历经二万五千里长征而抵达陕北的中共红军派周恩来为代表，赶赴西安，分别和蒋介石及其夫人宋美龄、妻舅宋子文，以及张学良、杨虎城谈判磋商，各方最终达成国共合作抗日的口头约定。

1937年7月7日夜晚，在北平（今北京）近郊卢沟桥演习的日军突然进攻国军驻守的宛平县城，随后更集结各路日军，围攻国军第29军驻防的北平、天津等地，扩大侵略的野心暴露无遗。

7月8日，毛泽东、朱德、彭德怀、贺龙、林彪、刘伯承、徐向前等中共党、政、军领导人联名致电正在江西庐山紧急召集军政会议的蒋介石：

> 日寇进攻芦［卢］沟桥，实施其武装攫取华北之既定步骤。闻讯之下，悲愤莫名！平津为华北重镇，万不容再有疏失。敬恳严令廿九军，奋勇抵抗，并本三中全会御侮抗战之旨，实行全国总动员，保卫平津，保卫华北，收复失地。红军将士，咸愿在委员长领导之下，为国效命，与敌周旋，以达保土卫国之目的。迫切陈词，不胜屏营待命。

电文中提及的"三中全会"，指的是1937年2月15日至22日召开的中国国民党五届三中全会。

此次会议前夕，中共在 2 月 10 日发出"致国民党五届三中全会电"，公开提出只要国民党将下述五项要求定为国策，即：（一）停止一切内战，集中国力，一致对外；（二）保障言论、集会、结社之自由，释放一切政治犯；（三）召集各党各派各军的代表会议，集中全国人才，共同救国；（四）迅速完成对日抗战之一切准备工作；（五）改善人民的生活。则中共保证：（一）在全国范围内停止推翻国民党政府之武装暴动方针；（二）工农政府改名为中华民国特区政府，红军改名为国民革命军，直接受南京中央政府与军事委员会之指导；（三）在特区政府区域内，实施普选的彻底民主制度；（四）停止没收地主土地之政策，坚决执行抗日民族统一战线之共同纲领。

这意味着，中共愿意在国民党改弦易辙的前提下，和国民党携手共赴国难，一致抗日。

鉴于西安事变后全国舆论普遍要求团结抗日，国民党五届三中全会宣布："既处此非常之形势，吾人对内唯有以最大之容忍与苦心，蕲求全国国民之团结；对外则绝不容忍任何侵害领土主权之事实。""如果主权蒙受损害，超过忍耐程度，则决然出于抗战。"

卢沟桥事变发生后，国民党高层随即决定奋起抗战。7 月 17 日，蒋介石发表庐山抗战宣言，宣布：

> 最后关头一至，我们只有牺牲到底，抗战到底。唯有牺牲到底的决心，才能博得最后的胜利。若是彷徨不定，妄想苟安，便会陷民族于万劫不复之地！
>
> 战端一开，那就是地无分南北，年无分老幼，无论何人，皆有守土抗战之责，皆应抱定牺牲一切之决心。

从此，中国进入全面抗战的新阶段。

全面抗战的浪潮迅速蔓延到香港，香港成为中国国民政府向海外采购各种抗战物资的聚集地和转运地。

当时，国民政府在香港设有专门负责对外采购和对内输入军用物资的各种机关，如军政部武器购入部、中央信托局、贸易局和交通部驻港办事处，等等。空运方面，香港启德机场每天都有定期飞往重庆的班机，如需要运输大批货物，还可随时增加航班。海运方面，尽管日军舰艇封锁中国沿岸港口和海面，但是数不清的帆船、舢板仍然在香港和中国军队不时收复的东南沿海某些港湾之间，编织起四通八达的走私网，像蚂蚁搬家一样，将港九仓库里堆积如山的军用物资，悄悄送进内地。

毛泽东在延安号召抗日

这个走私网的第一集散地，在今天已经默默无闻。它位于九龙半岛东部，大鹏湾以北，当时是一个小渔港，名叫沙鱼涌，位于当今以"中英街"购物吸引游客的沙头角以东约 20 千米。当时亲到现场侦察，事后参与草拟进攻香港计划的日本参谋本部第二课课员濑岛龙三大尉，在向参谋本部部长田中新一少将报告时，曾经一再强调："沙鱼涌是香港援蒋物资的海上走私根据地。"

蒋介石在庐山发表抗战宣言

处在关山万里之外的抗战大后方重庆，不仅需要依靠香港转运国外军援物资，还需要通过香港向海外筹措抗战经费。

中国银行的总部设在香港，董事长宋子文代表中华民国国民政府，在香港与英方洽商借款事宜。从 1938 年起，宋子文和英国驻华大使克拉克·卡尔在香港多次磋商此事。经两人斡旋，中国银行、交通银行、汇丰银行和麦加利银行的代表，在伦敦正式签署《设立中国国币平准汇兑基金合同》。合同规定：中、英双方各提供500万英镑，组成平准基金，用于维持由于战争而急剧下跌的中国法币的汇价。这是中国在抗战期间与外国签订的第一个平准基金合同，也是宋子文在香港突破英国乃至西方列强在中国抗日战争初期实施隔岸观火式的"中立"政策的第一步。

1941年4月1日，宋子文又以中国国民政府代表的名义，在华盛顿分别与美、英两国政府代表签订中美、中英《平准基金协议》。通过这两个协议，中国获得5000万美元外汇和1000万英镑贷款（当时约合4000万美元），用以维持币制和采购物资。美、英两国从此资助中国抗战。

同年5月11日，设在陪都重庆的中国国民政府通过香港，向海外华人发起战时公债劝募活动。香港各界团体共1500多个单位积极参与此项活动。到7月5日，香港认购中国战时公债达1200多万港元。在此前两天，即7月3日，国民党中央宣传部在香港创办的《国民日报》，以《九龙商业总会响应劝购战债运动》为题，刊登重庆战时公债劝募委员会秘书长黄炎培写给港商领袖周寿臣等人的信件。信中称重庆已收到海外各地的认购战时公债款共1.2067亿余元。信中还赞扬香港各界资助祖国抗战的义举，说：

此次香港募债运动，得公鼎助，顺利进行。

蒋委员长致训，颇表嘉勉。同时对于香港，亦期望甚殷。

诸公热心同事，协助劝募，将来成绩所获，定可媲美陪都。

蒋介石坐镇陪都重庆，对香港在中国抗战中的作用还有另一番运筹。

1939年下半年，曾经以凌厉攻势占领中国大片国土的日军，终于因为需要分兵把守，而陷入势穷力蹙的窘况。日军转而用"停战"、"劝降"的手段，诱逼蒋介石及其国民政府放弃抵抗，与日本共建"大东亚共荣圈"。为此，日本中国派遣军总司令部起用参谋本部的铃木卓尔中佐，担任日本驻香港的武官，负责秘密与重庆政府的联络及谈判。

同年 12 月 27 日，铃木通过香港大学教授张治平牵线搭桥，首次秘密会晤正在香港为重庆国民政府采购抗战物资的西南运输公司董事长宋子良。

宋子良是当时民国权贵名门宋家的第五个孩子。他的大姐宋霭龄是国民政府财政部部长孔祥熙的夫人；二姐宋庆龄是已故中国国民党总理孙中山的夫人；三哥宋子文曾任国民政府行政院副院长和财政部部长，现任中国银行董事长；四姐宋美龄是蒋介石的夫人。

宋子良对铃木说：

> 倘使日本是尊重中国的名誉和主权的，重庆政府有和平会谈的准备，因此希望日本在承认汪兆铭政府之前，认真同重庆政府协商。
>
> 中国方面为了和平是希望美国等第三国从中调停的，但不管怎样，日华两国在开始谈判前必须休战，而且日本必须保证撤兵。

当时，国民党的第二号人物汪精卫（名兆铭）已经投靠日本，正在日军的保护下，筹组全国性的汉奸伪政权。宋子良的这番话转达重庆政府对日本的要求：（一）日本在承认汪伪政府之前，应与重庆政府协商；（二）两国既要和谈，就必须休战，日本必须保证撤兵。

不过，日方对宋子良的身份及其能否代表蒋介石存在疑问。因此，铃木在此后和宋子良的密谈中提出，重庆方面应该迅速派遣能够负责重庆政府中枢政策的秘密代表来香港，与日本方面的秘密代表开诚布公地会谈。

1940 年 2 月 10 日，宋子良在与铃木的第四次密谈中表示，自己已向蒋介石及宋美龄汇报，蒋介石决定派出授权代表，与日方高层代表在香港谈判。

同年 2 月 14 日，日本中国派遣军总司令部高级参谋今井武夫大佐到达香港，偕同铃木与宋子良、张治平会晤。会晤地点在台湾拓殖公司在香港经营的东肥洋行的会客室。今井武夫后来忆述与蒋介石的妻弟宋子良初次见面的印象，说：

> 他果真是宋本人吗？当然不可能断定。这人四十岁左右，白皮肤，身长不高，约五尺二三寸，英语流利，手里时常拿着雪茄烟，态度很有礼貌。

当时，宋子良对今井武夫和铃木说：

> 希望在举行日华两国政府正式和平会谈前，二月底首先在香港举行两国秘密代表各有三人出席的圆桌预备会谈，讨论和平条件。
>
> 重庆政府对于这次的秘密讨论寄予很大的期望，所以它的代表都携带着委任状。同时，宋美龄也预定前来香港，从侧面进行援助。

日方对宋子良转达的重庆信息极其重视。2 月 17 日，今井武夫回到南京，向中国派遣军总司令官西尾寿造大将报告详情。19 日，他飞往东京，向闲院宫参谋总长和陆军大臣畑俊六报告。日本参谋本部和陆军省协商之后，决定同意重庆的提议，在香港举行圆桌预备会谈。21 日，参谋次长将此事上奏天皇。

日本大本营随即派参谋本部第八课课长臼井茂树大佐，中国派遣军总司令部派今井武夫和铃木，作为直接与重庆政府代表密谈的三名日方代表，并且将此次诱降蒋介石的密谈命名为"桐工作"。

为了劝降蒋介石，日军在"桐工作"进行期间，不仅推迟汪精卫筹组的伪"中华民国国民政府""还都南京"的计划，还延缓对中国西南战略重镇长沙发起大规模的军事进攻。

3 月 2 日，重庆政府派来的三名代表抵达香港，其中有早在香港的宋子良，以及重庆行营参谋处副处长、陆军中将陈超霖和中国前驻德使馆参事、现任最高国防会议主任秘书章友三。不久，香港报刊还刊载蒋介石夫人宋美龄在同月 5 日因病到香港休养的消息。

同月 7 日至 10 日，每晚大约从 9 时到深夜，中、日密谈代表都在东肥洋行二楼进行密谈。中方代表向日方表示，除利用无线电报及时向重庆报告密谈进展之外，还特别设立联络组，每天乘班机往返于香港和重庆之间，因而在第二天的会议之前，就可以得到政府中枢的指示。日本驻港特务机关及其指挥下的华南洪门致公堂对中方代表的跟踪监视，也证实中方代表所言不虚。

不过，对于日方代表敦促重庆政府承认其扶植的"满洲国"伪政权、放弃抗日容共政策、加强"日华提携合作"等条件，与会的中方代表不仅一一以拖字诀拆解，而且反过来要求日本不能视中华民国为征服国，应该将其在华军队从速撤退。由于日军在上海有意向新闻界透露此次密谈的消息，中方代表还对日方提出强硬抗议，要求取缔此类新闻报道，并声明这是蒋介石特使的指示。

5 月 13 日，宋子良、章友三和今井、铃木继续举行密谈。密谈地点改在九龙的半岛酒店 243 室。日本中国派遣军总司令部特派员阪田诚盛亲自担任翻译。

为了进一步确认宋子良的身份，铃木派人从门锁的洞眼偷偷拍摄宋子良在会谈中的照片。随后，今井专程将照片带到南京，让早前随同汪精卫投降日本的陈公博、周佛海等原国民党高层人士辨认。他们有的说照片里的人像宋子良，有的说不像，有的说更像宋子良的弟弟宋子安。无论如何，日方都认为这个自称是宋子良的人可以帮助他们接上直通蒋介石的联络网，推进劝降的"桐工作"。

6 月 4 日至 6 日，根据中方建议，密谈地点改到澳门海边的一座空房子进行。日方代表出示日本参谋总长闲院宫亲王的委任状，中国代表出示有军事委员会委员长蒋介石亲笔签署的委任状，并且盖有该委员会的公章和蒋介石的私章。

双方代表最后商定：中、日两国将直接举行高层秘密和谈。日方将派中国派遣军总司令部总参谋长板垣征四郎以及汪精卫出席，中方将由蒋介石或其特使出席。至于和谈地点，日方提出在其占领的上海或分别由英国、葡萄牙管治的香港、澳门举行；中方则希望在重庆或长沙举行。

会后，中方进而坚持在国军成功固守而日军久攻不下的长沙城内，举行板垣、蒋、汪的三人高层密谈。

6月下旬，日方要求重庆政府作出书面保证，确保出席三人密谈的日本和南京汪伪政权代表的安全，重庆方面却以有碍保密为由加以拒绝。

7月中旬，日本内阁改组，主张强硬征服中国的东条英机出任陆军大臣之后，认为驻华日军诱降蒋介石及其重庆政府的行动是浪费时间的越权行为。9月下旬，日本中国派遣军总司令部停止一无所获的"桐工作"。

1945年6月上旬，日军捕获正在浙江从事抗日活动的国民政府军事委员会调查统计局（简称"军统"）骨干成员曾广，将其关押在上海日军宪兵队监狱。监狱给犯人放风的时候，5年前曾经在香港参加"桐工作"的中国派遣军总司令部特派员阪田诚盛正好也在场。他惊讶地发现：这个自称叫曾广的人，正是昔日在香港密谈的"宋子良"！

两个多月之后，日本宣布战败投降。曾广（真名曾政忠）出狱，成为接受日军投降的胜利者。曾经在香港、澳门等地对他进行"桐工作"的今井武夫，则和中国派遣军总司令部众官员一起，被关押在国军接收的南京监狱。

1953年，香港大学教授张治平到日本，探访已经被遣返回家的今井武夫，揭晓当年和日方代表秘密会谈的内情，说："会谈是在蒋介石和戴笠直接领导下的极密事情，重庆政府也是寄予极大期望的。"

原来，驻华日军满怀希望劝降蒋介石的"桐工作"，其实被蒋介石和"军统"首领戴笠指挥下的几名特工人员，在香港偷龙转凤般地玩弄于股掌之中。其结果，不仅滞缓日本扶植汪伪政权及进攻长沙的计划，而且暗藏诱捕板垣征四郎和汪精卫于长沙的杀机。如果不是日本内阁改组，东条英机上台，驻华日军一厢情愿的"桐工作"还不知道如何跌宕起伏地演绎下去呢。

蒋介石遥控"军统"在香港玩弄日军的"桐工作"，只是将计就计的权谋博弈。中国坚持抗战，促使英国放弃早前在中日战争中保持"中立"的政策，实行两国间的军事合作，才是光明磊落的正义之举。

1940年8月，蒋介石派海军少将陈策率领重庆军事使节团常驻香港。陈策向港英政府建议在香港组建华人义勇军，由英方提供武器装备乃至海、空支持，使之与正在华南敌后抗战的第七战区司令长官余汉谋辖下两个军一起协同作战，保卫香港。然而，英方对"武装华人"之议向来猜忌甚深，组织香港华人义勇军一事被搁置下来。不过，驻港英军很快地向重庆派驻情报官，还在毗邻香港的广东沿海各地组织起由华人参加的防空情报网，以加强香港的防空能力。中英双方在香港防务上开始有初步的合作。

1941年1月，英国派丹尼斯少将到重庆，担任驻华大使馆武官。他负有一项秘密使命，即一旦英、日开战，就领导英国援华军事使节团，与中国军方进一步商洽联合作战事宜。后来，这个使节团被称为第204军事使节团。丹尼斯到重庆之后，与中方密洽军事合作战略：双方除联合出兵保卫缅甸之外，一旦香港遭到日军进攻，中国军队应向广东及日军后方采取攻势，以减轻香港守军的压力。

香港的安危，和祖国抗战的成败紧密联系在一起。

宋庆龄在港发起"一碗饭运动"

1941年7月1日晚上，港岛湾仔的英京酒店灯火辉煌，冠盖云集。

已故中国国民党总理孙中山的夫人宋庆龄穿着旗袍，端庄典雅地站在花团锦簇的大堂中央，微笑着欢迎前来参加香港"一碗饭运动"委员会成立典礼大会的中外嘉宾。

"一碗饭运动"发源于美国。1938年7月17日，美国友人和旅美华侨组织中国平民救济协会，倡议各方人士每人捐献一碗饭的钱币，集腋成裘，赈济遭受日本侵略的中国难民。不久，美国48个州的2000多个城市共有100多万人响应号召，踊跃捐款。随后，这一运动还扩展到其他国家的华人聚居地。

这一运动引起宋庆龄的重视。中国抗战全面爆发后，宋庆龄来到香港，联络在华外国友人组织"保卫中国同盟"（China Defence League，简称"保盟"），协助外国友人在华创办"中国工业合作协会"（简称"工合"），促进国际援华赈济的各项工作。她决定通过"保盟"在香港发起"一碗饭运动"，为"工合"募捐，通过组织以工代赈，有效地救助国内的伤难者。

1941年5月初，香港中外人士筹组"一碗饭运动"委员会，宋庆龄任名誉主席，立法局华人首席议员罗文锦任主席，医务总监司徒永觉的夫人赛尔温·克拉克任副主席。委员会议定的募捐方式为：由委员会发售代用券1万张，每张2元；购券者可食一碗炒饭，由参与赞助的酒楼、茶馆专门提供；预计全部收入2万元，将如数捐赠给"工合"，作为该组织的救济基金。

宋庆龄在香港发起"一碗饭运动"的消息迅速传遍香港餐饮行业。5月25日，港九地区的酒楼、茶室、茶居、西茶、饭店等五行商会召开会议，商议实施办法。威灵顿街丽山餐室业主温梓明首先写信给"一碗饭运动"委员会，要求作为第一个认捐人，捐饭500碗，定名为"救国饭"。其他业主也竞相认购，至5月底，已有13家业主认捐5000多碗。

"一碗饭运动"尚未正式开始，便已先声夺人。

同年7月1日的香港"一碗饭运动"委员会成立典礼之夜，可谓香港政、商两界的中外名人大聚会。到会的150多名嘉宾中，有英军驻港陆军总司令贾乃锡、海军司令哥连臣，有辅政司史美夫人，医务总监司徒永觉和夫人克拉克，还有立法局华人首席议员罗文锦大律师、香港中国银行行长郑铁如、华商总会主席郭泉、港商领袖周寿臣等。

宋庆龄在热烈的掌声中登台，用英文致开幕词。宴会大厅回荡起她那温柔而坚定的女中音：

> 这个月，在英国伦敦，中国运动委员会不顾德机轰炸的威胁，正在为争取救济中国的医药经费而开展"一碗饭运动"。这个星期，在菲律宾，也正在举行一个同样纪念中国抗战四周年的运动。……
>
> "一破饭运动"是同情于我们抗战建国而发扬民主精神的表示。今晚在香港首次举行，并承各友邦同情的友人们都来参加，这是何等有意义！
>
> 香港的"一碗饭运动"，更含着一种深长的意义，因为这次捐款是要帮助工业合作社去组织及救济难民、伤兵。这是巩固经济阵线，是生产救国，是帮助人们去帮助自己，是最妥当的一种救济事业。工业合作社是民主性的组织，我们以这样富有民主性的"一碗饭运动"，来使工业合作社完成救济事业，岂不是很愉快而值得提倡的吗？

因故未能出席"一碗饭运动"成立典礼的港督罗富国，特意给宋庆龄等人送来贺信。贺信由罗文锦在会上宣读：

> 鄙人深信此运动在香港将如英、美一样成功，盖其目的在

援拯侵略主义下之被牺牲者，凡为血气之伦，均应引为己任。今者，吾侪两国人民，惨遭轰炸，同处水深火热之中。香港人士，对于不列颠之浩劫，曾作慷慨之捐输；现值"一碗饭运动"在此推行，固知香港之华人，将能利用机缘，以援助其祖国在苦难中之同胞也。

接着，与会的几位外国友人登台发言，表达援助中国抗战与救济难民之情。会上，还由新西兰著名记者路易·艾黎放映他在中国实地摄制的新闻纪录片，当众拍卖宋庆龄等人捐赠的文物和纪念品，作为"一碗饭运动"的首批捐款。

由政要与富商名人出席的成立典礼大会，拉开香港"一碗饭运动"的宣传序幕。在此后一个月的时间里，香港文艺界、新闻界的中外进步人士纷纷为动员香港同胞参与这一运动而奔走呼吁。

剧作家于伶在报上热切地倾吐心声："我希望每一位吃得起饭的人，多多购买'一碗饭运动'券。我希望每一位吃不起饭的人，无力购买'一碗饭运动'券，也能了解'一碗饭运动'的意义。我希望现有各饭庄、各餐室、各酒店所捐献的一碗炒饭总数卖完了，再捐。我希望现有的'一碗饭运动'券卖完了，再印。"

1937年10月曾经到延安采访毛泽东的新西兰作家和记者杰姆斯·贝特兰，在为中共秘密在港创办的《华商报》"一碗饭运动特辑"题词中写道："你，中国的朋友，在香港的饭店里买一碗炒饭，黄河边上那千万无家可归的人民就可以一起工作，过着快乐的生活。"

……

1941年8月1日，"一碗饭运动"正式在港岛的丽山、乐仙、英京、龙泉、广州、汉商、天燕、小祇园、金星、金门、南京、北极、怡安等13间酒家餐室举行。当天出版的《华商报》特地刊登宋庆龄专门写的题词：

日×所至，骨肉流离，凡我同胞，其速互助。

这里的"日×",原文为"日寇"。因为港英政府在中日战争中实行"中立"政策,港府新闻检查条例规定,不能将日军称为"敌军",更不能斥之为"日寇",所以香港报刊只能以"×"暗指敌寇。

这天清晨,克拉克夫人和廖梦醒等"保盟"工作人员分赴资助"一碗饭运动"的各间酒家餐室巡视。这些酒家餐室早已做好各项准备工作,布置得焕然一新。有的高悬"爱国之门"的匾额;有的拉起"欢迎来吃救国饭"的横幅;有的辟出厅堂,专门接待来吃"一碗饭"的顾客;有的还免费给这些顾客供应茶水。来往主要街道的公共汽车,车厢两旁张贴着标语和宣传画,上面写着:"为祖国无家可归的难民请命!""多买一碗饭,多救济一个难民。"

香港各界人士,无论富人、穷人,无论中国人、外国人,也无论男女老幼,但凡目睹此情此景,无不肃然动容,泛涌起爱心与热血,竞相前来购食这援助中国伤难者的"一碗饭"。这时,人们发现,平日被冷冰冰的金钱关系侵蚀得疏远麻木的同胞,原来也可以为着同一个博爱的目标,突破富贵贫贱的界线,走到一起,步向心心相通的世界。

通常埋头向钱看的香港商业社会,因此振作起来,为抗战的祖国做善事。

从1941年8月1日起,一连三天,是香港开展"一碗饭运动"的预定时限。其中,8月2日和3日适逢星期六和星期天。在这最后两天时间里,香港华人相继扶老携幼,全家出动,以购食到一碗不寻常的炒饭为荣。

下面叙述的,只是无数动人场面的一二剪影:

三个西装革履的大汉急匆匆拨开街上熙熙攘攘的人群,大步闯进位于上环水坑口的乐仙酒家。侍者见来人派头不小,估计是经常来往南洋的商客,说不定还有江湖上的背景,连忙将来客引到装饰豪华的楼上雅座。侍者端茶送水之后,端出菜单,笑问:"先生想吃些什么?"

"一人一碗炒饭。"坐在上座的大汉推开菜单,打断侍者的问话。

侍者犯难了。虽说乐仙酒家早已宣布赞助"一碗饭运动",但只在楼下大厅售卖炒饭。楼上雅座照常营业,不供应炒饭。

"喂,还不照办?嫌我们兄弟付不起钱?"坐在左边的大汉见侍者光顾发愣,就从腰包里掏出一叠大钞,"啪"的一声摔到桌面上。

侍者连连点头哈腰地解释说:"对不起,我不是这个意思,只是老板吩咐过……先生如果只吃炒饭,其实也不用这么多钱。"

"废话!你以为这些钱是给你们的?老子是要你们捐给孙夫人的。日本仔断了我们在广州的财路,这笔账迟早要算!闲话少讲,快上炒饭来,我们兄弟还要坐船出海哩。"

乐仙酒家业庞永棠得知有三位好汉出巨资买三碗炒饭,不敢怠慢,马上命侍者捧出常年珍藏、只是偶尔用来款待贵客的大红古碗,盛满特别烹制的炒饭,亲自送入雅座。

此后,乐仙酒家宣布:凡捐款达 100 元以上之购食"一碗饭"者,都可以享用本酒家家传大红古碗,以资敬重。

8月3日深夜,"一碗饭运动"结束的时间到来了。已经忙碌三昼夜的酒家餐室员工,终于松一口气,开始关门打烊。

一个拄着拐杖的老婆婆,拉着衣衫褴褛、头发蓬松的小孙女,敲开一家餐室的大门。

"师傅,求求你,卖一碗炒饭给我们吧。我们婆孙俩从广东逃难来到香港。一直靠捡破烂、乞食为生,从来不敢指望能入餐室茶楼买东西吃。现在,听说孙夫人要筹钱救济国内难民,打日本仔,我们捡了几天的破烂,终于攒够两元钱,我想把它捐给国家,用来打日本,同时换一碗干净饭,给我的孙女吃。我的儿子和媳妇被日本鬼子杀死了。师傅,求求你,卖碗饭给我们吧。"老婆婆说到悲痛处，已是泣不成声。

准备收工回家的餐室工友聚拢过来，默默地听着老婆婆的哭诉，看着小女孩用手捧着的一小堆一毫、五仙的小硬币，一时不知如何是好。半晌，领班师傅从自己的口袋里摸出一枚两元银毫，扔进收款箱里，然后一边领着婆孙俩走进饭厅，一边对工友们大声吩咐："起火架锅，炒饭！"

由于不断有顾客要求延长购食"一碗饭"的时间，参加赞助这一运动的酒家餐室在 8 月 3 日以后，大多仍然继续此项服务。其中，乐仙和小祇园两家酒店一直延至 8 月 30 日。

9 月 1 日，宋庆龄在英京酒店主持"一碗饭运动"结束典礼。义务司理向与会人士报告，在扣除各项开支之后，"一碗饭运动"纯收入为港币二万二千一百四十四元九毫半、国币六百一十万元。英国赈华会香港分会的代表当即在会上表示，愿意再捐款，使之凑足港币二万五千元，这些捐款立即全部捐赠"工合"。

一位"保盟"成员在晚年幽默地回忆起他亲眼看到的香港富人为"工合"捐款的情景：

> 廖梦醒的母亲——直爽的何香凝，拉着何东爵士——香港的中国首富——的女婿罗文锦的右手，硬是逼着他写下捐款的数额。其他名人排成队，挨着来，为"工合"筹到了一大笔钱。
>
> 这就是当时流行的爱国口号"有钱出钱，有力出力"的写照。——廖老太太"有力"，而她捕捉的对象"有钱"。但实际上，有钱人之所以觉得难以拒绝，是因为宋庆龄在场。

"一碗饭运动"只是宋庆龄通过"保盟"在香港为祖国抗战进行募捐和宣传动员工作的一个事例。类似这样的事例还很多：

早在 1939 年，"保盟"就发起援助新四军伤病员的"两万条毛毯运动"，得到美国医药援华会、加拿大维多利亚医疗援华会、新西兰左派俱乐部、澳大利亚悉尼华侨救济难民基金会等团体的热烈响应，顺利完成预定的目标。

"保盟"协助美国、英国、加拿大等国援华团体，在中共领导的晋察冀抗日民主根据地创办国际和平医院，派去白求恩、柯棣华、马海德等外国大夫，输入大批医疗器械和药品。在短短几年之内，国际和平医院迅速发展到有8个中心医院和42个分院的医疗网。

"保盟"通过编辑出版《保卫中国同盟新闻通讯》等20多种英语宣传刊物，努力向全世界介绍中国抗日战争的真实情况和外国友人支持中国抗战的感人事迹，使中国人民的抗日战争和全世界人民的反法西斯战争有机地联结在一起。

"保盟"成为宋庆龄在香港倡导海外援华抗战活动的中坚团体。这一团体是在周恩来和廖承志的大力支持、协助下创办起来的。

1938年2月，周恩来在武汉托曾任英国驻华大使馆新闻参赞、身兼英国情报部驻华要员而实际上是共产国际驻华要员的新西兰籍记者贝特兰（又译作伯兰特尔），将一份关于八路军伤病员急需医疗服务的报告带到香港，交给宋庆龄，请她协助解决。

3月间，贝特兰来到香港，应邀出席八路军办事处主任廖承志召开的一次会议。会上，廖承志提议组织一个对外接洽援华救济事务的大型团体，以便和西方国家的援华团体联系，并向海外华侨和外籍人士募捐筹款。他建议请寓居香港的宋庆龄担任这一团体的主席和实际领导人。宋庆龄慨然挑起这一重任，还推荐她的弟弟、当时担任国民政府委员、中国银行董事长的宋子文担任会长。

同年6月14日，以宋庆龄为主席、宋子文为会长的保卫中国同盟在香港宣告成立。香港医务总监司徒永觉的夫人克拉克任名誉书记，香港大学教授诺曼·法朗士任司库，美国合众国际社记者爱泼斯坦任宣传。廖承志兼任"保盟"中央委员。廖梦醒、邓文钊、邹韬奋、金仲华等人都是"保盟"工作的热心参与者。

1938年宋庆龄与"保盟"中央委员会部分委员在香港合影。左起：爱泼斯坦、邓文钊、廖梦醒、宋庆龄、克拉克、法朗斯、廖承志

　　应邀署名发起"保盟"的中方要人还有孙中山的儿子孙科、抗日名将冯玉祥等，外国名人有印度的尼赫鲁、美国黑人艺术家保罗·罗伯逊、美国在华女作家赛珍珠等。

　　"保盟"在成立宣言中宣布，"保盟"目标有二：（一）在现阶段抗日战争中，鼓励全世界所有爱好和平、民主的人士，进一步努力以医药、救济物资供应中国；（二）集中精力，密切配合，以加强此种努力所获得的效果。

　　"保盟"的会址最初设在港岛育贤坊8号一层，只有一房一厅。后来搬到宋子文提供的西摩道21号。这是一幢两层楼的小洋房，办公条件大为改善。

　　"保盟"没有开办经费，一切全靠白手起家，最初只能以手刻油印制作宣传品。工作人员大都是自愿尽义务者，只有两三个人从工作中领取基本生活费。

　　爱泼斯坦在20世纪90年代初期出版的《宋庆龄传》一书中，回忆当时的工作情景说：

本地富裕人家的太太和家在香港的国民党要员的夫人们都自愿为"保盟"义务工作——多半是因为能与孙夫人一起工作是件光彩的事。她们捐赠或帮助征集许多古董字画，由"保盟"委托美国和法国的友好团体拍卖，得款资助"保盟"的救济项目。不幸的是，美国不同意给这批东西免除进口税，虽经罗斯福总统夫人接到宋庆龄等呼吁后亲自出面说项，也未奏效。法国虽准许免税，但它自己不久也打仗了，这批东西没有卖掉，存放在中国驻法大使馆里，后经顾维钧大使夫人的努力，才又运回香港。

香港华人首富何东爵士的女儿伊娃（何娴姿）医生在"保盟"做基层工作，非常勤苦。国民党右派要人胡汉民的女儿胡木兰帮助管理和分发供应品，劳动也十分辛苦。在这样的劳作中，宋庆龄自己总是带头。看到高个子、脸色白皙的胡木兰与小个子、黑皮肤的廖梦醒和宋庆龄在一起干活，真是有意思，因为她们的父亲胡汉民和廖仲恺曾经是水火不相容的政敌。为了抗战中的民族而实现这样广泛的团结，全由于宋庆龄创造了必要的气氛。

团结抗战的融洽氛围，也使得曾经因为政见对立而不相往来的宋庆龄与其姊妹兄弟重归于好。

1927年4月12日，北伐军总司令蒋介石在上海宣布"清党反共"，屠杀共产党人。宋庆龄公开斥责蒋介石背叛孙中山联俄容共的政策，并且不顾她的弟弟宋子文、妹妹宋美龄的劝阻，在汪精卫也决定在武汉实行"清党反共"之后，毅然发表《为抗议违反孙中山的革命原则和政策的声明》，脱离国民党政权，远赴苏联莫斯科。12月1日，宋美龄与蒋介石在上海结婚，成为民国第一夫人。宋子文则出任南京国民政府财政部部长。

1931年7月，宋庆龄因其母倪桂珍突然病逝，返国参加葬礼。8月13日，她抵达上海，随即和宋霭龄、宋子文、宋美龄等宋氏姊妹兄弟，以及蒋介石、孔祥熙等民国要人一道，到万国公墓宋氏墓地吊唁致祭。

同年 9 月 18 日，日军发动侵略中国东北的"九一八"事变。

六年之后的 1937 年 7 月 7 日，日军进而发动进攻北京近郊的卢沟桥事变，中国抗日战争全面爆发。宋氏三姊妹及其兄弟随即和国人一道，投入抗战救亡的活动当中。同年 12 月 23 日，宋庆龄离开上海莫哀里路的孙中山故居，乘轮船来到香港，致力于联络外国友人援助中国的抗战。

宋子文主动邀请宋庆龄入住他在九龙嘉林边道 25—27 号的寓所。这里不仅环境清幽，安全舒适，而且可以姊弟团聚，同叙天伦，共商国是。宋庆龄欣然接受，入住该寓所的第三层。宋子文来香港时，就住在第二层。

1940 年 2 月，宋美龄到港治病和休养，住进大姐宋霭龄在港岛薄扶林沙宣道的孔家寓所。由于姊妹的邀请，宋庆龄也从九龙宋家寓所搬到港岛的孔家寓所。曾经因为政见分歧而疏离的宋家三姊妹，终于在香港团聚。

宋霭龄（左）、宋美龄（中）、宋庆龄（右）在香港

1940年3月下旬的一个晚上，在豪华的香港饭店顶层餐厅吃晚饭的人们，忽然发现与民国政坛首脑联姻的宋氏三姊妹——孙中山夫人宋庆龄、蒋介石夫人宋美龄、孔祥熙夫人宋霭龄，正在温馨的烛光下用餐。人们顿时为之惊讶不已，要知道，这是十几年来宋氏姊妹第一次在公众场合公开聚会呀！

美国记者艾米莉刊文报道当时的情景，说：香港的名流、英国洋行的经理和穿着时髦的夫人、小姐们随着悠扬的乐曲，翩翩起舞。当一对对伴侣踏着舞步，经过宋氏姊妹端坐的长桌前时，"他们的头转来转去，似乎人人都长了猫头鹰似的脖子，眼睛按着英国礼貌许可的限度，目不转睛地盯着她们"。"千真万确，宋氏姊妹在那里，全都在一起——孙夫人温文尔雅，风采卓著。新近康复的蒋夫人容光焕发。孙夫人穿着一身黑衣服，她头发平滑光亮，双眼露出欢快的神情。""消息很快传开，不一会舞厅看起来像挤满人群的温布尔登闹市区。"

3月31日，宋氏三姊妹在香港启德机场乘机飞往陪都重庆，开始在大后方共同进行一个多月的抗战优抚慰问工作。此后，尽管国共两党在共同抗战中间有冲突，给破镜重圆的宋氏姊妹兄弟的关系再度蒙上阴影，但是，终至抗战胜利，相对而言，抗战时期宋氏姊妹兄弟的关系还是和睦的。这在她（他）们一生中都是少有而珍贵的时刻。

内战，导致宋氏名门破裂；外患，则令她（他）们携手抗敌。

毛泽东电示廖承志"开口不要太大"

1941年10月24日，香港华比银行的楼上，来了一位中年西装客。他穿过来往洽谈银行业务的人群，径直敲开经理办公室的门，声言要见廖老板。

秘书林小姐很有礼貌地迎上前去，对他说："先生，我们华比银行只有邓老板，邓文钊先生。"

"小姐，不要兜圈子了，我知道在这里可以见到廖老板。"西装客干脆坐到沙发上，摆出一副不达目的不罢休的架势。

"先生找的廖老板是——"

"廖承志先生，原来粤华公司的老板，邓老板的表亲。"西装客解释说，他是由认识廖承志的一位朋友介绍到这里来的，他有非常要紧的事要找廖承志商谈，希望能尽快见到他。

林小姐给西装客端上一杯清茶，请他稍坐片刻，然后引来一位矮实汉子，介绍说："这位是连贯先生，廖老板的秘书，您有什么事找老板，请跟他谈。"

第二天深夜，陕北延安，万籁俱寂，只有杨家岭窑洞还闪烁出三三两两晃动的烛光。

一个身穿八路军普通制服的中年人，正在烛光下聚精会神地批阅文件。

他正在仔细研读一份刚刚收到的香港来电。电报是八路军驻香港办事处主任廖承志签发的，全文如下：

（一）英远东军司令部驻港人员经过私人关系，于昨日找我们要求琼崖冯白驹部与他们合作。他的计划是要我冯白驹部去炸毁日军在海南的飞机场，他们将炸药运到广州湾，而由我们运往海南。为此他们要求冯白驹派人来港学习如何使用炸药，并以接济冯部军火及无线电器材为交换条件。

（二）我临时以下列条件为对：

甲，合作对日作战，绝不愿以炸一次飞机场为限，应当以长期发展海南游击战争，作为合作的先决条件。

乙，合作应由英远东军负责人直接与我们详商具体办法。

丙，为便利冯部发展游击战及保持与英方联络，应允许冯部在港设办事处及电台，英方应保证其合法性及人身安全，并须有一团人的机、步枪装备运往海南交冯部。

（三）我认为，与英远东军取得某种合作，对我们是有利的。但我们绝不能只听他们的命令去作冒险的特务活动，致损失自己力量。以上条件因系临时应付，未得军委同意，故提得较高，是否妥当并应如何与他们继续谈判，请即电示。

（四）我本人还未和他们见面，但今日又接他们来信，约我于二十七日面谈，来示务请于二十六日发来。由以上情形，也可以见英方对日南进的戒备变紧。

中年人看完电报，抬头眺望已是东方欲晓的星空，心里泛起调侃般的笑意：大难临头，高贵矜持的英国绅士们不得不放下自诩"中立"的架子，主动派人与"土八路"联络，商洽共同抗日的军事合作了，这还得"感谢"四面出击的日本兵哩。

他拿起桌上的毛笔，蘸好墨，龙飞凤舞般写好复电稿，交警卫员立即送往机要室拍发。电文如下：

小廖：

二十五日电悉。同意我方与英方合作，并同意在可能条件下轰炸飞机场。条件如你所提在港设联络机关，彼方供给枪械、弹药、经费，帮我训练爆炸干部。

毛泽东 十月二十六日

"小廖"，即已故国民党领导人廖仲恺的公子廖承志。早在1937 年冬天，他就和潘汉年一道，作为中共直接领导的八路军、新四军的代表，常驻香港。行前，中共在重庆的最高负责人周恩来曾对英国驻华大使克拉克·卡尔说："由于八路军、新四军英勇抗敌，赢得我国海外华侨的钦佩，纷纷捐助物品款项，因此，我们需要在香港设立办事处接收。请转告港督多加关照。"

1938 年 1 月，根据中英双方的口头协议，廖承志、潘汉年等人在香港皇后大道中 18 号 2 楼开设"粤华公司"，作为八路军驻香港办事处的实际工作地点。

次年 3 月 11 日，在中日战争中宣布实行"中立"政策的港英政府，慑于日本压力，派出便衣警察，突击搜查香港多个抗日团体，粤华公司首当其冲。此后，八路军驻港办事处撤销粤华公司这个半公开的机构，其成员转而采取投亲靠友、化整为零的方式，进行联络和办公。廖承志的表妹夫邓文钊曾获英国剑桥大学经济学硕士学位，时在香港华比银行任华人买办。他忧愤时局，同情和支持中共的抗日活动。廖承志和连贯就以华比银行写字楼作为八路军驻港办事处的主要秘密办公地点。

这一点，自然早为远东英军情报部所侦知。随着日军加紧准备南下作战，远东英军不得不重视香港、新加坡等英国远东殖民地的防卫问题。为了尽可能减少日军突然空袭造成的损失，他们一方面将远东舰队的大部分舰只陆续从香港转移到新加坡，一方面决定借助冯白驹领导的中共琼崖纵队的游击武装，使之袭击海南岛的日军机场，炸毁日机，消除敌患。1941 年 10 月 24 日西装客到华比银行找廖承志，正是英方基于后一考虑而主动采取的试探性步骤。

根据毛泽东的指示，廖承志告诉西装客：中共游击队愿意与英方合作，袭击海南岛日军机场。条件是：

一、英方应允许冯白驹部在香港设立办事处和电台。

二、向冯部提供一个团的枪械、装备及相应经费。

三、帮助训练爆破人员。

这三项条件中，后两项原为英方主动提出，惟未明确说明接济军火是否以一个团为额度；但第一项条件却为英方未曾虑及。

或许由于这个原因，英方迟至同年 11 月 10 日以后，才又派西装客恢复与廖承志的联系。经过两次密谈之后，廖承志在同月 14 日致电毛泽东，报告谈判进展：

最近与英国方面谈二次，交涉情况如下：

（甲）他们表示对琼崖、东江游击队可尽量帮忙，甚至表示存港之五百挺轻机枪以及大批破坏性炸药可点交，态度颇为焦虑。谓伦敦有电来云，琼崖地方重要，对琼之红军须尽力帮助云云。但对我们态度仍甚含糊，不愿明说他们究竟代表何机关。对我提出的必须明说所代表机关及性质问题，第二天答复，谓此事之最高负责为警务司俞允时。俞允时已要求与廖见面，俞要我和他面谈，估计用意不外：

（一）正式表示系英方出头。

（二）但以警察头目来谈，即表示不愿谈及政治条款。现找我们很急。对在港设立办事处问题表示可同意。俞允时表示，琼方前被港府逐出境之人可叫回港工作，但以在港不从事群众活动为条件。

（乙）尚未与俞允时见面，但准备与俞晤面（此事希复示），对交涉方针，我的意见为：

（一）本毛、周指示：他急我不急，慢慢来。

（二）基本上要他钱、枪，绝对不要他们的人。

（三）要求对我琼崖、东江甚至新四军之武装进行接济。

（四）最低条件为东江、琼崖之武装装备（共三个团人、枪）、医药和经费，以及在港设立办事处与电台。

（五）我们表示可派十余人到港接受训练使用新武器。

（丙）这方朋友警告我们，谓倘与英人交易，他出钱即须听他的话，因此我们步步提防。对此盼示。

毛泽东看完"小廖"签发的电报，忍不住笑了。这个小廖，真有点乘人之危、漫天要价的味道。10 月间初次谈判，提出要英国人提供一个团的武器装备和经费，才过 20 多天，居然又增加要价到三个团。这样狮子大开口，不把英国绅士们吓走才怪呢。

毛泽东想到这里，叫来机要秘书，对他口述复电文稿：

香港小廖并告周：

　　寒电悉。开口不要太大，条件不要太苛，否则难于兑现，反为不好。

毛泽东　十一月二十一日

毛泽东来电，促使八路军驻港办事处实事求是地降低对英谈判的条件。

12月5日，廖承志在贝特兰陪同下，前往拜会香港警务司俞允时（又译作伊云士），商谈双方合作方案。

7日，廖承志向延安密报双方谈判的进展：

近三日来，又与英方进行了三次谈判：

甲，前日偕伯兰特尔去见港警务司俞允时，谈话内容系交涉设立办事处问题：

（一）首由伯兰特尔提议设立一"广南公司"，由他们派人任该公司经理，我们则派人进去办公。

（二）俞允时表示公开办事处他是不赞成的，因为足以引起马来亚及荷印当局的反对（因为马来亚及荷印共产党活动是非法的），而赞成组织公司的方式，一切当由伯兰特尔负责，他无权干涉。但希望我们不要进行一般的活动（指在港的群众运动等）。

（三）我表示赞成组织公司，为保持军事秘密，当然不宜设立公开办事处，但公司应如何组织，尚须请示。上述谈话到此结束。

乙，和俞允时谈话后，伯兰特尔即邀我在彼处作进一步商谈，他表示：

（一）除拨给琼崖驳壳枪一千支外，或可拨给二百五十架轻机枪，另拨给东江驳壳枪五百支，轻机枪五十架。

（二）运输问题，他们只能运到广州湾，由广州湾送琼岛及由港送东江均由我们负责。

（三）组织公司由他们派冯裕芳负总责，但不经常去办公。

我表示：

1. 欢迎武装的供给。

2. 运输问题待具体布置，并希望他们帮助。

3. 公司组织问题待请示。

4. 请其考虑可否在公司内设立电台。他对设立电台问题表示迟疑，而提议由他们设立电台，我们的电报交给他们发。此提议被我拒绝，并希望其再做考虑。

丙，（略）。

丁，我已和文彬、梁广、林平、少文等分别协商：

（一）即派出十个人去学习使用炸弹。

（二）运武器去东江有完全把握，但由广州湾运琼岛尚待布置。

（三）公司组织，我方由我及连贯和另一情报、一交通人员组织之，完全不与其他人员联系。

（四）电台人员亦由外面雇用，请延（安）方（面）另设一台与之联络。

戊，以上各节请即详加考虑，并希即复。

由于有贝特兰作为协调中介，八路军驻港办事处与英方在洽商军事合作条件的问题上终于达成基本共识，双方正准备秘密行动，实施袭击海南岛日军机场的合作计划。

然而，此时已是12月7日，距离10月间双方进行第一次谈判的日期已经过了44天。

此后发生的历史巨变，将不再给"慢慢来"的中共与英方的合作计划留下实施的时间。

日、英调兵遣将

1941年夏秋之交的香港，正值雷雨交加的台风季节。酷热、暴雨、狂风，交相袭击招徕八方航船的维多利亚港。

当自然界狂风骤雨恣意肆虐的时候，远东战场上日本和英国这两个新、旧霸主也在加紧调兵遣将，准备掀起一场惊天动地的战争风暴。

9月8日，日本参谋总长杉山元大将向天皇正式奏报"南方作战"的全面计划，要点如下：

一、作战目的：摧毁英、美在东亚的主要根据地，占领必要的领域，同时攻占并确保荷属东印度，以确立自足自卫的态势，并利用此等战果，迫使中国屈服。

二、作战范围：同时进攻香港、英属马来、英属婆罗洲以及菲律宾、爪哇等地区，并迅速占领之，然后再占领荷属东印度。

三、作战时间及兵力：攻占香港，约需二三十天，由中国派遣军所辖第23军，以约1个师团为基干的兵力承担；攻占菲律宾，约需45天，以约2个师团、1个飞行集团为基干的1个军的兵力承担；攻占英属马来，约需100天，以约5个师团、2个飞行集团组成的1个军的兵力承担；攻占荷属东印度，以约3个师团、1个飞行集团为基干的1个军的兵力承担。

11月5日，日本御前会议正式批准陆军部实施"南方作战"计划。该计划与海军部制订的太平洋战争计划同时得到天皇裕仁的首肯。

参谋总长杉山元奉旨，向中国派遣军总司令官畑俊六下达准备攻占香港的命令：

大陆命第557号命令

一、中国派遣军总司令官应与海军协同作战，以第23军司令官指挥的第38师团为基干部队，准备攻占香港。

二、有关细节由参谋总长指示之。

昭和十六（1941）年十一月六日

在侵华日军当中，第38师团是一支专门在华南作战的部队。它于1939年8月在日本名古屋编练成军，同年10月下旬在广州黄埔登陆，先后编入第21军、第23军的战斗序列，参加过中山攻略战、良口会战、东江作战和封锁中英边界等大小战斗共约 390 次，可谓"身经百战"。

1941 年 11 月 7 日，第 38 师团召开团队长会议，正式传达进攻香港的作战计划。此时，该师团共拥有师团司令部、步兵旅团司令部和步兵第 228、229、230 联队，山炮、工兵、辎重兵各一个联队，以及第一、二野战医院，通信队、军械服务队、卫生队等单位，全师团官兵共约 1 万人，拥有各式山炮近 40 门，轻型装甲车 5 辆，卡车 40 辆。

为了支持该师团进攻香港，第 23 军专门组织直辖飞行队和攻城重炮兵队，并且与第二遣华舰队密切联络，制订从陆、海、空全面袭击香港的作战计划。第 23 军还指令第 51、104 师团和荒木支队在华南担任警戒任务，防止坚守在粤北山区的中国军队乘机反攻偷袭日军，配合英军防守香港。

11 月中旬起，第 38 师团以夜行昼伏的秘密行军方式，陆续将原驻扎在广东佛山、中山一带的主力部队，集结到邻近香港的虎门、宝安、深圳一线。该师团出版的战斗通报这样描述当时的情景：

> 入夜之后，寒风萧萧，冷雨阵阵，部队在行军中虽已集结完毕，但为了保密，一概禁止点火。官兵们为了御寒，或在半

进攻香港前日军军官在深圳合影

夜做体操活动，或互相拥抱取暖（全军尚着夏服）。但因重大
任务即将到来，全军意志不衰，各部队都按照命令，完成了机
动和集结任务……

　　由此可知师团全体官兵对于得知进攻香港这一重大目标之
后，是如何紧张了。

大战在即，驻防香港的英军再也不可能以置身事外的中立政策
据以自保。

这年 7 月 18 日，莫德庇陆军少将在香港接替贾乃锡少将的职
务，就任英军驻港陆军总司令。

莫德庇参加过第一次世界大战，曾在驻印度英军中服役长达
30 年。他有银灰色的鬓发，绅士般的风度，慈父似的笑容。他的
到来，给山雨欲来风满楼的香港带来难得的安详。

莫德庇的心却难得有片刻的安宁。当他在贾乃锡陪同下视察香
港防务之后，他甚至开始担惊受怕起来。

他没想到，号称英国远东前哨基地的香港，不仅缺乏现代化的
空中力量支持，而且海军防卫力量薄弱，防空武器不足，连一件
雷达设施也没有。

幸好他的前任贾乃锡多年来力主坚守香港，给他保留下大约 1
个步兵旅和 1 个炮兵团的正规部队，作为未来香港防卫战的基干兵
力：

香港步兵旅，旅长瓦利斯准将，下辖英军 2 个营（皇家苏格兰
团第 2 营、密道尔·赛克斯团第 1 营）、印度兵 2 个营（拉吉普特
第 7 团第 5 营、旁遮普第 14 团第 2 营）。该步兵旅配属有近 40 辆
坦克。

皇家炮兵团，团长玛古·劳德准将，下辖第 8 重炮营（防卫港
岛东海岸要塞）、第 12 重炮营（防卫港岛西海岸要塞）、第 5 高射
炮营、第 965 独立炮兵连、香港新加坡炮兵队（下辖 2 个山炮连和
3 个野战中口径炮连）。

除此之外，香港防卫力量还包括：皇家宪兵、工兵、通信、辎

重、军械勤务、卫
生、经理各队。

香港志愿防卫军
团（又称"香港义勇
军"或"休斯兵
团"），军团长为劳兹
上校。军团成员多为
华人，骨干成员则为

摩星岭炮台的英军炮兵在操练

参加过第一次世界大战的西方各国寓港人士。内设 7 个机枪连、4
个炮兵连、1 个高射炮连，以及工兵、辎重、航空、通信、救护、
警卫等部队，共 1720 人。

海军，约 870 人，拥有小型炮舰 4 艘、鱼雷艇 8 艘、武装巡逻
艇 15 艘。

空军，约 100 人，拥有鱼雷轰炸机 3 架、水陆两用飞机 2 架。

以上各项累计香港守军近 1 万人。

上任后连续三天视察防务，莫德庇一直在心里思虑着一个最难
回答的问题：香港可以坚守多久？

贾乃锡看出他的心思，乐观地直陈己见：香港只要再增加两营
守军，就可以守上 130 天才需要增援。因为只要多增两营军队，就
可以重新启用 1935 年兴建、现已废置的新界醉酒湾（又名垃圾
湾）防线，将从陆路来犯的日军阻滞于港岛之外。

莫德庇追问："我们到哪里去找这两营军队？"

贾乃锡自信地回答："加拿大，我的故乡。"

7 月 21 日，贾乃锡返回加拿大渥太华，随即向加军总司令官
慷慨陈言，请求派遣一旅军队增援香港。此后，他还向英国军方
申述同样的请求。

9 月 10 日，丘吉尔收到一份备忘录，上面写着：

> 只要一两个营的小规模增援，就足以加强名不符实的香港

要塞的防卫力量。这将给该殖民地带来极大的鼓舞，而且在整个远东地区产生广泛的影响。它还会向蒋介石表明，我们确实准备在香港战斗到底。

这一次，丘吉尔不再断然拒绝派遣英联邦的军队增援香港。他只是说："这是时间问题。"

第二天，杨慕琦爵士抵达香港，接替罗富国，出任第21任香港总督。

11月16日星期天上午，维多利亚港欢声雷动。英国大型运输船"阿华提"号满载着1973名加拿大士兵，在英国特种巡洋舰"罗伯特亲王"号和巡洋舰"达奈"号护卫下，经过长达20昼夜的远航，终于从温哥华驶抵香港。

盼望已久的援军终于到来，香港人心大振。

来援的加拿大军队包括两个正规营和一个旅司令部及附属单位。新任旅长罗森准将参加过第一次世界大战，曾获军队十字勋章。战后，他一

加拿大援军抵达香港

度离开军界，先后在加拿大任教、经商。率军援港之前，他是加拿大一名上校军事教官。

无论如何，罗森准将毕竟打过仗。可是，他率领的援军绝大多数都是未经战争的新兵，他带来的两营正规部队原建制也只是警卫部队，而非野战部队。

在1941年，加拿大已经没有经过战争锻炼的野战部队。这样的部队早已抽调到欧洲战场。

百年无战事的香港，盼来的竟是一个同样百年无战事的国家拼凑出来的援军。

这支援军不仅缺乏实战经验，而且缺乏机械化作战能力。"阿华提"号装不下这支援军配备的 212 辆车——卡车、水陆坦克车、摩托车等。这些车辆一直拖到 12 月 4 日，才在加拿大装上美国货船"道琼斯"号，驶来香港。船到马尼拉，太平洋战争已经爆发。

当然，这支援军的弱点在当时属于军事机密，一般人无从知晓。对于香港中外人士来说，仅凭"援军抵港"的消息报道，就足以令人欣慰，好似服下一剂定心丸。

更重要的是，无论是加拿大的援军，还是英国的守军，都对守住香港充满自信。

这种自信源自对日军的轻视。

早在 11 月初，英军驻港司令部已经获悉日军在中英边界中国一侧频繁调动，甚至将坦克车、装甲车和重炮开抵边界线。可是，英军司令部并不惊慌，他们同时还收到有关日军素质的情报。这些情报令他们感到放心：

> 日军不习惯夜间战斗，经常墨守一定的形式和计划。其自动武器的数量和新式程度远不及英军。日军在中国战场上的成功，是由于中国方面不认真抵抗所致。日本空军的水平低于欧洲，其轰炸能力薄弱，夜间几乎不能飞行。

11 月中旬，英国军官在向加拿大军官介绍香港防务时，说："边境对岸的日军约 5000 人，只有为数极少的劣等装备，他们不能夜战。他们的飞机大部分是旧式的，由于驾驶员是近视眼，不能进行俯冲轰炸。"

11 月底，日军第 38 师团以及第 23 军专门组织的攻城重炮队经过夜行昼伏，已经秘密进入中英边界中国一侧的进攻阵地，只待东京大本营一声令下，就会朝着依旧歌舞升平的香港猛扑过去。

日军布下的这番阵势，在日军下层官兵和当地老百姓当中引起议论纷纷。一时间，"日本人要攻打香港"的流言传遍宝安、深圳城乡。在深圳负责香港作战物资中转运输任务的日军北岛支队长，奉命开展隐瞒作战意图的一连串欺骗行动。

他向下属宣布：调动部队，储备作战物资，是为了准备昆明作战，攻袭中国军队的西南大后方。

他宴请宝安县县长夫妇二人。酒过三巡之后，他说："皇军最近要远征西南方，作战开始后，就要征集大部分船舶和汽车。到时，敝支队就要处于无船无车的困境，因此要抓紧时间调运和储备大约半年的粮草和其他军用物资。市面上谣传皇军要进攻香港，纯属猜测想象，真使我们为难。希望县长阁下在适当时候，向居民讲清事实真相，不要被谣言所惑。"

他下令：所有向边界地区运送武器弹药的汽车，一律伪装成平时补给粮食、日用品的车辆，在白昼加紧抢运。难以伪装的重炮、坦克及其他大件军用武装，在夜间熄灯运输。所有弹药和重型武器，一律存放到英占区观察不到的村落以及洼地或民房里。

他规定：凡日本人在边界地区开设的饮食店和娱乐场所，都要照常营业，无论发生什么情况，都不得关门停业。

恤兵部派来的新日本演剧慰问团仍按照原计划，在边界地区举行巡回演出，直至12月4日。

从12月1日起，在测量中队宿营地开办日语学校，招收中国儿童学习日语。通知全体学生于同月7日在边境空地上举行运动会。

在12月5日通知英方联络官员：日军警备队决定于同月15日在边境空地上举行运动会，届时务请前来观赏。

指令深圳娱乐所派随军妓女十余人，于12月7日登上英方密切监视的深圳南侧高地金牌岭，公开慰问驻扎该处的日军警备队。

……

所有这一切行动，目的都是为了使英方相信：日军在近期之内，无意大举进攻香港。

日军的欺骗性行动果然奏效。

11月底，香港英军司令部曾经发出"日军即将进攻香港"的战斗警报，下令海港码头实行宵禁，外来航船转驶新加坡港；除担任防务的人员之外，劝告其余人士一律撤出香港；部队进入紧急战备状态。

然而，到12月3日，英军发现日军似乎有从边境上后撤的迹象，于是对其真实意图产生怀疑。

第二天，总司令官莫德庇少将作出判断：华南日军对香港发起大规模攻势的条件尚未成熟。尽管如此，他仍然下令进一步采取如下备战措施：

撤回在边境线演习的正规部队和义勇军；从6日夜间起，香港防空部队进入紧急战备状态；撤走停泊在维多利亚港的二十多艘商船；守卫部队和炮兵部队各自进入阵地，完成战斗准备。

这些措施是为了预防万一。莫德庇在内心深处却不相信真会出现这种"万一"。他认定：日军在边境上频频调动，故意散布进攻香港的谣言，只是虚张声势，借以掩饰其在华南战场上兵力不足的弱点。

12月7日，他在给英国陆军部的敌情报告中写道："本人认为：有关一至两万的日军为进攻本殖民地而开抵宝安至深圳之间的传闻是夸大其词的。日军因深恐广州及周边地区的防御遭受攻击，而故意制造此类谣言。"

总司令官的判断使香港军民在大战前夕安之若素。不仅守军临战从容不迫，连一般居民也在战云笼罩之下照常作息。香港，依然是战争中的"世外桃源"。

虽然，11月28日起，驻港英国远东情报部到处张贴通告，宣布自本日起在香港进行军民防卫演习，而且在29日夜晚亦曾进行大规模的防空、防暴、查缉"第五纵队"的演习；但是，普通市民对战争演习的关注显然远逊于对球赛和影剧等文娱活动的兴趣，在足球场、篮球场和影剧院里，依然人头涌涌，掌声阵阵。

虽然，首席华人代表罗旭和曾于12月1日在电台上紧急广播，劝谕港九居民凡未在港担任防卫任务者，如有可能，均应立即携同家眷迅速离港，政府安排专轮运送；但是，同月3日、4日的香港报纸依然报道说，市面大多数居民平静如常，银行未见挤提，学校照常上课，"疏散专轮，登记者寥寥，现已撤销"，"至于各酒楼茶室，营业如常畅旺"。

香港，之所以依然保持战争中的"世外桃源"景象，一是不大相信战争已经迫在眉睫，一是过于相信正在举行的美日会谈可以驱散太平洋上空的战争乌云。

丘吉尔劝罗斯福勿忘中国

宣称以谋求两国谅解、协调彼此邦交、维护太平洋和平为宗旨的美日会谈，从1941年3月8日美国国务卿赫尔和日本驻美国大使野村吉三郎正式会晤开始，由于双方各执己见，因而一直议而不决。

这种长期议而不决的局面，恰好在企盼美国出面主持公道、约束日本的太平洋沿岸国家和地区人民心中引发了幻想和希望，同时也给日本暗中准备发动太平洋战争造成了掩人耳目的机会。

日本一旦做好战争准备，就不再需要这种机会。

11月20日，野村和新来的日本特派全权大使来栖会见赫尔，提出日方的最后提案：

一、日美两国应保证，不向法属印度支那以外的东南亚及南太平洋地区进行武力扩张。

二、日美两国政府应互相合作，保证在荷属东印度获得各自所需要的物资。

三、日美两国政府应将相互间的通商关系，恢复到资金冻结前的状态。美国应保证供应日本所需要的石油。

四、美国政府不得干涉日中两国实现和平的努力。

日本政府训令野村和来栖的上述提案为"最后之言",绝对不能再让步,如果美方不同意,谈判将不得不破裂。

在此之前三天,即11月17日,偷袭美国太平洋舰队基地珍珠港的南云特遣舰队陆续驶出日本海港,开始长途奔袭的秘密远航。

战争一触即发。

美国政府首脑已经从美军破译日本通讯密码的"魔术"中,了解到日本图穷匕首见的意向。由于军方尚需争取备战时间,赫尔和国务院只好"抓住眼前一切救命稻草,全力以赴拟定协议,以阻止日本陆海军在几天内或几周内采取行动"。

24日,赫尔拟定一项反建议,作为暂定条约草案,分别向中国、英国、荷兰、澳大利亚、新西兰等国驻美大使征求意见。其要点是:

一、日军撤至北越,驻军人数不超过25000人。

二、西方各盟邦放宽油禁,解冻日资。

三、三个月内商定远东和平办法。

这项反建议案的要害是无视日本对华侵略问题。中国驻美大使胡适愤而质询赫尔:"照此办法,日本是否仍能对华侵略?"

"是的,还能。"赫尔无可奈何地耸耸肩膀。

第二天深夜,胡适再度拜会赫尔,向他递交中国外交部转达的蒋介石对反建议案的强烈抗议电。

赫尔仍不肯退让。

26日清晨,丘吉尔也致电罗斯福,表达英国对赫尔反建议案的忧虑:

当然,处理这事,全在于你,而且我们的确不需要再多打一场战争。只有一点使我们不安,蒋介石怎样呢?他不是正处于难以维持的境地吗？我们所焦虑的就是中国。如果他们崩溃，我们的共同危险将会大大增加。我们确信美国对于中国事业的关心将支配你们的行动。

丘吉尔告诫罗斯福勿忘抗战的中国，促使美国在以退让向日本谋求几周和平时间的极小可能性和失掉中国这个战争盟友的极大必然性之间作出抉择。

这种抉择并不困难。

赫尔后来回忆说："我就这个问题同国务院的远东问题专家们再次谈论以后，得到了我们应当取消这个暂定条约的结论。"

不仅如此，赫尔在 26 日当天接见日本特使，还针锋相对地提出全面实现太平洋地区和平的"十点照会"。其中，与中国密切相关的是：

> 日本政府应从中国及法属印度支那撤退一切陆、海、空军兵力及警察力量。

> 美国政府和日本政府除对临时以重庆为首都的中华民国政府外，不给中国的任何其他政府或政权以军事、政治及经济上的援助。

> 两国政府放弃在中国的一切治外法权，包括放弃在中国的外国租界和租借地内的有关各种权益，以及根据《辛丑条约》所获得的各种权利。

日本特使因美国的强硬回应而目瞪口呆。在场双方都清楚地明白，美日会谈实际上至此已经破裂。

当天，美国军方向夏威夷军事指挥机关发出警告："美国勿先动手，让日本先动手！"

次日，日本大本营和内阁联席会议决定于 12 月 1 日召开御前会议，请天皇批准对美、英、荷开战。

12 月 1 日下午 4 时，天皇在御前会议上同意对美、英、荷开战。开战日期基本确定在 12 月 8 日（美国当地时间为 12 月 7 日，星期天）。这一日子属于军事绝密，在传令中以×日代替。

大本营陆、海军部当即传令各部队，准备执行各自的战斗任务。其中，有关进攻香港的命令如下：

大陆命第 572 号命令

一、帝国决定对美国、英国、荷兰开战。

二、中国派遣军总司令官应协同海军，以第 23 军司令官指挥的第 38 师团为骨干部队攻占香港。

开始作战应在确认南方军在马来登陆或空袭之后。

攻占香港后，应确保该地附近实行军事管制。

三、中国派遣军总司令官从今天起可以执行下列事项：

（一）在开始作战前，如受到敌人正式先发制人的攻击时，可随时进行反击。

（二）如敌机对我军事行动进行反复侦察时，可予以击落。

昭和十六（1941）年十二月一日

奉旨传谕　参谋总长杉山元

致中国派遣军总司令官畑俊六

乔冠华错算一着

香港，和整个太平洋地区一样，依然被蒙在鼓里。

因为，负有"和平"使命的日本特使来栖还留在华盛顿，和赫尔国务卿会谈。只要美日谈判还在持续，一切善良人们怀抱的最后一丝和平希望就依然不绝如缕。

这一丝和平希望的立论依据，是判定美日两国各因其利害所在，不会或不敢在近期开战，美日谈判将延续下去。

这年 12 月 2 日，中国民主政团同盟在香港创办的机关报《光明报》发表题为《太平洋局势是否可怕》的社论，依据美日谈判仍在继续，认定："说美、日间就要发生战事，却也未免言之过早。"

同月4日，有国民党背景的香港《国家社会报》发表题为《太平洋战争能掀起吗?》的社论，称："日本现在尚未有对美挑战的胆量，因此再三再四地对美继续谈判，而且来栖在昨日更谓现在的谈判未算最后。日本既没有在太平洋作战的勇气和决心，那么，我们相信目前如没有特别的转变，太平洋上不致掀起风波，这是我们敢断言的。"

8日，《光明报》又在头版刊载署名张今铎的时事专论，题目是《日美战不战》。专论写道：

> 笔者对于日美关系的观察是：日美谈判的形势，虽好像已经达到将要破裂的边际；两国关系的紧张以及太平洋沿岸国家的备战情势，虽好像已经达到战争即将爆发的前夕，但是，日美关系的实质是，日本自己的力量和环境不能、而且不敢和美兴战。世界的形势演变到今日，中国的抗日战争支持到现在，迫得日本是在希望着而且迫切地希望着，除中国的战场外，再不要有第二个以日本为对敌的战场出现。尤其是与它在经济上、军火上赖以托命之世界唯一的强国——美利坚对敌，是日本要千方百计希图躲避的。

这篇专论和当天《光明报》的所有文章与报道，显然都是在当天黎明之前排印好的。因为在当天凌晨2时50分（夏威夷时间7日7时50分），日本特遣舰队已开始对停泊在珍珠港的美国太平洋舰队实施大规模空袭！清晨5时许，香港英军司令部也接到新加坡远东英军总司令部发来的电报：日军在马来登陆！

早晨8点，当香港居民打开当天发行的各种报纸，阅读报上宣称太平无事的新闻报道与断言太平洋战争不会发生的社论专稿时，他们却听到日本飞机首次空袭九龙启德机场的炸弹爆炸声！

对行将爆发的太平洋战争作出错误预测的，还有寓居香港的中国共产党人。

当时，在香港，聚集着一批从内地来避难的中共文化精英，他们是乔冠华、金仲华、张铁生、张友渔、夏衍、胡绳、羊枣、于毅夫、韩幽桐、沈志远、黄药眠，等等。他们在廖承志主持创办的《华商报》和邹韬奋主编的《大众生活》周刊上，撰写过许多脍炙人口、洞烛先机的国际时事评论文章，赢得中外政论界同行的称赞和尊重。

他们当中，乔冠华、金仲华、张铁生以擅长国际评论与时事分析而著称，张友渔则专以分析、评论日本问题见长。这四个人因此被誉为香港政论界的"三个半国际问题专家"。

30 年以后，即 1971 年，以中国代表团团长、中华人民共和国外交部副部长身份，在联合国第 26 届大会上宣布中国重返联合国的乔冠华，就是当年饮誉香港政论界的"三个半国际问题专家"中的佼佼者。

20 世纪 40 年代初，乔冠华是身高 1.82 米、玉树临风、才华横溢的青年才俊。他获得清华大学文学学士学位和德国图宾根大学哲学博士学位，精通两三门外语，学识渊博，风度翩翩。

1940 年 6 月，正当中外人士都认为欧洲战场上的法、德两军将在攻不破的马其诺防线上僵持的时候，刚刚开始涉足欧洲战场评论的乔冠华却撰文预测：德军将绕过马其诺防线，重创法军，巴黎将在两天后不战而降。

乔冠华的惊人预测发表于 6 月 10 日。

6 月 13 日，巴黎向德军投降。

乔冠华名声大振。当时，他常用的笔名"乔木"，比他的真名还更出名。

有趣的是，当时同样蜚声中国政论界的另一位才子所常用的笔名，也叫"乔木"。

更有趣的是，这两个"乔木"又是同龄——生于1913年，同乡——江苏盐城人，同出清华园，同在中国共产党。

幸好，这两个"乔木"分处南北，一个在香港，一个在延安，当时人就用"南乔木"、"北乔木"把他们区别开来。

后来，历史的发展偏偏又将南北"乔木"同置一地，从而导致极为有趣的逸事：

1945年8月下旬，"北乔木"作为毛泽东的随员来到重庆，参与国共谈判事务。这时，"南乔木"早已离开香港，在重庆从事国际评论工作。两"乔木"终于在中共代表团驻地会面，同名问题免不了要捅到中共决策高层来议论一番。问题是"乔木"们谁都不肯放弃自己的笔名专利权。"南乔木"还振振有词地坚持说："我本姓乔，身高一米八二，样子就像一株挺拔的乔木。"好在"北乔木"不久便返回延安，同名之争暂时中止。

1949年10月1日，中华人民共和国成立，定都北京。两"乔木"再度聚晤中央党政领导机关，同名问题不仅令两人感到别扭，其他人也觉得多有不便。"官司"打到中南海，毛泽东亲自调处。

毛泽东笑问"南乔木"原名，乔冠华答："敝人原名乔冠华。"

毛泽东说："'冠华'二字起得好，以后你就叫乔冠华。'南乔木'仍然姓'乔'，为'乔木'之首。"

毛泽东又问"北乔木"何姓，答曰："本姓胡。"

毛泽东说："'胡'乃'北'姓，如此，你可以改回胡姓，保留'乔木'二字。"

于是，"乔木"争议乃止。从此，中外人士皆知中共高层领导干部中有乔冠华、胡乔木。

1941年秋冬，乔冠华在香港政论界已经崭露头角。他和中共文化名人夏衍住在九龙弥敦道山林道雄鸡饭店的楼上。两人参与《华商报》和《大众生活》周刊的编委会工作，经常为这两份报刊撰写社论和时事专评，其住所自然高朋满座。寓居香港的中共文化精英和进步的文化名人时常前来聚晤，商谈国是，分析时局，观测太平洋地区的风云变幻。

这年初夏间，中共的国际问题评论专家们曾经在《华商报》等报刊上多次撰文，判断法西斯德国在横扫大半个欧洲之后，不会冒着东、西线两面作战的危险，撕毁《苏德互不侵犯条约》，去进攻苏联。

这类判断和预测，很快被 6 月 22 日德军大举突袭苏联的"闪电战"所证谬。

于是，乔冠华等人决心在预测日美关系和太平洋战局中，一洗先前误测之辱。

日美是否会妥协？日军将南下对美、英开战，还是北进与德军夹攻苏联？这些问题在《华商报》与《大众生活》周刊的编委会上，在中共与民主党派人士举行的国际问题讨论会上，都成为讨论的焦点。

可惜，讨论的结果是众口一词的"一致"的看法，没有出现不"一致"的独创性见解——如同当年乔冠华预言巴黎投降那样的唯一而又正确的"标新立异"！

一致的看法再度导致一致的错误。

1982 年 6 月，张友渔在《我和〈华商报〉》一文中，总结当年沉痛的教训：

> 欧洲战场的急剧变化，鼓励了日本法西斯在远东扩张的野心。在这种形势下，我们强调了日本要急于征服中国；美国与日本谈判，力图以牺牲中国来换取与日本的妥协；英美统治者仇视苏联，力图煽劝日本北攻苏联，因此日本不会打美国。加上当时国民党老是宣传美国要打日本，我们反对蒋介石自己不积极抗战，而把希望寄托在美国身上，更认为有强调日本、美国不会打起来的必要。我对日本有些研究，认为日本是资源缺

乏的国家，棉花、石油等重要战略物资都离不开美国，离开美国它就打不下去了，所以它不敢碰美国。我们召开国际问题座谈会这样说，我在《华商报》写社论也用这种观点分析战局。后来周恩来同志打来了电报，说日美有打的可能，让我们做应变的准备。我们虽然纠正了错误的估计，可是来不及作充分准备。1941年12月，日本帝国主义以突然袭击的手段，给美国太平洋的海军基地珍珠港和停泊在那里的美国主力舰队以致命打击。很快进攻到香港。我们仓促应付，《华商报》停办，大家疏散，迅速转入地下。许多左派人士突然陷入困境，嘲笑我们对时局分析估计的错误害死人！

张友渔说的"我们"，包括乔冠华、金仲华、张铁生和他自己，即"三个半国际问题专家"。张友渔的专长是日本问题，算是"半个"国际问题专家。

常能见人所不能见、云人所不能云的乔冠华，这一次也作了人云亦云的错误预测。

夏衍在《白头记者话当年——记香港〈华商报〉》一文中，回忆当时的情景：

> 我记得很清楚，12月1日那天晚上，乔冠华为《大众生活》写了一篇《谈日美谈判》的评论，其中谈到"日本纵使不能接受（美方提出的条件），美日谈判也不会因此寿终正寝，日本更不会马上就发动战争"。对这一意见，我们之间有过争论，只是由于当时罗斯福的态度比较坚决，日本海、陆军之间也还有矛盾，所以我们也认为日本还不敢轻易发动战争。这篇文章发表在12月6日的《大众生活》新30号上。可是，就在发表后的第三天，8日清晨，我还没有起床，忽然有人猛烈敲门。我起身开门，进来的爱泼斯坦大声地说："War（战争）！"原来日本不仅偷袭了珍珠港，而且战火已经波及了香港。

晚年退出仕途的乔冠华，在临终前对着录音机作身世自述时，依然念念不忘他这一生中罕有的对国际形势重大变动判断失误的深刻教训：

我要说，在我写国际评论中一个深刻的经验教训。在太平洋战争爆发以前，在香港的国际问题的研究人员中，对于日本的动向，就有两种看法。

一派认为日本下一步打击的方向是向东征美国；一派是认为打苏联（北上），争论相当激烈。当时，我是倾向于北上的。据我所知，当时中央没有对这个问题做过任何表示，本来它就是个形势估计。

我的思想深处认为日本下一步要打苏联，有一天，大概是珍珠港事件的前一天吧，香港华侨中学请我去做时事报告。我就讲了一遍。最后，有的学生就问：您的看法，日本跟美国的谈判，会不会中断？日美是否能打起来？我因为有这么一种根本的想法，我当时就表示，日美矛盾虽然很重，但公开打起来还不到时候，日美谈判还不会马上破裂。

讲话以后，我就从香港坐轮渡过渡到九龙回家。上了轮渡就碰到（邹）韬奋，他说见到我很高兴，走，一起聊聊。他问：日美是否能打起来呀？我是很有把握地告诉他：我看不太像。那时因为船上人很多，没有深谈，下了船以后各自回家了。这大概是在 1941 年 12 月 6 号下午。

确实在这天晚上（笔者按：这一时间不确，应为第二天深夜）日本人偷袭了珍珠港，把美国的太平洋舰队的相当大的部分打了个落花流水，天不亮的时候，日本飞机飞过香港上空，侦察飞行。

我和夏衍同志住在一个地方，早上袁西星来的时候，爱泼斯坦（现在在北京工作的老朋友）也打电话给我：日美已经开战了。

我说："啊？"

他说："你听，这是日本飞机。"完全出乎我们的意料之外。

我写过多年的国际评论文章，这件事对我说来是一个教训。

感谢陪伴乔冠华度过坎坷晚年的章含之，在《我与乔冠华》一书中为我们整理记录了一位素享盛名的国际问题专家对自己以往过失的反省和自责。

作为历史的后来人，我们不会也无权以浅薄的态度，嘲笑前人的过失。相反，我们会像敬重前人的业绩一样，珍视前人的教训，作为今天和未来的借鉴。

当年乔冠华乃至在香港的其他中国共产党人和民主党派人士，之所以产生"认知障碍"，对迫在眉睫的太平洋战争视而不见，根本原因在于被一种先入为主的成见——"远东慕尼黑阴谋"的成见——蒙住眼睛。

1938 年 9 月 29 日至 30 日，英国首相张伯伦、法国总理达拉第和希特勒、墨索里尼，在德国慕尼黑签订《关于捷克斯洛伐克割让苏台德领土给德国的协定》。协定规定，捷克斯洛伐克依照德国的要求，将苏台德区和与奥地利接壤的南部地区割给德国，其余领土由签约四国"保证"不再受侵犯。这一协定使英、法两国统治者对待德、意法西斯的绥靖政策达到登峰造极的地步。它企图通过公开出卖捷克斯洛伐克来换取同德国的和平，并将法西斯侵略的祸水往东引向苏联。从此，人们就把类似这种对强敌妥协退让，出卖、祸害他国以求自保的行径，称为"慕尼黑阴谋"。

在张伯伦执政时期，英国政府一度对日本侵华战争采取名为"中立"、实为袖手旁观默认侵略现状的绥靖政策。1939 年 7 月 24 日，英、日签订《初步协定》（又名《有田—克莱琪协定》），英国作出不干涉日军在华侵略行动的保证。1940 年 7 月 18 日，两国又签订《英日关于封闭滇缅公路的协议》，规定在三个月内禁止通过英属缅甸，向中国输送武器弹药和铁道材料，在香港也实施同样的禁运。

英国政府不惜以伤害中国抗战的行动，来谋求对日本的妥协。这使一切具有正义感的人们敏感地警觉到：这是"慕尼黑阴谋"在远东的重演！

1941年夏秋之后，在华盛顿举行的美日谈判逐渐和太平洋地区的和战前景联结在一起。正义的人们更加担心美日谈判的结果，会酿造出危害性更大的"远东慕尼黑阴谋"。

基于这一观点，在香港的中共和民主党派的政论家们都防患于未然地预先在舆论界里敲响警钟，揭露和批判美、英等西方列强蓄意牺牲中国的抗战事业，企图与日本妥协，并怂恿"北进"攻打苏联的"远东慕尼黑阴谋"。

这类揭露和批判，甚至一直写在20世纪80年代中期之前中国内地出版的世界现代史各类教科书之中，直到此后内地越来越多的历史学家看到当年美、英、日等国的越来越多的历史档案资料为止。

张伯伦执政时期，到底有没有"有计划、有组织、有预谋"地实施的"远东慕尼黑阴谋"？

这个问题，最好留待专门研究这段历史的学者去讨论。丘吉尔、罗斯福执政时期，英、美两国对日、对华政策中到底有无"远东慕尼黑阴谋"？从本书第一页开始读到这里的读者，已经可以自己作出回答。

可是，当时的乔冠华等人不可能像我们这些历史后来人一样，看到当年属于绝密而今早已解密的美、日、英、中等各方面的档案文献。他们只能将对侵华日寇的仇恨、对美英西方列强的戒虑、对苏联"老大哥"的拥戴，熔铸成观察国际风云的望远镜，努力以自己的赤子之心去警醒自己的同胞。

然而，对日寇的仇恨，虽然有助于把握其侵略本性，对美、英等西方资本主义列强的过分戒虑，却容易夸大其对日妥协和怂恿日本进攻苏联的可能性，而忽视其本来具有的反对法西斯主义的进步性以及罗斯福、丘吉尔等人执政时表现的坚定性；对苏联社会主义"老大哥"的盲目拥戴，则更容易推论出一切资本主义国家都会或明或暗地再度联合进攻苏联的臆断。

于是，"远东慕尼黑阴谋"论得以形成和流行，成为乔冠华等人观测、分析太平洋风云变幻的依据。这种立论依据当然只能推导出日本不会南下向美、英开战，而只会北上进攻苏联的错误结论。

戴笠自得"天机"

或许是冥冥之中有一股超人的力量，感慨于当时正义的人们汲汲于防范未经证实的"远东慕尼黑阴谋"，却对日军发动太平洋战争的千真万确的大阴谋浑然不觉，于是忍不住显露天机，告诫人类：战争就在眼前！

这天机，果真是"天机"——从天上坠落下来的飞机！

1940年12月1日晚上，黑压压的夜幕笼罩着被日本占领近半个世纪的台湾岛。岛上正在实施宵禁，一切有生命和无生命的物体都无声无息地消融在地狱般的死寂中。只有永不驯服的大海波涛，倔强地拍打着岸边的岩石，以连绵不断的涛声，打破诡秘长夜的寂静。

一架美制道格拉斯 DC-3 型双引擎民航客机，从西北方钻出漆黑的夜空，大模大样地降落在台北松山机场。飞机停稳后，上来4名乘客。10分钟之后，这架属于"中华航空公司"、编号为363号的客机，沿着跑道再度起飞，很快消失在西南方夜空之中。

不明底细的人也许会以为这不过是一次普通的民航航班。其实不然，自从日军攻占上海之后，日本军方在上海设立"中华航空公司"，开辟东京—台北—上海—广州的航线，由美制民航客机担任航运。这条航线名为民航，实为军航，乘客多为身着便装的军官和秘密情报人员。这架363号客机进行的是负有重大秘密使命的飞行。它从上海飞来台北，现在正从台北飞向广州。

粤东大亚湾海面的一座小岛，岛上靠泊着几艘常见的木制渔船。

渔船上坐着、躺着的不是渔夫，而是军人——隶属中国国民革命军（简称国军）第七战区的海上别动军高射炮机动大队的官兵。

这些官兵干的不是捕鱼，而是狩猎——伏击可以伏击的一切日本飞机，无论是军用机，还是"民航"机。

夜空中飘来一闪一闪的红绿灯光，隆隆的飞机马达声越来越清晰。肆无忌惮的日本人早已把中国的领空视为安全的乐土，眼看20分钟之后可以飞到广州，于是打开航灯，用通话器和广州机场塔台联系。

渔船上伪装成起吊杆的高射炮开火了，愤怒的炮弹射向敌机。

敌机中弹，冒烟起火。机上的驾驶员连忙实施紧急迫降。

363号客机在粤东沿海坠落失踪！

这一消息立即由"中华航空公司"报告日本东京大本营。大本营高层官员顿时如遭受电击一般，瞠目结舌。半晌，他们才紧急电令在华南的日军第23军和第7飞行团火速前往实地搜索。

次日清晨，大本营将有关情况通报东京参谋本部和设在台湾、准备挥军远征东南亚的南方军总司令部。

从早到晚，华南地区一直下着滂沱大雨。直泻而下的千万条雨线，在天与地之间编织起白茫茫的雨帘，遮掩着房屋，遮掩着群山。

道路泥泞，能见度极低，日军展开的地面和空中搜索都毫无进展。当天下午5时，第23军波集团参谋长只好向东京大本营报告：

波集参电第 443 号

　　携带中国派遣军总司令官决定开战的重要命令，准备向我军传达的杉坂少佐一行 9 名，乘上海—广州班机（机内乘客共 18 名），昨（1）日在大亚湾附近消息断绝，目前正在努力搜索中。但该机可能在香港附近的英占区遇难，对此实堪忧虑。其所携带重要命令如落敌手，对帝国开始作战时的最初行动定有极大影响，故有认真研究妥善处理的必要。

波集团参谋长　12 月 2 日 17 时发出

　　香港。九龙太子道一栋白色的花园式小洋楼。窗帘低垂，人影晃动。天台葡萄架上，隐约伸出飞蝎式超短波天线。

　　这里是"军统"香港区的一处秘密机关。区长王新衡曾经和蒋介石的儿子蒋经国一同留学苏联，又一同回国参加抗战。现在，他正在恭恭敬敬地接待刚刚秘密路经香港的"军统"副局长、"六老板"戴笠，同时将 XSF 秘密电台发来的机要情报交给他。

　　XSF 电台是戴笠直接掌握的"军统"宠儿，素以及时侦集机要情报著称。这次，它给戴笠转来有关失踪日机机上乘客的两份情报。

　　第一份情报最初是"军统"台湾工作站提供给国军海陆区粤闽联合联队李国基少将的。它报告 12 月 1 日晚上在台北松山机场登上 363 号客机的 4 名乘客的姓名和身份：

　　　　前田良平少佐：日本海军南云航队密码参谋官。

　　　　久野寅平士官长：日本海军总部视察厅密码专家，战前为京都大学教授。

　　　　村井谦吉中佐：日本陆军总部机要参谋官。

　　　　加久保尚身中佐：台湾日军司令部特务参谋官。

　　"军统"台湾工作站根据这四名乘客的身份，判定 363 号客机一定负有秘密使命，于是多方查探机上原有人员的名单，然后发出第二份情报：

（一）上海登机人员名单

杉坂共之少佐：日本东京大本营参谋本部机要参谋课课长。

官原大吉中佐：日军十五航空联队通讯军官。

长谷川吉之助中佐：日本海军南云舰队第二支遣队参谋官。

逸见远志少佐：华南日军波集团军机要秘书。

今利雄一少尉：杉坂少佐副官。

竹内健少尉：杉坂少佐随身侍从。

笠村俊辅少佐：广东派遣军调查官。

田知花信量：《大阪新闻》上海支局长。

矶边四郎：日映新闻影片摄影技师。

第耶鲁士·哈肯：德国驻南京大使馆一等馆员。

（二）机组人员名单

正驾驶雄谷义则，机械士近藤八百太，领航山田二郎，通讯士森屋金兵卫。四人均属第三舰队航空队。

戴笠以其敏感的职业嗅觉，认定被国军海上别动军击落的日机很可能载有军事机密，立即下令迅速查明其坠落何处，并下令附近国军就地防卫和勘查。

12月3日，粤东沿海依然细雨连绵，海拔较高的边远山区甚至飘起雨雪。

日军的地面和空中搜索仍然毫无结果。华南日军于是开动所有无线电侦听系统，竭力侦听有关这一事件的蛛丝马迹。

当天，第23军特别行动班破译了一份发给国军第七战区直辖游击队——独立第9旅的电报。电报称："我驻惠阳平山墟部队发现一架敌机坠落在平山墟南方稻田处，机体毁坏，机上有3人死亡，4人被击毙，其余详情待报。"

根据这一线索，第7飞行团侦察机于4日上午10时进行临空侦察，终于发现迫降后坠毁的 363 号客机。客机坠落在惠阳平山墟东南约 10 千米处的狮朝洞高地（标高 469.9 米）的北侧山腰，此处在大亚湾西北方，距离香港英占区约 20 千米。据侦察机高空观察，客机残骸只剩右翼和机体的后半部，两台涡轮发动机被抛出 200 米远，机头部分已无法辨认。

东京大本营立即向参谋本部及南方军总司令部发出紧急通报：

> 根据敌方情报，机体虽已破坏，但并未烧毁，因此，判断杉坂少佐等人携带的文件很大可能已落入敌手。现已从淡水派出处理善后工作的收容队，但即使到达失事地点（预计今晚到达），找回文件的希望也很小。由于两日以来连续下雨，飞行困难，应该认为重要文件已落敌手，对此必须采取相应对策。

4 日下午 5 时 20 分，中国派遣军总司令畑俊六大将接到东京大本营急电，才知道大本营之所以极为关注 363 号客机遇难失踪的缘由。

原来，从上海登机的杉坂少佐一行，携带日本发动太平洋战争的极其机密的"敕使密件"，包括东京大本营对美国、英国、荷兰发动太平洋战争的军事决策、各项作战密令及实施细则等。在台北登机的前田少佐一行，则携带有南云忠一海军中将率领的正在奔袭珍珠港的特遣舰队（简称南云特遣舰队）的全部通讯密码。

东京大本营担心，一旦"敕使密件"和南云特遣舰队密码被"重庆军"截获，则可能马上通知美、英方面，美、英军队也许会抢先反攻或做好防范，长期精心策划与准备的"南方作战"计划将夭折在摇篮中。

因此，从东京大本营、中国派遣军总司令部到第 23 军司令部，都分别下达严格的命令，立即出动广州飞行队的全部飞机，轰炸遇难客机残骸；派遣驻扎在淡水的荒木支队和距坠机现场 30 千米外的木村大队，赶赴现场，处理善后。

粤东日军电文交驰，让"军统"情报机关从中获得刺探敌情的良机。

> XSF 电台第 7 次急电：失事日机确实迫降在汕头南方地图上所标的第 9 号标点，该山标高 979 呎。自下午 7 时 35 分起，山区开始降浓雾，温度在 3 度以下，降寒霜。我海陆区粤闽联队司令李国基少将已率别动军一大队，于下午 3 时向 9 号标点出发，预计晚间 11 时可到达目的地。本台将作第 8 次电告。

戴笠看完刚收到的这份电报，盯着地图想了好一会儿，转身对女随员说："通知九龙站，我要一艘双马达的机动渔船去虎门站。通知行动组和技术组，准备半队人马跟我行动。"

王新衡问："六老板，您要亲自出马？"

"嗯。"

戴笠一行即将从香港出发之际，又收到 XSF 电台的第八次急电，内容是：

> 坠毁日机已经找到，地点在惠阳县平山墟东南方狮朝洞高地。据目击的老百姓称，机上有几名伤者和生还者，并有焚烧文件情事。驻惠阳的国军 119 师和李国基部已经赶到现场，击伤企图逃跑的日军一名军曹，证实他名叫久野寅平。此外还曾生俘一名日军少佐，名叫杉坂共之，但此人在押解下山时被当地老百姓射杀，因为日机刚对当地进行轰炸，还投掷燃烧弹，烧毁当地的村庄。

"不错呀，有生还者，曾焚烧文件，还有飞机杀人灭口，其中必有大机密。"戴笠一拍桌子，下令："出发！"

1989 年，香港出版了作家邹郎撰写的一本书，书中根据 1986 年 12 月日本《文艺春秋》披露的有关"敕使密件"的内幕资料，绘声绘色地描述戴笠一行在狮朝洞高地上搜获日军重大机密的情景。兹转录以飨读者——

天寒地冻，白雪飘飘，山枝摇摇。

天空响着隆隆的机声，山岳传遍轰轰的炸弹声，那是日军九七式重轰炸机连队机群，在能见度只有五百公尺的高空盲目轰炸，执行"摧毁"任务。

山腹区雪林中正在激战，那是国军——九师两个团和李国基别动队，正在力战日军荒木支队（相当于中国军制的旅编制）及范和机动大队。

在狮朝洞高地的如同狮子大开口的凹洞中，一堆炭火熊熊，六老板正在细审被俘的久野寅平军曹。

"呃！被射杀身亡的松坂共之是东京大本营的高级参谋？"六老板大吃一惊，问道。

"他是大佐，我们'敕使'任务的最高长官。"久野答。

"你刚才说的30千克重的第三号密码是由他保管携带，你们烧毁了多少？"

"由大佐保管，我携带。"久野因为事前受到李国基司令的暗示，从实招供："是装在一只有七重暗锁的钢质箱子中，钥匙由大佐的侍从副官竹内健少尉保管。飞机迫降着陆的时候，他被弹出，生死不明。我们没有找到他的尸体，只是烧了一些作战命令。"

六老板点点头，笑道："久野先生！你是教授，被征入伍，根据日本军法条例，日本军人被俘之后即要勒令退伍，你有机会回学校教书了。好吧，我们就说到这里为止，你去休息一会吧。"

"长官！你是……"久野急问，意思是你是什么样的长官，有权力给我逃亡机会吗？

六老板笑道："我是战地指挥官，有权作一切处置，请教授放心。"

来到洞外，六老板命行动组长钱钩留在洞中继续侦讯久野。他则率领技术、行动两组人员，赶往现场去搜索那只钢箱、竹内健少尉和松坂大佐的尸体。

"李司令！山下的战事如果抵挡不住，你一定要给我六个小时时间搜寻密码，炸毁现场，然后以我的军事督导团团长名义，下令国军和你们一起全部撤离这个山区，使敌人能亲眼看到现场被摧毁的情形。"

"报告局长！——九师师长刘广信将军不在战地，军事督导团的命令在前线未必能生效。"

"哦……这样吧，我办妥一切事务后直接去找刘师长下命令。"六老板说到这里，低声道："记着，撤退时把久野先生留在洞中，给他大腿一枪，让他可以自圆其说，是被俘逃走时挨抢的。"

"局长！他是密码专家，真放他？"

"两利相衡取其重，放他回去，敌人密码不会改；俘他回重庆去，敌人的所有密码便立即更改了。"六老板说："他回日本退伍后恢复教授职业，有这个把柄抓在我们手上，我会命令我们的东京站随时利用他，这不是一举两得吗？"

"局长高明！"

"国基同志！你的部队全是美式陆军装备，应该可以给我六个小时，别让我们都变成俘虏，否则就是大笑话了。"

"局长！除非国基阵亡，否则一定能抵挡到明天上午8点钟。"李司令说。

天黑气寒阻止不了六老板和两组人员的搜寻工作。他们在现场飞机残骸的尾部，终于找到了那只钢箱，也找到了身受重伤的竹内健少尉，取到钥匙后，即补了竹内健少尉一枪灭口。

打开钢箱，取出30千克重的密码胶带，爆开了钢箱，并用一些塑料性的机上残品堆在钢箱四周燃烧灭迹。

接着，搜寻每一个死者的身上物品，然后送到飞机残骸中进行大爆破。

最后，到民间找松坂大佐的尸体，居然在其活动皮鞋后跟中找到两种密件，一件是台湾南云机动舰队由台湾出发突袭夏威夷珍珠港的密电通知，一件是东京参谋本部给二十三军司令官酒井隆中将的明文作战命令。

邹郎先生是一位小说作家，而不是历史学家。他在书中误将日机坠落的月份写成11月，将"杉坂共之少佐"写成"松坂共之大佐"。至于他活灵活现地描述"军统王"戴笠缴获"敕使密件"及30千克重的日军密码胶带，是属于小说家之言，抑或果真如此？笔者因未有机会查阅当年留下的"军统"档案，对此不敢妄加猜测。

为了使读者了解到更多的史料，以便作出自己的判断，不妨摘录1971年日本防卫厅防卫研究所战史室根据当年日军战报写成的相关战史：

坠机现场附近的木村大队奉命于4日16时出发，在5日上午到达现场附近，占领狮朝洞北侧丘陵上的敌军阵地。一面阻击来自平山墟方面的敌军进攻，一面命机关枪中队中队长太田中尉指挥收容队登上山坡。收容队于14时左右到达现场，现场处于朝向敌方的斜面，受到猛烈的火力射击（计有轻机关10挺、重机枪1挺）。收容队证实找到烧毁的机体和机上死尸5具，以及3具被烧死的尸体。同时在现场下方约200米处草丛，找到还活着的官原大吉中尉。收容队将中尉救出，还收拾了遗物，于15时30分下山。

杉坂少佐和久野寅平曹长当时仅受轻伤。他们于2日早晨下山，想与友军联系，托其代送绝密文件。但因受到敌人射击，只好在夜间行动，想从敌中突围。他们感到危险迫近时，就把绝密文件撕碎，分别埋藏在几处草丛里。5日拂晓，两人来到一个村庄（可能是平山墟与淡水之间的白茫花村），遇到敌步哨喝问："谁？"两人便分头逃散了。7月21日，久野曹长奇迹般地挣扎到淡水北门，被荒木支队收留，连同先前获救的官原中尉一起送到广州陆军医院医治。

另接特别情报，得知5日下午，在坠机地点约一二千米处，一名日本军官被枪杀。这名军官虽已负伤，仍挥刀抵抗，中国人只得开枪把他打死。当时遇难飞机上只有两个人穿军服，杉坂少佐是其中的一个，他又是剑道高手。由此看来，被枪杀的军官可能就是该少佐。

中国派遣军总司令部得到这一特别情报后，认为杉坂在出事后至少曾活3天，既有处理文件的时间，又有处理文件的场所，不致泄露机密，因而稍微放心。

此后，再未接到敌方关于本事件的特别情报。派遣军乃于5日晚将详细情况分别报告大本营和通报南方军，请勿再为泄密担心。

至此，令东京大本营担心不已的"敕使密件"泄露事件告一段落。差点停顿的战争机器又照常运行起来。

国军是否在这一事件中截获"敕使密件"和相关密码？

戴笠与"军统"特务们是否在这场涉及策动太平洋战争的特等绝密的情报争夺战中立下大功？

这，在当时是一个谜，在今天仍有待史家考证。

1982年，R. L. 甘特在用英文写成的《暴风雨季节——1941年香港围城战》一书中写道："这些密件即使被中国人截获，也从来没有披露过。"

甘特的这一说法，同样有待历史学家和档案学家去考证。

无须考订、查证的感慨与结论是：这一桩有可能向全世界揭露日本长期策划的太平洋战争阴谋的"天机"白得了，白费了！

如果戴笠或国军真的截获"敕使密件"和密码，其得到之易，可谓"白得"；得到之后，因时间匆促（距开战日不到三天），无法及时照会美、英、荷诸国，或照会后人家不理睬，也属"白得"。

如果果真没有利用这一天造地设的良机，截获唾手可得的密件密码，"天机"岂不是白费了、白丢了？

无论白得"天机"，还是白费"天机"，太平洋战争都不可遏止地从"阴谋"变成事实。

第二章
百年一战

战火中的皇后像广场。远处佐敦道码头的油库在燃烧

"鹰"袭香港

1941 年 12 月 8 日，日本帝国主义发动大东亚"圣战"的日子终于到来。

东京时间 8 日（星期一）凌晨 3 时 19 分，夏威夷时间 7 日（星期天）早上 7 时 49 分，南云特遣舰队的第一攻击波共 183 架轰炸攻击机，钻出厚如棉絮的白云，竞相扑向停泊在珍珠港的阵容壮观的美国太平洋舰队。空中指挥官渊田美津雄海军中佐发出攻击信号："脱，脱，脱!"这是日语"攻击"一词的第一个音符。

一分钟之后，俯冲轰炸机队首先袭击港口各机场上的美军飞机。紧接着，鱼雷攻击机群猛烈攻击泊靠在港口外侧的美军舰只，水平攻击机群空袭港口内侧的舰只。

雨点般的炸弹从天而降，飞机轰鸣声、炸弹爆炸声响彻云霄。日机穿梭般俯冲腾飞，编织着可怕的死亡之网。几分钟前还威风凛凛的太平洋舰队各类舰艇纷纷中弹倾覆，折戟沉沙。

三分钟之后，渊田中佐的无线电发报机发出"脱拉! 脱拉! 脱拉!"的信号，以预定的"虎! 虎! 虎!"密码，向大本营报告南云特遣舰队成功偷袭美军太平洋舰队的消息。

五分钟之后，美国太平洋舰队助理作战参谋文森特·默菲海军中校才用电报向美国海军作战部长和各海军舰队告急："敌人空袭珍珠港，这不是演习。"

3 时 40 分，日本大本营参谋总长杉山元大将踌躇满志地签发两份密电，分别拍发中国派遣军总司令官畑俊六大将、第 23 军司令官酒井隆中将以及在华各军司令官：

参电第 684 号　12 月 8 日 3 时 40 分发

花开，花开。

参谋总长

参电第 685 号　12 月 8 日 3 时 40 分发
E 方面正式作战业已开始。

参谋总长

这两份密电，分别以预定的暗语，通报从台湾出征的南方军开始在英属马来登陆作战的消息。与此同时，日军还向泰国、菲律宾等地发起攻击。

根据 12 月 2 日大本营陆军部下达的 C 作战（香港作战）计划，第 23 军第 38 师团应在南方军确已在马来方面登陆或空袭之后，开始进攻香港。

3 时 51 分，酒井隆司令官看到第 23 军参谋处火速送来刚收到的上述两份密电。他立即指示参谋处向所辖陆、空部队发出进攻香港的既定密令：

波集参电第 500 号　2 月 8 日 4 时发出
"鹰"命令发布。

军司令官

距此 35 分钟之前，海军第 2 遣华舰队司令官从南方军方面得知日军已开始对马来、菲律宾作战，因而按照预定作战部署，也发出代号"鹰"的作战命令，命令所辖舰只开赴香港海面，配合陆、空军进攻香港。

"鹰！鹰！""鹰"袭香港！

从 1941 年 11 月下旬就从"满洲国"陆续南调而来的 30 多架"秃鹰"战机，一字排列在广州东郊天河机场的草坪上。三天前刚刚抵达广州，就任第 23 军飞行队队长的土生秀治大佐，原任关东军飞行第 45 战队（轻型轰炸机队）队长。他在 4 时许接到"鹰"命令，马上召集全队官兵在停机坪集合，宣布如下命令：

一、我帝国为自存、自卫，已对中、美、英、荷宣战。

二、军飞行队决定立即出动，空袭香港启德机场，副目标为海港停泊舰艇。

三、轻轰炸机队立即全队出动，轰炸启德机场。

四、战斗机队也立即全队出动，掩护轻轰炸机队。

五、其余人员继续执行原来任务。

7时，天河机场机声隆隆。一架架载着300千克炸弹的轻轰炸机，在战斗机群掩护下，趁着黎明前的昏暗，爬升到灰蒙蒙的云层里，成群结队地向东飞去。

珠江口外云遮雾罩。与深圳接壤伸向大海的九龙半岛和与之隔海相望的香港岛，在碧蓝色的海水环绕下，时隐时现，宛如一个巨大的问号，正疑虑前程叵测；又宛如一个巨大的感叹号，在感慨命运多蹇。

7时50分，土生队长率领轰炸机群，从4200米高度闯入仍在沉睡的香港上空。当他率先俯冲，快要接近投弹高度时，他清清楚楚地看到启德机场停机坪上的14架飞机。

深圳沙湾，第38师团战斗指挥所。

师团长佐野忠义中将向来与东京大本营参谋总长杉山元大将、参谋副总长佐野中将私交甚洽。两年来，大本营内定第38师团作为吞掉香港这块"肥肉"的基干部队，自然与此有关。佐野忠义从受命之日起，就针对英军以为日军不善夜战的偏见，刻意对部队进行夜战训练，专门制订以夜袭突破中英边境的作战计划。

12月7日上午10时，佐野忠义从虎门要塞出发，驱车两个多小时来到深圳，拜访奉命配合进攻香港的第23军第一炮兵队司令官北岛骥子中将，磋商联合作战事宜。佐野表示：

一、师团对突破中英边界防线，一贯主张夜袭，希望军炮兵大力协助。

二、宣战布告如在12月7日晚以前发出，突破边界的行动即在 8 日凌晨进行。布告如在 8 日晨以后发出，行动则从 8 日夜间开始。

得到北岛中将承诺之后，佐野又到沙糖布（地名）师团先遣支队驻地，召集支队长伊东少将及各部队长开会，检查部队备战情况，再度指示各部队的战斗任务。

当晚，佐野在沙湾宿营。

8 日凌晨 4 时 5 分，师团参谋细川急匆匆地跑进师团长驻地，不顾一切地叫醒佐野，报告"鹰"命令已经发布。佐野翻身起床，穿戴完毕，于 4 时 20 分命令伊东先遣支队，立即以主力从深圳以东，突破中英边界线的英军阵地，进占油甘头、白沙桥山、大帽山和小帽山东西一线，为此后师团扩大进攻而侦察敌情和地形。

他还下令驻扎在虎门、布吉等地的师团其余主力部队，向深圳急进。

在下达一连串战斗命令的时候，佐野心中有一种按捺不住的激动：将近两年的秣马厉兵，今天终于能一见雌雄！

抬头眺望，东方将白。他微微有点遗憾：精心训练的夜袭战术，怕是用不着了。

12 月 8 日星期一清晨，当香港人从月份牌上撕下这一天的日历时，谁也没料想到这一天竟是太平洋战争降临的凶煞日。

殷红的太阳像一团火球，跃出蔚蓝色的海面。连接九龙半岛与香港岛的维多利亚港波光粼粼，溢彩流光。来往两岸的渡轮穿梭似地将满船乘客送往对岸，岸上的公共汽车和小轿车奔驰在大街小巷之间。大街小巷里的各式茶楼酒家顾客盈门，"叹"（喝）早茶的人们熙熙攘攘，高谈阔论。香港，一如既往地开始了繁忙的一天。

18 岁的列思莱·科斯吹着轻松愉快的口哨，在家中的阳台上穿起香港义勇军的新军服。昨天夜里，他接到通知，要他在今天早上 9 点钟到义勇军第三连报到。科斯预料这将不过是习以为常的例行演习，但能和新结识的伙伴团聚在一起，毕竟是一件愉快的事。

远处传来隆隆的沉闷响声，天际间飞来耀眼的亮点。科斯凝神眺望，一群飞机自远而近向他飞来。他数了数，总共 47 架飞机从头上掠过。他心想，这下可好了，远东皇家空军终于从新加坡飞来增援香港了。

宋庆龄迎着晨风，站在启德机场旁边的沥青马路旁，迎接刚刚乘坐中国航空公司 DC－Z 客机从重庆飞抵香港的宋霭龄。她听到空中响起轰隆隆的马达声，看见一大群飞机从云层中钻出来。

这么一大早就飞来一大群飞机，真有点反常。

她一边暗自纳闷，一边与大姐宋霭龄握手拥抱。

偷袭启德机场的日机开始投下第一颗炸弹。

第一颗炸弹没有击中启德机场，往前掉落到机场附近的街道上，炸起一串浓烟。

土生队长喝令第 2 中队瞄准主目标——启德机场，第 1 中队瞄准副

日军飞机轰炸香港

目标——维多利亚港的英军舰艇，进行俯冲轰炸。

第 1、2 中队的"九八式"轻型轰炸机，大多是在两三天前才从东北飞到广州，没有足够的时间准备香港作战。结果，第 2 中队虽然炸中机场，但对停机坪上的英军飞机似乎伤害不大。第 1 中队也未直接命中英军舰艇，徒然在维多利亚港湾炸起一根根水柱。

土生队长只好命令担任掩护的"零式"战斗机，俯冲扫射启德机场上的英军飞机。

英机成为日机的活靶子。

在此之前，英军司令官莫德庇少将曾对驻港空军部队下达一道命令："黄昏或拂晓是鱼雷轰炸机攻击日本海军主力舰或巡洋舰的好时机。在此时机到来以前，全部飞机不准离开陆地。"

这道命令给日机在早晨8时以后攻击英机造成极好的机会。

在日机反复俯冲扫射下，启德机场地面上的14架飞机全部损毁，其中12架起火燃烧。

"鹰"袭香港，香港空中防卫力量在地面全部被歼灭。日军从此掌握香港制空权。

当年在教会小学上学的一位香港人，这样记述香港首次遭受空袭的情景：

> 一九四一年十二月八日——今天是圣母无原罪瞻礼，是我们小修院的主保瞻礼。……早上起来照常在本修院小堂参与弥撒，继而到主教座堂唱大礼弥撒。时钟尚未到八点，大概弥撒正举行到举扬圣礼的部分，忽然紧急警报的笛声从四面八方"呜呜"地响起来。不过数分钟，罗便臣道的那两门高射炮发出惊天动地的炮声。这些炮声和平时防空演习时全然不同，圣堂内立刻引起了很大轰动，很多教友吓得面如土色，向圣堂外跑出去看个究竟。忽然，"轰、轰、轰"又是一阵炮声，接着听见隆隆的飞机声和炸弹声响成一片。此时院长卫神父正领着我们唱弥撒，他呆着口面，安定我们的心说："不要怕，防空演习罢了。"我们才不相信呢！

> 在回修院的那短短路上，大家都默不作声，很像大祸快要来临似的，大家的心情都像很沉重。刚踏上修院的石阶，迎面走来的是修院的历史教师黄勇牧神父。他神情很紧张，用颤动的声音，上气接不接下气，冲口便告诉我们一个噩讯："不好了，日本和英、美宣战了。今天天方亮，日本已开始轰炸珍珠

港及东南亚英、美的属地。从今天起，不论香港、新加坡、马尼拉等地都要受到空袭了。"我们拖着沉重的脚步，走进饭厅用早膳。一会儿，院长带着忧郁的、沉重的声音向我们全体小修生宣布说："主教有命，要暂时关闭修院。我暂时不能留住你们，你们要疏散，各自回家居住。后事如何，听天主安排是了。……"

百年不遇的战争终于降临香港。

距日出还有两个半小时，驻守在中英边界的英军前线警备队指挥官格雷少校，从司令部打来的电话中，知道日军已经在英属马来登陆，日本向英国开战了。他立即按照既定的计划，布置工兵炸毁边界附近的桥梁和公路，滞缓日军对香港的进攻。

年轻的义勇军团中尉汤华思奉命率领工兵，赶到罗湖，炸掉横跨深圳河的两座边界桥。桥面上早已安装好炸药，他们只需插上导火线，点火引爆就行了。

黎明时分，汤华思一行来到罗湖桥畔，远处的情景令他们吃惊：深圳河北岸布满密密麻麻的日本兵，河里还有上百名赤身露体的日本人在忙着架设浮桥！

旭日东升，深圳河出现了不可思议的战前奇景：在有效射程之内，英国人和日本人，炸桥者和建桥者，都在互不干涉地抓紧时间完成各自的使命。

8 时 30 分，汤华思点火引爆，原先贯通中英边界的两座罗湖桥在震耳欲聋的爆炸声中崩塌下来。英军炸桥者在砖石四溅中向南后撤。

日军先遣部队沿着新建的两座浮桥，开始向英占区进发。他们开入新界，向西直奔青山而去。与此同时，第 38 师团步兵第 229 联队也在沙头角西侧突破边界，向大和市进击。

日军刚发起进攻，就气势汹汹地摆出分割包围英军前线警备队的阵势，以便阻止他们爆破桥梁、公路和铁路。

英军前线警备队只有步枪和机关枪，没有重武器，无法和日军对阵。9时30分，格雷少校下令部队和边防警察撤往大埔。

晌午时分，日军第38师团主力和军炮兵队潮水般地从中国一侧，涌入新界英占区。日军战报报道说："边境上已无英军，所有道路、田垄，一切能通过人马的地方都挤满了人和马，进击有如怒涛澎湃。东南侧的铁舟桥在一个半小时内，开过轻坦克和汽车300辆，马400匹，人员约1000名。……这样，伊东先遣支队兵不血刃突破边境，继续进击，人们的脸上都呈现着激动的神色。"

11时40分，日本天皇颁布对美、英两国宣战诏书。这份战而后宣的文告，对已经被迫应战者毫无意义，对正在进行"大东亚圣战"的日军官兵却是振奋人心的强心剂。

当天下午3时许，退到大埔村布防的格雷少校和他率领下的一连印度旁遮普士兵，发现有相当于整整一个营的日军先头部队，正以纵队行军阵势，沿着崎岖的乡间小路向大埔逼近。在他们身后，是用骡马牵拉着行进的各式火炮。

日军越走越近，完全进入英军的轻武器射程之内。格雷少校终于下达开火的命令，由印度士兵射出的机关枪和步枪子弹，阵雨般地突然打到日军行列中。自入侵英占新界数小时以来一直未曾遇到抵抗的日军，被迫散作战斗队形，匍匐在已经收割的水田里，向大埔村发起进攻。

格雷和他的印度兵竭力打退了日军的第一次攻击，未等他们喘过气来，数十发炮弹又接二连三地落在阵地上。格雷无心恋战，趁着爆炸硝烟弥漫未散，率队撤往西南方大帽山的预设阵地。

黄昏时分，格雷接到进驻左翼阵地的一位排长打来的电话。排长在电话中焦急地报告说：他遭到日军的进攻，日军正推拥着好几个中国妇女作"活盾牌"向着阵地冲来。他请示格雷应该怎么办。

格雷望着昏暗下来的天色，想起必须趁黑夜完成爆破桥梁、公路的任务，毫不迟疑地回答："这是战争，必须阻止他们！"

左翼阵地传来一连串密集的机关枪声，接着枪炮声又响成一团。

夜幕降临的时候，大帽山恢复宁静。左翼阵地上的排长用电话向格雷报告：他已经阻止住日军。

当天夜晚，前线警备队和义勇军团的工兵们忙着在大埔到青山一带的桥梁、公路上安插导火线，引爆预先埋设在那里的炸药。爆炸声此起彼伏，连绵不断。

一队队日军则由汉奸引路，连夜抢占各交通要道和重要制高点，阻止英军实施爆破计划。

大埔以南的一座桥梁上，工兵雷蒙德和伊华里斯特刚刚点燃导火索，一队日本兵就从远处跑步赶来，两人匆忙撤离桥面。最先冲上桥的日本兵用刺刀切断冒烟的导火索，转过身得意洋洋地向同伴夸耀起刚才飞奔救险的举动。然而，雷蒙德早已在匆忙撤离时又安置了另一根通电引爆雷管，伊华里斯特一拧电开关，这座桥梁和桥上的5个日本兵便"轰"然上天。

次日凌晨3时30分，格雷少校终于可以向司令部报告：所有既定的阻滞敌人从陆上突袭的爆破任务都已经完成。

"用我们的血肉，筑成海外的长城"

12月9日早晨，香港进入开战后的第二天。

当天早上发行的香港各家日报，才刊登太平洋战争爆发的消息，才发表日军轰炸香港和进攻新界的报道。

昨天各家日报断言战争不会爆发的预测和报道，都已成为历史。

今天各报上的新闻，竟又是足足迟到一天的"新闻"。

著名报人萨空了在事后补记的12月8日的日记中，愤愤不平地写道："为什么中文报不能像英文报一样地迅速发出号外，这就是香港英文报不须经港政府检查，而中文报必须经过华民司新闻检查处检查的结果了！战事卒起，检查老爷还未办公，报自然不能出！"

在迟刊的"新闻"中，仍然有几则消息备受港人关注。

首先是孙夫人宋庆龄在8日早上用电话发给英文《南华早报》的声明：

> 今天早晨我醒来时，与你们大家一样，发现战争已经降临香港。我看见炸弹落在九龙街道上，我看见十几个男人和妇女被炸死——就在我的眼前。我能告诉你们我的感受吗？
>
> 现在，在中国内地已发生了五年的事情，在香港也发生了……日本法西斯主义者曾经想先征服中国，现在又在尝试另外一个更加危险的计划……
>
> 这一战争，如同在它之前业已失去的和平一样，是不可分的。它的任何一部分都不能同其他部分分开。如果在香港有人曾经以为分开是可能的，那么日本的炸弹已经来告诉他们，大伙面临的共同危险将是什么。
>
> 那就让我们明白地说出来，我们所要的是什么、我们所必需的是什么。——炸弹已经千真万确地掉下来了！我们所必需的是一条国际反法西斯统一战线，把中国自身的斗争与英国、苏联和美国人民的一致努力联结起来，把世界各地的法西斯主义彻底粉碎。我们所必需的是所有民主人民的民主联盟，使反法西斯国家的所有资源都用在最需要的战场上。我们所必需的是一条全世界的民主阵线，它将真正是世界性的、民主的。
>
> 重庆的人民在所有严酷考验的日子里从不动摇。现在是香港人民表现出同样精神的时候了。这种精神在过去那些战争的年月里曾为他们英雄的同胞们赢得了名誉。让我们共同战斗到底，直到把日本强盗赶过大海，回到他们原来的岛屿上去。
>
> 宋庆龄

其次是有关香港政府对战争的表态：

> 昨午立法局在空袭警报中举行会议，由总督正式宣布英帝国已与日本作战，席间华人代表罗文锦代表华籍市民向政府表示忠诚。

> 总督杨慕琦爵士除宣布英日战争外，并谓日本不断行使其侵略政策，现更冒险与英国作战，现在已非言论时期，而为行动时期。本港遇此空前之难关，现需要于市民者，不论男女，均须勇敢且有信心，以履行其所应负之责任。罗文锦氏致词，略谓本人代表本港市民，对政府表示绝对信赖，并对于每人所应尽之责任，无须考虑即愿尽其力量担任。

8日晚上8时，港督杨慕琦发表广播演讲，号召香港中外人士奋起抵抗日军入侵：

> 本督今晚欲慰告诸君，战事虽已蔓延世界各处，而本港人士须紧急加入服务。但余之所以欲慰告诸君者，以本督能向诸君保证，吾人能坚强应付敌人，对于战事结果毫不加以疑问。

> 英、美领袖几月来努力防止此次战争之发生，但此方面已归失败，故吾人不得不参加作战。日本从未放弃其恶毒目标，谋取邻邦主权，并欲破坏中国及其他国家之自由、博爱及正义。……

> 诸君尽知吾人友邦中国多年来继续担任抵抗侵略者之光荣任务，吾人今日与中国人民及蒋委员长并肩作战，彼此互为同志。吾人有伟大协约国，吾人当好自为之。彼等之抗战乃吾人之抗战，彼此一致前进。此战争或需时甚久，且甚为艰辛，本督请诸君努力，加以协助。在此次敌机空袭中，本港已表现极佳之勇气精神，民团已加入大军准备作战。本督得与诸君共处，深觉荣幸。

这三则消息，说的都是同一个意思：呼吁香港人民，尤其是占香港人口绝大多数的中国人，积极支持和参加保卫香港的抗战。

当时，香港人口接近 160 万人，其中中国人就有 150 多万。

为了分而治之，日军在轰炸香港时，有意散发传单，宣称进攻香港是要推翻英国人的殖民统治，实现黄种人反对白种人的"东亚共荣"。

这种花言巧语，除成为少数汉奸为虎作伥的托词之外，在绝大多数中国人看来，不过是狼外婆的谎言。日寇在中国境内烧杀抢掠，制造出南京大屠杀等一桩桩血腥惨剧，何尝有过黄种人的"中日亲善"？

当天出版的香港《光明报》发表社论《保卫香港——大家应出力出钱帮助港政府捍御敌寇》，道出香港华人的心声：

> 现在太平洋上的公敌，就是我们祖国的唯一敌人。……现在香港的侨胞，约有一百五十万人。这许多人力，可说是我们祖国的一座海外长城，也是保卫香港的一种巨大的力量。……
>
> 我们侨胞中的壮丁，应该积极参加义勇队、商团、义务警察以及战时救伤队等，为保卫香港而出力；侨胞中不乏富有资产者，亦应多多出钱，以裕港政府的战时经济。保卫香港是侨胞今日应尽的责任，我们大家应该抱必胜的信念，恪尽这光荣神圣的责任。

九龙亚皆老街与马头涌道交界的一处旧兵营，人声鼎沸，吼声四起。拘禁在兵营里的五六百名中国青壮年人，穿着破旧的国军服装，用力摇晃着各间营房紧锁着的铁门，大声叫喊着：

"鬼佬，放我们出去！"

"把枪还给我们，我们要打日本仔！"

"宁愿上战场战死，也不愿坐着等死！"

看守兵营的英国警司一改平日趾高气扬的神情，用生硬的广东话连连安抚说："诸位请安静，上头正在考虑诸位的要求，很快就'搞掂'啦。"

这里就是两年前曾经令香港人愤愤不平的"孤军营"。里面拘禁着当年坚守虎门要塞，终因弹尽援绝，被迫突围退入香港新界英占区的国军数百名官兵。当时，港英政府标榜"中立"，宣称依据国际公法，收缴他们的武器，将他们拘禁起来，不许自由活动。现在，这支孤军像困在牢笼里的雄狮一样怒吼了。

中午时分，两辆满载武器弹药的大卡车开到"孤军营"大门口。各间营房的铁门一一打开，孤军官兵们摩拳擦掌地涌出营房，欢呼着，跳跃着。英军一个军官向孤军官兵们大声宣布香港政府的释放令和动员令，他的声音很快淹没在孤军们沸腾的欢呼声中。

用我们的血肉，筑成海外的长城！

12月10日，香港《国家社会报》发表专题报道：

> 兹据政府发言人消息，此批孤军已于昨日全部释放，使参加防卫工作。彼等闻讯时，皆大欢喜，高呼打倒日本侵略者！闻该批壮士现已调驻港九各防线，与英军并肩作战云。

12日，《光明报》以《孤军协助作战，大埔首建奇勋》为题报道说：

> 留港孤军自获释放后，一部参加本港辅助保卫工作，一部则武装重上前线，协助英军杀敌，英勇精神，未减当年。顷据可靠消息，我参与战事之孤军，先系奉命开往大埔前线者。彼等在战命下奋勇向敌猛扑，曾建立不少功勋。传大埔日军早已惨溃，刻已无敌踪，其得力于孤军协助者，实为不鲜。至我孤军，除有精练之战术外，而对地理方面，亦较友军更为熟悉。前日青山之役，孤军曾奉命于仓促之间，负引路责任，辗转苦斗，乃使战局转危为安，获得光荣之战果。中英人士对孤军英勇精神，莫不感致其最大敬意云。

山城重庆，耀眼的朝阳驱散弥漫多日的浓雾。曾经在昨天为日本偷袭珍珠港而暗自窃笑的蒋委员长，今天依然感到精神振奋。

昨天（8日）清晨4时许，住在重庆郊外黄山别墅的蒋介石突然接到日本在珍珠港事件中向美国开战的消息报告。他心中不由一阵惊喜：中国长期单独对日作战的局面终于结束，美国人、英国人从此将和中国人一道，向日本人开战！

蒋介石立即乘车返回重庆官邸。途中，他又陆续接到太平洋战争全面爆发的电报。

上午 8 时，他召集国民党中央常务委员会特别会议，决定中国对日本宣战；呼吁美、英、苏与中国一道组成反侵略同盟，共同对德、意、日侵略集团宣战。

今天（9 日），蒋介石接到来自英国伦敦的一份重要急电：

> 英帝国和美国已经受到日本的攻击。我们一向是朋友，而现在，我们面对着一个共同的敌人。丘吉尔 1941 年 12 月 8 日

和蒋介石一样，丘吉尔也将日本向美国开战，看作令自己"最高兴的事"——因为美国终于像罗斯福总统所说的那样，和英国"风雨同舟"了。值此之际，丘吉尔想到抗日的中国，因此向蒋介石伸出手，邀请他一同登上"风雨同舟"的航船。

蒋介石自然领悟出丘吉尔来电的含意。他要向美、英等西方列强显示中国抗日的实力，于是一再催令第七战区司令长官余汉谋指挥所辖三个军，立即向广（州）九（龙）铁路沿线发起攻击，牵制日军对香港的进攻。

他还要向美、英等西方列强表明中国抗日的决心，于是敦促国民政府立即向日本宣战。

说起来真令今人可叹、可笑、可恼，自从 1931 年日本制造"九一八"事变，侵占东北三省以来，中日两国间的战争实际上已经持续整整十年之久。打了十年才宣战，岂不令人长叹，令人耻笑，令人愤恨？

这种可叹、可笑、可恼之事，在 12 月 9 日下午 7 时，竟由"中华民国国民政府主席"林森一本正经地做出来。他签署宣战文告，正式宣布中国向日本宣战，同时宣布中国与德国、意大利处

于战争状态。

至此，对日宣战的国家已有美国、英国、中国、荷兰、加拿大、澳大利亚、自由法国、海地、萨尔瓦多、危地马拉、洪都拉斯、希腊、哥斯达黎加、多米尼加、尼加拉瓜、比利时、南非、巴拿马、新西兰、智利、埃及、墨西哥、哥伦比亚、挪威等24个国家。

领头的四个国家，英文国名的第一个字母分别是 A、B、C、D。当时人便称日本向 ABCD 开战。

僻处中国西北的延安，也从无线电波里得知太平洋战争爆发的消息。

12月9日，中共中央发表《中国共产党为太平洋战争的宣言》和《中共中央关于太平洋反日统一战线的指示》。

《宣言》指出："全世界一切国家、一切民族划分为举行侵略战争的法西斯阵线与举行解放战争的反法西斯阵线，已经最后地明朗化了。"

《指示》宣布："我全国人民、全体海外侨胞及南洋各民族在抗日战争中的中心任务，就是建立与开展太平洋各民族反日反法西斯的广泛统一战线。""中国共产党应该在各种场合与英美人士作诚恳坦白的通力合作，以增加英美抗战力量，并改进中国抗战状况。""必须努力开展华南敌占区、海南岛、越南及日本在南洋一切占领区域的抗日游击战争，并应尽可能与各抗日友军及英美等抗日友邦的军事行动协同一致，及取得他们在各方面的赞助，游击队所实施的各种政策应该符合于反日统一战线的要求，应该注意防止并纠正各种'左'的倾向。"

重庆的命令和延安的指示，分别激励国共两党武装力量共同在广东敌后采取牵制日军的一系列军事行动。这些行动，一度令初受日军进攻的香港人大受鼓舞。

为此，香港《光明报》专门于 12 月 10 日发表题为《战时香港之自助与外援——愿港政府与中国当局及华侨进一步合作》的社论，称：

> 消息传来，祖国军事当局现正积极增援广东东江之我军，将进行大规模反攻，使在中英交界之寇军腹背受敌。同时，现在深圳附近，我游击队甚为活跃，已使进攻大埔区之敌军大受牵制。足见能自助之香港军民，可得我东江方面中央军及深圳一带游击队之有力援助。

> 一言以获之，香港有固守的可能，只须一面集中市民所有力量，用于对日；一面于军事上与中国切实合作，使敌人的侵略计划无从实现。望港政府注意及此。

社论将港英政府与港人及中国的军事合作，作为香港可能坚守的重要条件，这可以说是点到问题的关键。

不是港督杨慕琦和司令官莫德庇不明白这个关键的问题，而是他们出于对中国人的戒虑和防范，不愿真正处理这个问题。

香港遭受日军进攻之初，英国政府和港督曾派魏菲尔将军到重庆紧急求援。

中国驻英国大使顾维钧就此回忆说：

> 他是个干练的军官，但是他的手脚显然被上级的指令束缚住了。他是到重庆求援来的，但他坚持要中国接受他的条件和要求，而对中国提出的一切反建议则坚决拒绝。……甚至在中国政府提出派部队去香港时，魏菲尔还坚持要把部队的活动范围限制在九龙附近的一个地区里。

大约在 12 月 12 日或 13 日，香港政府也通过新西兰籍"红色记者"贝特兰与廖承志接洽，希望与中共在香港的负责人会晤，商讨协同保卫香港的问题。

第二天，在香港大酒店三楼的一个大会客厅里，贝特兰向 12 月初刚到香港上任的辅政司詹逊介绍应邀前来会晤的中共代表廖承志、乔冠华和夏衍。

看到这三位神态安详、知书达理的中共代表，詹逊心里实在无法将他们和传闻中中共领导人宛如蛮不讲理的"山大王"形象联系在一起。

廖承志等人用英语直率地向詹逊说明，中共领导的东江游击队愿意协同驻港英军和加拿大军一起保卫港九，同时希望英方供给必要的轻武器和弹药。

多年后，夏衍回忆港英当局当时的反应，写道：

> 这位辅政司似乎很诚恳地表示立即向港督报告，尽可能满足我方要求。可是从此之后，就如"泥牛入海"没有下文。事情是很清楚的，英国人有他们自己的想法。他们知道，港九这块弹丸之地是保不住的，让日本占了，英美联军打败日本之后，日本还得把香港交还给英国。而一旦中共部队进入港九，那么战争结束之后，问题就复杂了。在这一点上，他们的阶级立场是鲜明而坚定的。

平心而论，当时即便港英政府完全依靠中国抗日武装或者武装在香港的中国人，也很难说就能守住早已成为孤岛的香港。不过，可以确定的是，如果他们这么做，香港保卫战将会更壮烈、更持久，而不至于初战期间一方面是大量的武器弹药空置于港九军火库，另一方面是大多数有血性的香港华籍青壮年扼腕慨叹：有心杀敌，无力回天！

"用我们的血肉，筑成海外的长城！"这是香港对日作战期间香港同胞的心声。

只可惜，形格势禁，香港保卫战的最初主角竟然是英国人、加拿大人和印度人。

西山大队夜袭255高地

香港由香港岛、九龙和新界三大区域组成。其中，九龙和新界两区分处九龙半岛的南、北两部。九龙半岛从深圳河向南伸出30多千米，东西宽约30千米。半岛中部有大帽山、草山、针山等群山，形成九龙和香港岛的自然屏障。

1935年起，英军在青衣岛对面的醉酒湾（又名垃圾湾）经金山到沙田海一线，陆续修筑相互贯通的地面坑道和角形碉堡等防御工事，形成扼守九龙半岛南部的醉酒湾防线。日军进攻新界之后，英军即按预定作战计划，收缩前线兵力，首先以醉酒湾防线为九龙半岛的主阵地，抵御日军的进攻。指挥官为大陆旅旅长瓦利斯准将，下辖三个营，旅司令部设在窝打老道北端。

醉酒湾防线（1941年）

醉酒湾防线的左翼是俯瞰城门水塘的城门堡。城门堡由五座碉堡和一条连接碉堡的混凝土坑道组成，地势险要，正当要冲。弯曲的坑道往下一直通向走私凹的孖指径。城门堡的最上方，设有英军一个炮兵观测站和一个苏格兰步兵连的连指挥所。

连长琼斯上尉，绰号"马铃薯"，将所辖两个排布置在左翼阵地，只留下一个排共 28 人防守城门堡。按照旅长瓦利斯的命令，"马铃薯"还要在夜间抽派本连士兵，到城门河谷巡逻三次，以防敌人偷袭。

12 月 9 日晚上，夜幕笼罩着城门河谷和周围的群山。草丛里偶尔响起的虫鸣，更增添四周的宁静。旅侦察队长麦克上尉带着士兵科林潜伏在城门山路边，观察着日军的动向。令他们惊奇的是，一队队日军正匆匆向西线的青山公路迂回。

"很明显，今晚日军的目标不是城门堡。"麦克将自己的想法告诉"马铃薯"。

一个小时以后，"马铃薯"的副手汤逊带着 9 个苏格兰士兵，巡逻在城门河谷和水塘堤坝上。万籁俱寂，除了潺潺的流水声和脚下的皮靴声，他们没有听到什么动静。回到城门堡，汤逊向"马铃薯"报告："没有发现敌踪。"

距城门水塘北端堤坝 500 米的草丛里，匍匐着华南日军第 38 师团第 228 联队第 10 中队队长若林东一中尉和他的两个小队长望月茂少尉和曾根正三准尉。

第 228 联队在 8 日经过一个白天的急行军，从虎门要塞途经宝安、深圳，终于在当天晚上进入新界英占区。次日，联队奉命担任左翼攻击部队，进占草山和小湾山，准备进攻城门水塘高地上的英军主阵地。联队长土井命令若林中尉率领本中队，担任联队的尖兵。夜幕降临的时候，尖兵中队悄然接近城门水塘北岸。若林吩咐士兵隐蔽在密林中吃晚餐，自己带着两个小队长上前侦察。

看着英军巡逻队从河谷走上城门堡，若林灵机一动：应该趁英军未发觉，利用其防守的空隙，夜袭师团攻击的重点——城门水塘南侧和 255 高地，然后坚守待援！

若林将此想法报告土井联队长。土井大佐觉得，按照师团和军部命令，255 高地属于右翼部队的进攻目标，本联队如果擅自夜袭，会打乱全盘作战计划；不过，如果有机可乘，以夜袭夺取师团的主攻目标，未必不是一件好事。

他正在沉吟，若林急切地请求说："属下愿将此举作为独断行动，承担全部责任。"

若林的顶头上司西山大队长闻讯表示：如果若林中队独断行动，他不能坐视不理，也会率其余两个中队加入夺取高地的战斗。

土井于是断然决定，由西山率领第9、10中队实施夜袭。

晚11时许，在城门堡最靠近城门河一侧的角形碉堡值班的英军士兵发现有几条黑影闪动过来。在喝问口令无人回答之后，角形碉堡里的机关枪喷射出一束束火焰。

从陡峭山崖爬上来的日军第9中队，立即向城门堡的5个角形碉堡猛烈射击。第10中队则在若林队长率领下，一步也不停地向最高处挺进。

射击，一刻不停地向四面八方猛烈射击。"马铃薯"和他的苏格兰士兵们竭尽全力地阻拦日军的偷袭。

利用黑夜和山石掩护，匍匐接近碉堡群的日军，意外地发现地面坑道与碉堡相连，并且是英军火力很少射及的地方。于是纷纷跳进坑道，往角形碉堡塞手榴弹和炸药包。

一阵阵"轰隆"的巨响过后，角形碉堡的火力逐个熄灭了。

10日0时30分，"马铃薯"用电话向营部告急："日军闯入城门堡，我连正在顽强抵抗，估计最多能坚持到拂晓之前。"几分钟过后，若林中队的望月茂小队长带着几个士兵，从坑道冲入苏格兰连的指挥所，"马铃薯"和炮兵观测站的战友们成为被日军抓获的第一批战俘。

2时30分，西山大队占领城门堡及附近高地。其中，第9中队占领255高地，一直往最高处冲的第10中队占领341高地。一直以为日本人不会夜战的英军，尝到夜袭的苦果。

3时30分，第38师团战斗指挥所收到土井联队发来的攻占

255 高地的捷报。消息传来犹如晴天霹雳，佐野师团长面色苍白，全体参谋惊慌失措，战斗指挥所极度激动，同时出现激烈的动摇。

捷报传到设在广州的第 23 军司令部，酒井司令官怒不可遏，当即打电话给在香港大埔的佐野："立即撤退部队，把负责人交军法会议严加惩处！"

日军将领为何如此惊慌，如此震怒？

惊慌的是，255 高地是九龙主阵地的中枢，英军绝无轻易放弃之理，势必大举反攻，引发激烈的争夺战。日军炮兵及第一线部队尚未完成大战准备，仓促应战，势必导致混乱，后果不堪设想。

震怒的是，军司令部原定以一周作准备之后，才进攻城门水塘西南高地，现在一个军官斥候居然抗命越权，打乱军和师团的作战计划。

于是，佐野中将两度严令土井联队立即将攻占城门河南岸高地的西山大队撤回北岸。师团指挥部甚至威胁说：再不撤退，立即轰炸！

城门堡里，土井大佐毅然挂上师团指挥部不断叫喊"撤退"的电话，转身下令第 2 大队继续向东南方的 303 高地进攻，扩大夜袭战果。

天亮之后，师团参谋长阿部大佐赶到城门堡与土井会面，了解战况，终于同意土井联队的夜袭行动。

事后，阿部在回忆录中写道：

土井部队长说："敌人的配备尚未完成，利用此一良机最为重要。联队希望今夜即行扩大此一战果。"我也认为既已占领重大的要害阵地，今后连敌阵中最高点金山也可一举拿下来。至此，无需再用攻城重炮轰击了。我认为此时正应发挥步兵的本领，攻下敌阵，于是立即返回，报告师团长。我认为，从城门水塘后撤是错误的，反而应催促右翼部队发起进攻。师团长终于表示同意，立即向军部报告。

后来，若林东一中尉以夜袭城门堡及附近高地的独断行动，获得中国派遣军总司令官的通电嘉奖和东京大本营颁发的军人最高荣誉奖章。

1943年，若林东一在太平洋东南部的瓜达尔卡纳尔岛上，被美军击毙。

若林是日本武士道精神培养出来的一部战争机器。这部机器没有锄强扶弱的侠义心肠，只有助纣为虐的军事本能。

指挥九龙半岛防务的大陆旅旅长瓦利斯准将，在9日清晨获悉城门堡及附近高地失守的消息。他本来就暗自怀疑醉酒湾防线尤其是城门堡的可靠性，现在既然这一防线被撕开一道缺口，他马上想到的是应该将部队收缩到正好可以防御这道缺口的金山高地上。不过，在此之前，应该组织兵力，进行反攻。

瓦利斯决定，由苏格兰营担任基干部队，联合旁遮普营，在旅属炮兵和港岛重型炮兵支持下，于日出时开始反攻。

若林东一像

不料，这项决定却遭到苏格兰营营长怀特中校的反对。怀特在电话中争辩说，不能派苏格兰人担任这种蛮干胡来的任务。他只有最好的一个连作为预备队，他无法想象可以带着他们在光天化日和敌人众目睽睽之下，爬上险要的孖指径，夺回城门堡。

"强迫一位营长去执行他认为没有把握的任务，似乎是无益的。"瓦利斯向莫德庇司令官报告说。

10日晚上9时，瓦利斯下令苏格兰营向金山退却。英军没有反攻城门堡。

金山坐落在大埔公路和青山公路的交界处，北面是狭窄险要的孖指径，其南部山脉一直延伸到荔枝角。这里是英军在九龙的最后一道防线。

退守金山的苏格兰营派 D 连防守山顶和半山区，C 连和 B 连防守西南侧山坡和山边的公路。金山西南方的左翼阵地，由旁遮普营继续防守。

原先奉命担任主攻任务的日军右翼进攻部队——第 230 联队，在 10 日早上获悉原定进攻目标 255 高地已被第 228 联队抢先夜袭，不由得群情激愤。当天傍晚，联队长东海林俊成大佐下令夜袭攻上葵涌英军阵地。

晚上 10 时，第 230 联队第 2、3 大队分别从右、左两翼，完成对罗围、波罗峰一线的攻击准备。

11 日凌晨 3 时，第 2 大队一个中队的士兵向 779 高地上的英军据点发起突袭。霎时，高地上此起彼伏地响起震耳欲聋的爆炸声，地面火光四起，日军士兵血肉横飞，伤亡惨重。原来，高地上的英军早已撤离，他们埋设的地雷阵让急于抢头功的日本兵飞上了天。

第 2 大队长若松少佐闻讯又气又恼。正在这时，前往敌阵侦察的军官斥候田原隆寿少尉回来报告：金山西南两公路交会处的山路没有英军防守。

若松心念一动，立即命田原带第 5 中队前往该处隐蔽待命。

4 时 30 分，田原再度返回，报告该处仍无英军。若松大喜过望，向联队长东海林大佐建议立即袭取金山。这一建议随即被军司令部否决。按照师团和军司令部计划，本月 14 日才再次展开全线进攻。

若松决定独断攻击前进，此举得到联队长默许。第 2 大队于是扑向金山。

第 5 中队长山本清在黎明前朦胧的天色中，看到身后的战友蜂拥而来，于是一跃而起，抢先向山上发起冲击。十来米处新挖的战壕里射出密集的枪弹，山本连中数弹，倒地而亡。

11 日 7 时 30 分，分别在金山西南侧山坡的 366 高地和 256 高地布防的英军 B 连和 C 连，同时遭到日军第 2 大队的猛烈进攻。

英、日两军相互射出雨点般的枪弹，同时各自呼唤远方的炮队向对方倾泻炮弹。金山西南侧高地上，枪炮轰鸣，硝烟弥漫，弹片横飞。

突然，震耳欲聋的战场一下子静寂下来，沸腾的热血在两军对阵的刹那间凝固了。

阵地上的英军跳出战壕，和蜂拥而上的日军拼起刺刀！

刀光剑影、血花四溅的肉搏战。冷兵器弥补了热兵器不能怒目对视、近身肉搏的缺陷。

排长鲍斯威尔倒在一个日本军官的指挥刀下。

小田太郎少尉被魁梧的苏格兰士兵用刺刀贯穿胸膛。

短促的肉搏之后，两军又展开更加激烈的枪炮战。10 时许，英军 B 连和 C 连的连长相继阵亡，率队进攻的日军两个中队长一死一伤。

366 高地和 256 高地依次失守。死守在金山主阵地上的 D 连，在连长宾克顿上尉率领下，一度向山下反击，夺回日军占领的几处据点，但未能扭转岌岌可危的战局。所幸旅部四门山炮和昂船洲岛及香港岛上的几门重炮不时发炮支持，日军后续部队一时无法进击。

金山一旦失守，布防在醉酒湾防线上的大陆旅将被切断退路，在九龙半岛上任由日军围歼。莫德庇司令官于是决定从当天晚上起，将大陆旅撤往港岛。为此，他从来援的加拿大部队中，抽调一连兵力开赴金山，协助金山守军撤退。

英军撤出九龙

11 日 12 时 30 分，英军下达从九龙撤退到港岛的命令。英国人按照既定计划，陆续炸毁九龙的发电厂、水泥厂、造船厂、供油厂和昂船洲炮台，还炸毁泊靠在九龙码头来不及开走的英国及其盟国的各种船只。至于所有能运走的重型火炮、装备和机动车辆，则一一装船运往港岛。

九龙街区此起彼伏的爆炸声浪，维多利亚港穿梭来往的抢运船只，引起当地居民的惊慌，招来日军飞机大炮的轮番轰炸。

美丽的维多利亚海港，从 11 日下午起，出现类似于敦刻尔克大撤退的场面。

夜幕降临了。驻守金山及附近高地的皇家苏格兰营在一连加拿大士兵掩护下，陆续撤出阵地，乘车到深水埗和旺角，登船退往港岛。大陆旅余下的旁遮普营和拉吉普特营，除少量部队留在尖沙咀维持秩序之外，全部主力也撤出醉酒湾防线，退往东南方的马游塘。拉吉普特营随即在马游塘附近高地设防，掩护旁遮普营从鲤鱼门渡往港岛。

12 日 7 时 30 分，日军第 230 联队第 3 大队队长野口捷三少佐，率领 350 名日军组成的混合挺进队冲入九龙城。9 时，完全占领九龙城区。

事后，日军战报称：

> 该大队到达九龙南端后，立即有数万市民涌向街头，开始是寻找水和食物，但转瞬间化为一群暴徒。野口挺进队竭力镇压，但在数万乃至十余万暴徒的面前，枪声已经显得无能为力了。此时，被野口大队甩在后面的多田中队，携带两门 37 毫米速射炮迅速赶来。该中队到达九龙城内，遇见暴徒，匆忙将

两门速射炮布置在十字路口进行射击。隆隆炮声震撼大街小巷，转眼间暴徒平静下来。

日军在九龙肆意屠杀之后，再将被杀的大批香港人诬为"暴徒"，这就是日军在香港实行"中日亲善"的第一步！

12日下午3时许，奉命向鲤鱼门半岛扫荡的日军第229联队主力进抵井栏树，开始向驻守在马游塘、五桂山一线的印度军拉吉普特营射击。两个小时之后，迫不及待的联队长田中大佐不等支持炮火准备就绪，就决定趁着黄昏薄暮，向马游塘高地发起攻击。严阵以待的拉吉普特营印度士兵，在营属100毫米榴弹炮小队和港岛重炮队的炮火支援下，迎头痛击来犯日军。第229联队损失惨重，不再贸然发起进攻。

晚上9时，拉吉普特营乘夜色掩护，向南撤往鲤鱼门。次日黎明，他们登上英国皇家海军的旧式驱逐舰"斯拉西安"号和一艘鱼雷艇，撤往港岛。

13日7时15分，接运最后一船印度兵的鱼雷艇驶离鲤鱼门码头。码头上遗弃着来不及运走的弹药和120头骡马。骡马对着沦陷的九龙半岛悲鸣。

放弃九龙、死守香港岛，是英军早就确定的香港保卫战的指导方针。

大陆旅驻防九龙，阻击日军，只是为了赢取在九龙破坏、撤退以及在港岛备战的时间。这个时间原定是两周。

大陆旅提前撤回港岛之后，按既定作战计划，回归港岛防御战斗序列。港岛守军于是以赛马场—黄泥涌峡—浅水湾为战区分界，分作东、西两个旅。东部旅旅长为瓦利斯准将，旅司令部设在大潭山峡附近，下辖拉吉普特第7团第5营（印）、皇家步兵团第1营（加）、密道尔·赛克斯团第1营的两个连（英），此外还有义勇军团两个连作为总预备队。西部旅旅长为罗森准将，旅司令部设在黄泥涌峡，下辖旁遮普第 14 团第 2 营（印）、古拉达司团第 1 营（加）、密道尔·赛克斯团第 1 营的一个连，此外也有义勇军团两个连作为预备队。

除上述两个旅之外，英军司令部还辖有 2 个重炮兵团、1 个高射炮团，以及作为总预备队的皇家苏格兰团第 2 营和义勇军团 7 个连等。拥有 1 艘旧式驱逐舰、2 艘炮舰和 8 艘鱼雷艇的海岸舰队，也直属司令部指挥。

渡海而来的"和平使者"

13 日上午 9 时，血红色的太阳趾高气扬地跃出海面，凌驾于半空云层之中。几天来一直枪炮互射、硝烟四起的港九战场，出人意料地寂静下来。几乎每天上午都令人心惊胆战的空袭警报居然没有响起，多日来一直对维多利亚港和香港要塞进行狂轰滥炸的日本飞机也没有出现。

九龙与港岛之间的海面，波涛起伏，诡谲莫测。一艘汽艇从九龙尖沙咀码头向港岛中环驶来，艇首飘扬着一面白旗，旗上用英文写着"Peace Mission"（"和平使者"）。

汽艇到中环皇后码头，登岸的是日本军使多田督知中佐和他的一个随从，此外还有被俘的香港总督的秘书李夫人和她的两条狗。

后来，日军战史称："鉴于香港街市已处于我军在九龙阵地的俯控之下，防守已无可能，判断其或有投降希望。同时，出于人道的观点，认为其继续抗战只能造成无益的牺牲，故而遣使劝降。"

好一副胜券在握、悲天悯人的腔调！

日军战史避而不谈的是：由于英军曾对新界、九龙的交通要道施行大爆破，致使日军重炮的挺进和展开，以及大批弹药和渡海登陆器材的运输都遭受严重阻滞。第 23 军司令部认为，进攻香港

日军向港岛英军劝降

岛的各项准备工作只能到 18 日才完成。因此，在 18 日之前，有必要进行劝降，以"和平"瓦解英军的斗志。

多田中佐要求闻讯赶来的英军情报官鲍撒少校，将第 23 军司令官酒井隆中将写给港督杨慕琦爵士的亲笔信转交港督本人。

"先生，很遗憾，两军交战，我不能接受敌人的信件。"鲍撒一口拒绝。

站在一旁的李夫人打圆场说："还是请总督爵士看了信再说吧。"

鲍撒想了想，接过信件，驱车向港督府驶去。围在码头打听消息的记者们立即围上前，向多田和李夫人提出各种各样的问题。

"请问，日本飞机是否真的消灭珍珠港的美国舰队？"

"当然千真万确。"多田得意地笑了。

港督府地下室里，鲍撒将已经拆开检查过的信件，摆到杨慕琦爵士的办公桌上。信上写着：

劝告书

我善战之攻城炮兵及勇敢之空军已做好准备，香港覆灭指日可待。香港命运已定，胜败不言自明。我攻城军念及贵军之命运及香港百万无辜民众，不能听任事态发展。溯自出战以来，贵军虽努力作战，但如继续抵抗，必将断送百万无辜男女老幼之生命，此皆为贵国骑士精神及我国武士道所不忍。望总督深思，立即承诺献城，否则余唯有忍泪动武，令贵军屈服。

帝国皇军第23军司令官酒井隆中将

杨慕琦将劝降书扔进废纸篓，吩咐鲍撒转告日本"和平使者"：

本殖民地不仅固似金场，足以抵御任何入侵，而且得到不列颠帝国、美国和中国人民的支持。不列颠臣民和所有谋求不列颠帝国保护的人都可以确信，他们永远不会成为日本人的俘虏！

当多田听到港督答复的时候，脸上得意洋洋的笑容消失了。他气冲冲地转身向汽艇走去。临别时，鲍撒少校颇有绅士风度地向他挥手说："再见了，多田先生。我们自信还能打下去，我们对女王陛下还没有完全竭尽忠诚的义务。"

在隆隆的马达声中，鲍撒的话音变得模糊不清。多田按照自己的心思，竟在脑海里把它组合演绎成这样的暗示：在日军登陆港岛之前投降，是英帝国体面所不允许的。

日军劝降活动更迫切了。

13日下午开始，日军在白天用飞机轰炸、重炮轰击港岛各军事目标，到晚上就用广播宣传车，纠合一些汉奸、印度人和白种人战俘，向港岛喊话劝降。

17日上午9时，日军集中所有参加香港作战的大炮和飞机，首次对一直避免轰击的港督府官邸和维多利亚街区，进行长达两小时的不间断轰炸。在山摇地动的爆炸声浪中，香港的白人住宅区终于遭受劫难，到处是残垣断壁，弹痕累累。港督府内外，也落下雨点般的炸弹和炮弹，一下子变得遍体鳞伤，完全失去往日的辉煌和尊严。

11时，轰炸突然停止。

中环皇后码头外侧的海面上，驶来两艘小汽艇。艇首又见大书"和平使者"的白旗，在海风中猎猎作响。

多田中佐奉命再度前来劝降。鲍撒少校请示港督后，对他说："我方将在下午3时作出正式答复。"

下午3时，英方正式答复："NO（不）！"

后来的英军战史写道："莫德庇司令官认为，日本军使首次遭到总督拒绝后感到吃惊，所以日军此次劝降，除企图削弱英军士气之外，主要是希望不进行渡海攻击就迅速取得胜利。此外，在日军后方的中国军队的行动，也对日军产生一定的影响。"

北角攻防战

12月18日，香港岛从早到晚遭到持续不断的轰炸和炮击。

日军出动数十架次的轰炸机，轮番轰炸港督府、弹药库、摩星岭炮台和赤柱炮台，还集中所有火炮，轰击从西营盘到鲗鱼涌一带英军正面阵地上的炮台、据点、船只和海岸探照灯等目标。英军不甘示弱，也不时以炮火轰击九龙日军阵地和原先英军在九龙来不及撤走或炸毁的重要设施。

入夜时分，位于港岛北角与鲗鱼涌之间的储油库中弹起火，冲天的火焰把夜空照得亮如白昼。不久，火光渐渐减弱，燃烧后的储油罐冒出滚滚浓烟。烟幕与夜幕遮天盖地，数尺之外，能见度几乎等于零。

20时40分，九龙马头围的第38师团战斗指挥所充满紧张的气氛。师团长佐野和第23军司令官酒井隆等高级指挥官聚集在作战图前，注视着即将开始的登陆作战。

20 时 50 分，担任右翼队左第一线攻击任务的步兵第 228 联队先遣队，首先从启德机场东侧乘舟艇向港岛鲗鱼涌偷袭。

21 时 20 分，担任右翼队右第一线攻击任务的步兵第 230 联队先遣队，从大湾乘船向港岛北角偷袭。

21 时 35 分，担任左翼队攻击任务的步兵第 229 联队先遣队，从油塘乘船向港岛筲箕湾偷袭。

将近 22 时，北角、鲗鱼涌和筲箕湾先后升起一颗颗红色信号弹，宣告日军第一波偷袭登陆成功。

第二、第三波后续部队立即乘坐大小汽轮、舢板、帆船和橡皮艇，蜂拥着扑向港岛。

日军在北角码头登陆

拉吉普特营负责北角防务，营部设在太古船坞。营长劳林逊中校在日军第二波登陆部队靠岸时，才知道敌人已经从他的阵地空隙闯入船坞后面的旧糖厂。他一面下令部队坚守海岸阵地，一面用电话请求炮火支持。

守卫在海岸阵地最前沿的纽顿上尉和他率领的 D 连，竭尽全力阻挡日军的抢滩登陆。几天以前，这些来自印度的士兵曾经在九龙半岛上迎头痛击突破城门堡防线的日军。现在，他们在日军大举登陆的攻势下，已经觉得十分吃力。纽顿上尉只好请求增援。

莫德庇司令官立即派出英军一个机关枪排和一辆装甲车前往增援，同时命令炮兵轰击日军占领的北角太古船坞和旧糖厂。

日军吉田光男少尉率领一个小队在北角登陆之后，按照作战计划，迅速在英皇道北侧高地上构筑阵地，掩护本大队主力登岸和向港岛纵深进攻。仲西胜少尉及其速射炮小队也配属在阵地上。

大约22时30分，一辆装甲车和一个排的英军沿着英皇道冲过来。

蛰伏在黑暗中的日军速射炮突然射出一连串炮弹，装甲车中弹瘫在路上。英军机关枪排遭到突然袭击，伤亡惨重。一阵激烈对射之后，幸存的六名英军边打边退，撤往附近的北角发电厂。

心急如焚地盼望援军的纽顿上尉，眼睁睁看着一船船日军在北角登岸，迅速向岛内攻击穿插而去。他率领的D连却越打伤亡越多，火力越弱，敌军主力对他们越不屑一顾。纽顿火了，他要拼个鱼死网破！

枪弹呼啸，海涛拍岸。纽顿召唤起D连所有能动弹的战士，冲向黑压压的日军登陆大部队。

这是绝望的反击。拉吉普特步兵们一个接一个地倒在纽顿的身边。最后，纽顿也倒在黑暗中。

一个小时之内，D连在反登陆作战中全部阵亡。

约一个小时后，即23时30分，英军再次以5辆坦克为先导，后随10余辆汽车进行反扑。我速射炮击中最前面的坦克，使之不能动弹。但英军步兵逐渐逼近，开始拼手榴弹的战斗。

19日凌晨2时以前，英军又以坦克为先导，用10余辆汽车对我猛扑。步兵跳下车，用机枪从四面八方射向速射炮阵地。掩护速射炮的我步兵分队用轻机关枪应战。英军不断冲来，我军登上左侧民房的二楼投掷手榴弹，并以步枪乱射。

此时，山上的山田小队也遭到敌人的猛烈反击，吉田光男少尉战死。

从 18 日晚上持续到 19 日凌晨的北角攻防战，除最先表现为两军互为攻守的海岸阵地争夺战之外，还逐渐演变成为逐街逐屋争夺的巷战。

第一批部队登陆之后，沿岸英军据点重新活跃起来，向四周猛烈射击。第 2 大队队长当即命令第 6 中队第 2 小队攻击据守在沿岸一处楼房三楼上的英军。

田原小队长率领一个分队立即攻占该处楼房，冲上三楼。但英军反攻入一、二楼，并用机枪扫射。田原小队多次试图从三楼将手榴弹投进楼下的窗户内，均未成功。适值第三批登陆的联队步炮队赶到，用轻机枪扫射该楼房，却反而招致英军重机枪的猛烈回击。最后，用速射炮猛轰楼房所有窗户，才消灭该处敌人。

田原小队在三楼用枪托捣毁楼板，往楼下投掷手榴弹。楼房下边的英军义勇军指挥官用手枪自杀。

——引自日军战报

在遭受日军围攻的北角英军据点中，坚持得最久的是香港电力公司北角发电厂。

守卫发电厂的是香港义勇军团的一个骨干连。连里的大多数士兵，是 55 岁以上、经历过第一次世界大战的英国人和法国人。

他们的指挥官是香港最著名的"大班"——怡和洋行主席佩特臣，其次是大酒商、自由法国军上尉伊哥，还有 60 岁的莫特利公司主席、义勇军上尉伯齐。

19 日 1 时 45 分，佩特臣向莫德庇司令官报告说，原先一直被日军迂回不理的发电厂，现已陷入重围。

莫德庇命令："不惜一切代价守住发电厂。"他同时调派拉吉普特营的 B 连去增援发电厂。可是，B 连挺进到发电厂附近，却遇到日军的猛烈阻击，连长科斯上尉阵亡，余部被迫撤退。

除了先前退入发电厂的机枪排六名士兵之外，义勇军连再没有得到什么增援，他们却一次又一次地打退敌人的进攻。

黎明时分，港岛东北部完全被日军占领，唯有北角发电厂还在顽强地射出枪弹。留在此地扫荡英军余部的第228联队终于向后退却，让呼啸而来的炮弹轰击这些抗战不已的老人。

发电厂大楼中弹起火，熊熊烈焰从屋顶、窗户向外喷出。义勇军战士们被迫撤出大楼，在楼外被遗弃的一辆公共汽车四周固守着。

港岛上两军厮杀的主战场早已向西南方推移，北角已成为日军占领的后方。北角发电厂空地上的战斗却仍在继续着，公共汽车成为义勇军据以坚守杀敌的最后一个掩护体。

19日下午，弹尽粮绝的义勇军老战士们射出最后一颗子弹之后，公共汽车上终于伸出一杆白旗。老人们被一拥而上的日本兵连打带骂地押往战俘营。他们衣衫破烂，伤痕累累，双眼却依然流露出不甘屈服的神情。

19日黎明，英军集中所有的火炮，轰击刚刚被日军占领的各处海岸阵地，阻止日军向港岛继续运送后续部队和武器弹药。日军被迫中止在容易受到炮击的鲗鱼涌和筲箕湾登陆，改而集中在北角进行渡海作业。

7时30分，泊靠在香港仔湾的英军鱼雷艇分队奉命出击。

07号和09号艇首先驶向青洲岛，随即以每小时30海里的速度，箭一般地掠过维多利亚港海面，插入驶向北角太古船坞的日军登陆船队。

鱼雷发射，机枪横扫，人仰船翻。

09号艇艇长肯尼迪上尉后来报告说："都是一些吃水很浅的小船，三五成群，行动缓慢，很容易就被我们冲得溃不成军。我们所有的机关枪都在不停地扫射着……"

日军登陆点指挥官则向师团指挥所报告："遭受两艘英军鱼雷艇突袭,铃木中尉阵亡,同时伤亡的还有数十名官兵。"

"愿上帝助你成功!"07号和09号艇胜利返航时,看见11号和18号艇正准备驶入维多利亚港,开始第二轮突袭,便发出祝福的讯号。

10时许,11号和18号艇同样以30海里的时速,扑向北角太古船坞。不料,沿途却成为两岸日军火炮和重机枪交相夹击的目标。

一颗炮弹击中18号艇的司令塔,艇长卡斯上尉当场牺牲,木质构造的小型鱼雷艇立即燃起大火。烧毁后的18号艇被日军俘虏到九龙漆咸道的海堤旁。

11号艇也被击中损毁,艇长科林伍德上尉历尽艰险,才将艇驶回安全地带。

当11号和18号艇成为日军夹击的活靶时,正在待命的26号艇艇长威斯达夫上尉,不知是没有收到司令部发出的停止进攻的命令,还是有意不理会这一命令,竟然不顾一切地率艇全速驶进维多利亚港,冲入两岸日军用炮弹交织的火网,试图救援正在炮火中挣扎的友艇。

不幸,威斯达夫的壮举未能如愿。硝烟散去的时候,人们发现严重损毁的26号艇飘荡在邻近北角的海面上,久久不愿离去。

艇上已经无人生存。

黄泥涌峡血战

罗森准将在一个多月前临危受命,率领临时组织的加拿大援军增援香港。他还没有完全熟悉香港的风土人情,甚至还来不及熟悉他指挥的港岛西部旅军官们的模样,就不得不仓促上阵,负责港岛西部防务。

西部旅司令部设在黄泥涌峡西侧的聂高信山下，此处的地理位置正好是港岛的中央。穿过黄泥涌峡谷，沿着渣甸山山脉往北走，可以很快到达繁华的湾仔和维多利亚城区；顺着峡谷南行，就来到遍布富人豪华住宅和娱乐场的深水湾、寿臣山和浅水湾。黄泥涌峡可谓港岛的地理中枢，它因而成为东部旅和西部旅各自防区的接合部。位于黄泥涌峡东侧的渣甸山，是两个旅联系的重要接合点。

18日夜晚，罗森准将得知日军在北角登陆之后，立即判断日军主力将会沿山路南进，向纵深发展，渣甸山将首当其冲。他马上从作为旅预备队的一个加拿大加强连中，抽调四个排去增援只有一连义勇军守卫的渣甸山，可是，当晚只有一个排到达渣甸山西侧布防，其余三个排由于人生地不熟，在黑暗中迷失方向，不得不停下来宿营，等待天明。

莫德庇少将（左）与罗森准将（右）交谈

从北角最先登陆的日军第230联队第3大队尖兵中队长海野中尉，连夜沿着崎岖陡峭的山间小路，往渣甸山上攀登。在他身后，是荷枪实弹的一个中队日本兵。

西北山崖的转弯处有一个碉堡，碉堡内外寂静无声。海野伏在地上观察好一会，不见动静，心中一喜，弯起腰快步冲向碉堡。

"哒哒哒"，一连串机关枪声划破夜空的寂静。在义勇军团里刚刚受过两个月军事训练的香港失业工人张大勇，迫不及待地将子弹一一射入海野的胸膛。

在北角，日军海口大队长得知尖兵中队受阻，中队长阵亡，马上命令第9中队接替尖兵中队的任务，随即率本大队主力尾随前进。

渣甸山上下，纵横交错的枪弹编织起一张时明时暗的火网。

火网中，愤怒的喊杀声、凄厉的哀号声和巨大的爆炸声混杂在一起。

为了引诱义勇军暴露火力点，日军派出自杀式小队，冲到山头阵地前的环形铁丝网边，绞断铁丝网，吸引山上的火力。其余小队趁机对准各火力点投掷手榴弹，然后冲过去，展开白刃战。

义勇军连连长荷姆斯上尉在抗击日军的激战中牺牲，继任指挥詹默中士阵亡。义勇军连余部被迫从山顶突围，沿山路撤往跑马地。

日军占领渣甸山，切断英军东部旅和西部旅的联系，打开南下直入黄泥涌峡的大门。

漆黑的夜幕阻延日军的进一步行动。

第230联队队长东海林大佐率领后续部队来到渣甸山，立即挥军向黄泥涌峡挺进。

南下的山路狭窄险峻。左边是如屏风耸立的山崖，右边是骤然下陷的峡谷，脚下是勉强可以两列并行的羊肠小道。小道蜿蜒，山石绊脚，林木拂面，两个大队的日军沿着羊肠小道，翻山越岭，一直走到天亮，才发现早已偏离预定的作战地点，无奈只好掉头返回。

当晚，在渣甸山附近山区中迷路的，还有加拿大军A连。A连奉罗森准将之命，准备反攻渣甸山。谁知在黑暗中，竟不知不觉走到渣甸山东侧的毕拿山脚下。更糟的是，连队还在左盘右旋的山路上走散了。

幸好，军士长奥斯伯恩率领一个分队，七转八拐终于摸上渣甸山的一座山峰。

刚刚占领山峰的日军还在得意洋洋地夸耀自己的战功。

奥斯伯恩示意加拿大士兵刺刀上膛。

跃进，突刺，再突刺！

鲜血四溅，残敌鼠窜。

65 位加拿大人夺回曾被 200 余名日本人占据的山头阵地。

奥斯伯恩时年 42 岁，是加拿大援军中仅有的几位老兵之一。他深信自己带领的加拿大人一定胜过日本人。

从半夜到黎明，奥斯伯恩带领加拿大士兵打退日军一次又一次的反扑。天亮以后，接连受挫的日军不敢在光天化日之下向山头发起冲锋，转而改变战术，派出小股部队，利用山石掩护，向前逼近，然后不断投掷手榴弹。

奥斯伯恩敏捷地捡起敌人投过来的手榴弹，一一回敬给敌人。同时，指挥部下射杀逐渐逼近的日军。

突然，一颗手榴弹落入山顶的机枪掩体内。奥斯伯恩与手榴弹之间隔着两个加拿大新兵。

手榴弹在"滋滋"冒烟，新兵们惊慌失措。

"闪开！"奥斯伯恩推开新兵，扑在就要爆炸的手榴弹上。"轰隆"一声巨响，山摇地动，掩体里的机枪停顿了一下，又喷射出更加愤怒的火焰。

中午时分，日军重新占领被加拿大 A 连小分队收复的山峰。亲眼目睹奥斯伯恩壮举的日军军官，出乎意料地挥手放走最后在机枪掩体里俘虏的几个加拿大士兵。

奥斯伯恩军士长以舍己救人的壮举，赢得香港对日战争的最高荣誉。战后向他追授维多利亚十字勋章的嘉奖令宣布："奥斯伯恩是防卫战中感人至深的榜样。他战功卓著，孤军抵御强敌达八小时半之久。他的死，表现出英雄主义和自我牺牲的崇高品质。"

19 日 7 时，在黑夜中迷失方向，以致偏离预定作战地点的日军第 230 联队第 2、3 大队，终于在天亮时折回黄泥涌峡入口处，各自进入攻击阵地。

通向峡谷的公路上，传来隆隆的马达声，20 多辆汽车排成纵

香港保卫战中的加拿大士兵

队，沿公路疾驶过来。车上坐着皇家海军分遣队和义勇军士兵共约400人。他们是莫德庇司令官抽调出来增援西部旅防守黄泥涌峡的混合部队，一点也没料到公路两侧草丛有几门速射炮正瞄准迎面驶来的车队。

一串串炮弹接连击中开在最前面的汽车，汽车起火燃烧。整个车队瘫痪在公路上。

混合部队弃车退却。

半个小时之后，日军第9、12中队相继攻入峡谷，随即受到前方隘路西侧聂高信山和后侧渣甸山西边高地上的英军机枪两面夹击。

血战终于开始。

峡谷里，英军居高临下，用机关枪扫射，用榴弹炮轰击。日军丢盔弃甲，尸横遍野，活着的人竟相挤入峡谷中央英军刚刚失守的碉堡，负隅顽抗。

峡谷外，日军速射炮中队也居高临下，阻击分别从跑马地和聂高信山增援黄泥涌峡的英军装甲运兵车队。像甲虫一样爬行在弯曲蜿蜒山路上的坦克车、装甲车和汽车，成为速射炮打击的最好目标。到上午8时，该中队击毁由跑马地驶来的坦克2辆、卡车数辆；击毁从聂高信山驶来的装甲车1辆、卡车3辆。英军虽然以极大决心进行此次增援，虽已接近黄泥涌峡的道路交叉点，却终于功败垂成。来援的一个苏格兰连伤亡惨重，军官全部阵亡。

攻入峡谷的日军，同样遭受重创。

第230联队战报称：

> 与联队本部同处于最后的第3、4中队，受到来自眼前的聂高信山的猛烈射击，顿时山间小道死伤遍地。各队急忙进驻峡谷北侧的凹地，但附近却有英军旅司令部的掩蔽部，来自那里的狙击和150毫米榴弹的轰击，使整个部队不能动弹。
>
> 第9中队队长冈田先前曾派两个小队进攻聂高信山麓，原以为已经占领，但因发现该处山麓又有英军，便命令身旁的石井见习士官去侦察。结果在现场发现的，却是我军两个小队全部被歼的惨状。
>
> 10时许，大队长野口捷三少佐拔出战刀，率队冲上山麓。英军的自动武器从对面斜坡横扫过来，命中大队长的头部，大队长滚下敌方斜坡。当晚，第11中队组织敢死队，收容了野口少佐的尸体。
>
> 这样，东海林部队从7时开战以来，与占据四周山上的英军连续激战，片刻之间死伤约达600名。以后，又一连三天在该地进行殊死战斗。

10时许，几乎就在日军大队长野口毙命的同时，已经将西部旅司令部转移到聂高信山山麓的罗森准将，在掩蔽部里用电话向莫德庇司令官报告："旅司令部已经被包围，敌人就在咫尺之间开火，本人将外出应战！"

罗森放下电话，命令司令部的所有人员，包括炊事员、文员、通信员、信号员等，一律走出掩体，和敌人决一死战。

罗森手拿两支左轮手枪，带头走出掩体。掩体外的战壕，响起震耳欲聋的枪炮声。加拿大人、英国人、印度人和中国人同在一

日本画家描绘的日军在黄泥涌峡血战图

条战壕里，为保卫香港免受敌人的蹂躏，同疯狂反扑的日本人展开你死我活的血肉拼搏。

血战，香港史无前例的血战！

敌我双方分别投入数千兵力，在方圆不过四五千米的黄泥涌峡谷内外，展开决定生死胜负的大决战。

从旅长罗森准将、联队长东海林大佐，到英、日两军的普通士兵和勤务人员，都拿起各式武器，在山麓上、在洼地里、在一切可以射杀对手的地方，开炮、开枪、拼刺刀。

枪炮轰鸣处，血肉四溅时。

人类本来可以避免丧失理智的相互厮杀。

人类却又不得不以绝顶的理智投入厮杀。

为着各自的理想、信念和欲望，盟军和敌军——英国人、加拿大人、印度人、中国人和入侵香港的日本人，厮杀着、对射着、扭打着。

白种人和黄种人的尸体交相堆叠。

流淌在一起的鲜血，再也无法辨认源自何种肤色。

只有正义与非正义、侵略与反侵略的评判，与青史共存。

罗森准将来到香港才一个月，就遇上香港百年不遇的大战。在大战刚开始的几天时间里，他被人调侃为"最不幸运的加拿大兵"。在黄泥涌峡血战中，这个"最不幸运的加拿大兵"完全可以有"最幸运"的选择。

然而，19日上午10时许，在掩蔽部里，罗森却以坦然而实在的口吻，用电话向莫德庇司令官说："本人将外出应战。"

这是罗森在最后一次通话中说的最后一句话。从此，英军司令部和他以及西部旅都失去联系。

当天夜晚，日军第230联队以800多人伤亡的代价，在第228联队配合助攻下，占领黄泥涌峡。

20日早晨，莫德庇司令官接到来自前线的喑电：罗森准将阵亡。

23日，日军在刚攻占不久的聂高信山西部旅司令部掩体外侧阵地上，发现几天前战死的罗森遗体。联队长东海林大佐报告说："我们用占领该阵地的第9中队队长的毛毯包裹这具遗体。我命令将他暂时安葬在他英勇献身的阵地上。"

五年之后，已经成为战俘的东海林向加拿大代表指出黄泥涌峡的罗森坟墓所在。人们将罗森的遗骸迁葬到香港西湾军人坟场，和他率领的加拿大援军的阵亡者葬在一起。

罗森准将是在香港保卫战中牺牲的官阶最高的军官。

浅水湾饭店激战

景色怡人的浅水湾位于港岛中南端。弯月形的海滩，细沙洁白如银。从俯瞰海滩的浅水湾饭店豪华住房的窗口往外眺望，白色的沙滩就像给蔚蓝色的大海围上一条银丝带。

浅水湾饭店坐落在离海滩不远的山麓上，背后是群山连绵，悬崖陡峭；前面是辽阔大海，波涛起伏；两边是林木葱茏，花草飘香。饭店自从 1920 年元旦开业以来，就一直以幽静的居所、典雅的格调，吸引欧美富商名人前来投宿，成为香港上流社会的一个标志。

20 日黎明，睡眼惺忪的住客无意中望见一大队穿着古怪制服的军人，正从窗外悬崖边攀降到饭店外面的草坪上。

"大概是令人望眼欲穿的中国援军赶到了吧？"一些住客悄声议论着。可是，当他们定神看清这群不速之客打的是中国人最仇恨的"膏药旗"时，他们惊呆了。

连夜在黑暗中胡窜乱撞，黎明时终于摸索到浅水湾饭店附近的日军，是担任左翼进攻任务的第 229 联队第 3 大队。

该大队于 18 日 10 时在筲箕湾西北面登陆，随即会同本联队主力突破柏架山英军东部旅的拦截。从 19 日凌晨开始，第 229 联队在大潭水塘附近与东部旅守军展开长达一昼夜的争夺战。为了摆脱僵局，联队长田中大佐命令第 3 大队队长监物平七少佐，率本大队 19 日晚上 10 时，沿紫罗兰山西侧水沟南下，经高尔夫球场，进占球场西侧高地，切断英军东、西部旅利用港岛南侧海岸公路保持的最后联系。

20 日早上 5 时许，监物大队长和大队部官兵首先从 70 米高的山崖上，攀木援藤地下到浅水湾饭店外的空地上。监物在饭店门前的车库设立大队部，等到陆续从山崖上下来的各中队在饭店前集结完毕，便于 6 时许率领大队主力沿海岸公路西进。

临时寄宿在浅水湾饭店的英国上尉军官格朗兹和几个皇家海军军官，从清晨住客们不安的骚动中，得知一部分日军已经从紫罗兰山集结到饭店附近，正开始沿海岸公路，向高尔夫球场以西高地进击。他们立即用电话向司令部报告，同时将饭店里的妇女和儿童全部召集到饭店地下室里，他们几个人则拿起武器，把守住饭店大门和楼上制高点。

天亮之后，港岛西南侧的英军阵地首先向沿着海岸公路挺进的日军第3大队射击。8时30分，莫德庇司令官派出一营英军，在炮火支持下，乘车沿海岸公路向黄泥涌峡和浅水湾方向进发，反击日军的进攻。

英、日两军在香港仔至浅水湾一带的海岸公路和附近高地上，展开激烈的争夺战。

战斗迅速延伸到浅水湾饭店。格朗兹上尉从四周的枪炮声判断援军将到，便会同住在饭店的几个皇家海军军官，从饭店大楼向设在门前车库内的日军大队部射击。

守卫在饭店西南侧豪华住宅里的义勇军也用自动武器夹击车库，并且从房顶向山崖上开枪扫射，阻击山上敌军来援。

车库里，第3大队副官青木中尉头部中弹，伤势严重，几名士兵当场毙命。

"格朗兹上尉干得很出色。"莫德庇司令官后来写道："可惜，当他组织反攻的时候，不幸中弹阵亡。"

9时许，奉东部旅旅长瓦利斯准将之命，杨格少校带领一支加拿大分队和两个义勇军排增援浅水湾。杨格和加拿大士兵们占领湾边一座堡垒式的独立楼房，作为防御工事；义勇军一个排占领浅水湾饭店以东的一处高地，另一个排由普罗菲特中尉率领，进入饭店据守。

普罗菲特中尉是个矮小精明的苏格兰青年，战前在一家煤炭厂当会计。他率领本排士兵进入饭店之后，立即布置对车库日军的进攻，同时请求炮火支持。

后来出版的日军战史写道：

> 车库里，我军官兵（约17人）在户仓中尉指挥下继续战斗。9时许，英军的炮击更加猛烈，饭店和后方独立房屋的火力也有增无减。我军虽陷于苦战，但仍继续战斗。到英军又有增援部队到来时，户仓中尉和已负重伤的青木副官商议后，遂下令焚毁密码本，破坏无线电收发报机，继续拼死战斗。直到

背后射来的一发直射炮弹命中车库后，大家才结成一团，杀开一条血路，向派普林高地突围。及至到达左高地山脚下的一个死角内暂避时，连大队副官在内只剩下不满 10 人了。

普罗菲特率领义勇军排攻入车库，发现里面的敌人已经逃走，只留下 1 个军官和 25 个士兵的尸体，还有 5 个捆绑在一起的人质。

距离浅水湾饭店约 500 码的西北高地，是日军第 229 联队的战斗指挥部。联队长田中得知饭店成为英军的一个战斗据点，大为恼怒。他不能容忍联队主力向西挺进的时候，在后方冒出新的英军据点来。何况饭店的位置正处在黄泥涌峡和港岛南侧海岸公路交界处附近，直接威胁日军的调动。于是，他下令第 3 大队最迟在次日拂晓派兵攻占饭店，消灭里面的英军。

丘吉尔电令抵抗到底

21 日，是香港守军莫德庇司令官和东部旅旅长瓦利斯以及新任西部旅旅长劳兹上校商定举行全线反攻的日子。

反攻的意图是：收复被日军攻占的聂高信山、黄泥涌峡和大潭水塘。打通港岛南侧的海岸公路，实现东、西部旅的会师。

当天，远在英国伦敦的丘吉尔首相，给香港总督杨慕琦发来嘉勉全岛军民抗战到底的急电：

> 获悉日本人已在香港岛登陆，我们极为关注。
>
> 虽然我们在此无从判断导致登陆成功或阻止对入侵者进行有效反击的情势，但是无论如何决无屈服的念头。港岛的每一个地方都必须战斗，必须极其顽强地抵御敌人。
>
> 应该迫使敌人最大限度地偿付性命和装备，必须在岛内防卫中进行有力的战斗。如果需要，则进行逐屋争夺。你们每天

能坚持抗战，就为全世界同盟国的事业作出贡献。只要坚持长期抗战，你们就能够赢得肯定属于你们的持久的荣誉。

这天，也是日军第23军军长酒井隆和第38师团师团长佐野亲自上阵，督令各联队加紧进攻的日子。

日军高级将领们曾以为，一旦日军在港岛登陆，香港就会投降。按照这一想法，他们已决定一旦攻占香港，就将第38师团调到南洋，加强那里的攻势。现在，登陆作战已经3天，东京大本营已经来电催促："因已决定将进攻香港的第38师团用到南方方面，故应尽速解决香港。"

亲临香港督战的日本陆军省人事局长富永恭次中将，对港岛登陆作战滞缓极为不满，竟然在九龙第23军指挥所里当场草拟电报稿，建议东条英机首相兼陆军大臣阵前换将，立即撤换主攻香港的第38师团师团长。

东京的催促和上司的督战，迫使酒井隆坐上轰炸机，在港岛上空指挥作战。佐野则在北角东南侧高地上设置师团指挥所，亲临前线督阵。

于是，从21日起，一连两天，英、日两军在港岛中部的各处高地和交通要道上，展开更加激烈的攻坚战和肉搏战。

东部旅旅长瓦利斯准将自日军登陆港岛以来，曾率部在柏架山、大潭水塘等处，抵御日军第229联队的进攻。其后，被迫将旅司令部从大潭水塘撤退到港岛西南部毗邻赤柱村的马坑山。他得知西部旅旅长罗森准将阵亡之后，心里一直为自己过早退却导致东、西部旅被敌人分割而内疚，因此很想在反攻中收复失地，与西部旅会师。

可惜，瓦利斯棋慢一着。

21日黎明，原本作为第38师团预备队的折田大队，抢先占领红山半岛的白笔山和港岛东南侧的莲花井山，挡住西部旅北上的去路。

在九龙待命的江头大队，也奉命在当天拂晓渡海登陆，准备扫荡马坑山和赤柱半岛上的东部旅。

这一切，使东部旅精心策划的反攻功败垂成。

日军战报称：

> 21日天明前后，折田大队命主力进占白笔山，命第2中队进占莲花井山前沿，9时已占领该高地。
>
> 这时，一支优势的英军部队以坦克为先导，并有炮兵支持，向我发起猛烈反攻。英军坦克转眼间突破主干道路，到达大潭水塘南端的十字路口，从背后向两个高地袭击。
>
> 顿时，各处展开投掷手榴弹的战斗。据守白笔山的大队主力多次打退英军坦克的进攻。可是，在莲花井山的第2中队腹背受敌，在山顶上展开惨烈的肉搏战，代理中队长山田宏中尉以下几乎全部被歼灭，生存人员仅剩第2小队队长等33名。山顶终于被敌夺去。
>
> 此次反攻是英军东部旅进行的一次总反攻。东部旅旅长瓦利斯准将在我登陆作战中损失拉吉普特营，不得不撤退到赤柱。他为了与西部旅会师，遂以皇家步兵营及义勇军两个机枪连进行总反攻。但是，这次反攻战斗最终严重受挫，英军在黑夜降临时被迫退回原地。
>
> 江头大队以一个中队和轻型装甲车队增援此次战斗，于21时进占362高地。折田大队则于23时重占莲花井山。
>
> 与折田大队长同行的登阪参谋指导了夺取莲花井山的战斗，他还指令工兵关掉大潭笃水塘的供水装置。
>
> 失去大潭笃水塘的淡水供应，赤柱半岛上的英军就不可能坚持长期抗战。

劳兹上校由香港义勇军团指挥官接任西部旅旅长职务，可谓临危受命。他上任做的第一件事，就是整编西部旅余部，收复失去的阵地。

21日清晨，劳兹派遣英军一个连进攻黄泥涌峡西侧的聂高信山。关于这场战斗，日军战报写道：

西南部山顶的间濑中队在猛烈的炮火中战斗，不久将敌击退。但在拂晓，英军又从湾仔山峡方面，在炮兵与重武器支持下强行反攻。中央山峡正面顿时成为激烈战场。进攻间濑中队正面的英军特别勇敢，反复以步枪和手榴弹拼命冲锋，还展开激烈的白刃战。

间濑中队几经奋战，终将该敌全部击退。步兵炮队也击毁敌装甲2辆。在此次战斗中，英军一个连包括全部军官在内，死伤人数过半。我军也有间濑中尉等49名伤亡。

日军监物大队长原定在21日拂晓率队进攻浅水湾饭店，结果由于战事吃紧，加上山高路险，竟一时无法抽调出合适的兵力担负此项任务。

英军东部旅趁机派出部队，从赤柱街区向浅水湾附近派普林高地上的日军发起进攻。西部旅也派出一支小分队，进攻据守在高尔夫球场西侧143高地上的一小队日军。

东、西部旅各自沿港岛南侧的海岸公路夹击前进，目的在接合两旅的防线，以解浅水湾饭店之围，进而合攻黄泥涌峡。

这一作战目的，由于英军未能最终攻占派普林高地和143高地而落空。

21日下午，第8海岸重炮团的坦普勒少校奉东部旅旅长瓦利斯的命令，辗转来到浅水湾，担任该处英军混合部队指挥官，组织该处英军，协同反攻黄泥涌峡。

在浅水湾饭店，坦普勒发现里面已进驻皇家步兵营的一个小分队，加上普罗菲特中尉的一个排，以及分属另外六个单位的一些官兵。坦普勒将他们组织起来，沿山间小路，向黄泥涌峡进发。

在黄泥涌峡南端入口处，坦普勒与他的新战友们，焦急地等待着预定一起发起总攻的东、西部旅的到来。可是，这两个旅均已被日军钳制，坦普勒不敢以其将近一个连的混合部队单独反攻黄泥涌峡，最后只好无功而退。

浅水湾饭店再度陷入重围。

饭店里挤满避难者——哭泣的孩子、年长的平民、负伤的战士。他们渴望得到保护。

敌人却正在逼近。最近处，离搭建在饭店尽头的豪华新娘居室不到15米。在那里，奎廉中尉正在和他们交火。

22日黄昏，日军第3大队向饭店发起总攻。奎廉奉坦普勒之命撤出新娘居室。他后来回忆说："新娘居室被炸毁之后，我们退到长廊尽头，日本人攻入长廊的另一端。敌我双方在黑暗中相互抛滚手榴弹和扫射机关枪。"

坦普勒见形势危急，用电话直接请示司令官莫德庇：是否应将饭店里的平民撤往赤柱半岛？

"平民撤出只会是飞蛾扑火。"莫德庇回答说："如果士兵和平民一起被俘，很可能都会被处死，不如将平民留在饭店里，让士兵撤往赤柱。"

深夜，饭店大厅没有灯光，没有叹息。平民和战士在默默告别，他们彼此看不清对方的神情，却感觉到相互间的祝福。

饭店女店主麦迪生小姐把坦普勒和战士们引到饭店的地下暗道口。他们可以通过地下暗道，走到海滩，然后从海滩绕乡间小路撤往东南方的赤柱半岛，与据守在那里的东部旅会合。

22日午夜，日军冲入饭店大厅，开始逐屋搜索。在一个房间里，他们发现了几个身负枪伤的英国士兵。

"这是我的病人。"灰头发的中年护士伊丽莎白·毛丝面对着日本兵的刺刀，镇定地说："不许伤害他们。"

也许是被这位勇敢的护士所打动，日本兵离开了这个房间。

23日清早，150多名避难者在日本兵押解下走出饭店，走向将会给他们带来更大灾难的集中营。

五年后，下令攻占浅水湾饭店的第229联队联队长田中大佐，在东京战犯审判庭上被判处20年徒刑。

香港在圣诞节投降

23 日，港岛战事进入胶着状态。英军被分割包围的形势已难扭转，日军也因迭遭重创而精疲力尽。

这天，攻占浅水湾饭店的监物大队留下一个中队的兵力，继续扫荡饭店附近的英军据点，其余主力则向马坑山、赤柱山和赤柱街区发起猛烈进攻。东部旅被迫退缩到拥有几道防线、咽喉正面仅 250 米、纵深达 3 千米的赤柱要塞，据险抵抗。

西部旅则在日军第 230、229 联队全线推进下，退守歌赋山、奇力山和扯旗山的双重阵地，凭借崇山峻岭和海岸重炮，准备长期鏖战。

日军经过四昼夜的激烈战斗，前线官兵伤亡惨重，生存者亦极度疲惫。所有的预备队都已全部投入作战，日军已经没有可以替换的后续部队。因而，佐野师团长不得不将预定发起全岛总攻的时间，从 25 日黄昏推迟到 26 日黄昏。在此之前，各联队必须做好总攻的各种准备。

圣诞节前夕的 12 月 24 日晚上，本应是万众欢乐的平安夜，而今却成为月黑风高的杀人夜。

呼啸而来的炮弹，雨点般地落在港岛西部的山头阵地、海岸要塞和大街小巷里。炸弹掀起的砂石瓦砾四处飞溅，山上的树木、街巷的房屋燃起熊熊烈火。

日军重炮队通宵达旦地进行炮击。

圣诞老人在炮火中哭泣。

港岛东南部，几经争夺的马坑山和赤柱山在 23 日下午重新被东部旅收复。

平安夜于是成为激战夜。

入夜，英军往天空射出一颗颗照明弹，将阵地照得亮如白昼；赤柱要塞的探照灯也不时往海面扫射。这一切，防的是日军夜袭。

当晚，日军江头大队和折田大队果然来袭。据日军战报称：

部队于 20 时起开始行动，先由第 1 中队进攻赤柱山，第 10 中队的 1 个小队进攻马坑山。第 1 中队在夺取赤柱山时，所有小队长非死即伤。

部队夺取两个高地后，于 24 时攻入赤柱半岛咽喉部三岔路，但立即受到机枪火力的阻击，第 2 中队队长长田负伤。在敌人猛烈火力下，全体官兵紧贴路面无法行进。

先是，折田大队以装甲车为先导，沿东海岸大道挺进，但在突破障碍物时，有 3 辆装甲车被速射炮击毁。

这样，部队的进攻在半岛咽喉部受挫。江头部队长命令管沼胜义中尉代理第 2 中队队长，以手榴弹助攻，但未奏效。调来大队炮兵近距离射击，英军火力虽然停顿，很快又活跃起来。旋由工兵以炸药爆破火力点，用火焰喷射器扫射建筑物，仍未奏效。

这时，第 5 中队的尖兵第 3 小队（队长镰田修一少尉等 23 人）到达西海岸。为了寻找铁丝网空隙，该小队离开主力约 1000 米。镰田小队长率队钻过铁丝网，向 160 高地发起冲锋。此处正是英军阵地中枢，在敌人一阵手榴弹和机枪迎击下，全体人员都倒下了。

分头进击的各小队在拂晓后，均陷入英军交叉火力之中。从代理第 2 中队队长管沼中尉开始，不断出现伤亡。

这样，一场准备不充分的夜袭未能成功。

12 月 25 日，圣诞节。

莫德庇司令官向他的部下致以节日的问候："祝诸位圣诞快乐！让今天成为我们帝国庄严的编年史上的历史性日子。今天的口令是'坚守'。"

上午 9 时，司令官在指挥部里召开防卫委员会会议，会议一致决定拒绝日军的劝降。

午后，日军轰炸机和重炮再次轰炸维多利亚和湾仔街区，以及英军据守的各处高地。

14时30分，司令官接到固守湾仔的密道尔·赛克斯营营长史蒂华特中校的告急电话。司令官追问："湾仔防线还能守多久？"

"一个小时。"

15时15分，司令官专程谒见总督杨慕琦，向他说明英军已经弹尽粮绝，"不可能再进行更有效的抵抗"。

港督与防卫委员会成员们紧急磋商之后，决定投降。

港督府首先升起白旗。

16时30分，西部旅各前线部队相继挂出白旗。

18时20分，港督杨慕琦和司令官莫德庇来到铜锣湾加路连山道的圣保罗医院，向在该处设置临时指挥所的第38师团参谋长阿部大佐洽谈投降事宜。

阿部在日记中写道："形容憔悴的杨慕琦总督在室内小步走了几个来回，令人感到他全身都充满了苦恼。"

在洽降会上，阿部问："你们是无条件投降吗？"

"完全无条件投降。"杨慕琦答。

阿部又问："能向全军命令立即停止战斗吗？"

"我们已在16时发出停战命令，至于赤柱方面，需要派一名军使前去联系。"莫德庇答。

20时，杨慕琦和莫德庇跟随多田中佐渡海到尖沙咀，在半岛酒店3楼的第23军前线指挥部里，向酒井隆司令官正式表示无条件投降。

21时45分，东京大本营发表战报，宣布占领香港。

24时，坚持一定要看到港督书面命令才肯投降的东部旅旅长瓦利斯准将，终于在接到莫德庇司令官的书面命令之后，打出白旗。

杨慕琦和莫德庇向日军投降

香港在圣诞节结束时投降。时距丘吉尔首相嘉勉香港抗战到底的来电仅仅 4 天。

中国报界名人萨空了在当天日记中写道：

> 今天是中国的云南起义纪念，是西人的圣诞节日。往年的今天，在香港我们一定看得见全港若狂的狂欢，今夜却是全港漆黑。只有旺角油池还在燃烧着的火苗，表示着这世界未被黑暗所笼罩。

这里说的"旺角油池"，指的是设在九龙旺角的太古油库。12月 22 日，英军为阻止日军利用库内储存的大量汽油和飞机燃油，发炮将其烧毁。

陈策与英军余部突围

圣诞节之夜的香港，除了沦陷的黑暗，还有引导突围逃向"自由中国"的星光。

仰望闪烁在硝烟与夜幕之上的星光，指挥香港鱼雷艇部队的海军中校甘迪，焦急地盼望中国驻香港军事使节团团长陈策少将的到来。在他的身后，是从战火中保存下来的5艘鱼雷艇，泊靠在鸭脷洲西边的海岸码头上，满载着不愿投降的英军海、陆军官兵，正准备驶向中国海域。

海军少将陈策是个传奇性的人物。他曾跟随开创中国民主革命事业的先行者孙中山，参加过辛亥革命、护国讨袁和护法运动。1922年6月至8月间，他迎护孙中山登上永丰舰，督领海军舰队讨伐陈炯明叛军。次年，他出任广东江海防舰队司令，从此成为中国海军界的名人。1935年，他出任国民党中央执行委员。抗日战争初期，他率领舰队在长江对日作战，因负伤被截去一条腿，人称"独腿将军"。1940年8月，蒋介石派陈策带领中国军事使节团常驻香港。1941年12月7日，时在重庆述职的陈策返抵香港，随即投入香港保卫战，协助英军开展反间谍工作，缉捕充当"第五纵队"的汉奸，沟通香港与中国军队及游击队的联系。

鉴于陈策及其使节团的贡献，英国人曾向蒋介石保证，不让他们落入日本人手里。香港投降后，驻港皇家海军司令部决定让余下的在港舰艇设法突围到"自由中国"，鱼雷艇部队便担负起护送陈策等人返回祖国的任务。

黄昏时分，陈策和他的随员徐亨中校以及军事使节团副团长、"军统"少将邢森洲一行三人，身着便服，乘车前往香港仔码头。路经日军哨卡时，徐亨以日语应答，遂得蒙混过关。

在香港仔码头，陈策一行与等候在那里的13个准备一同突围的英国人和中国人会合，登上一艘快艇，悄悄驶出香港仔海面。不料，快艇很快被日军发现，日军从南朗山等处居高临下地用机关枪扫射，用迫击炮轰击。快艇多处中弹，邢森洲等数人当场丧生，陈策腕部负伤。不久，快艇的发动机损坏，众人只好弃艇跳水，冒着枪林弹雨，向半海里以外的鸭脷洲游去。

徐亨帮助陈策游上海滩。正在焦急等候陈策一行的鱼雷艇部队指挥官甘迪中校，连忙引陈策进入自己的船舱，然后问道："我们应该怎样突围？"

"先驶向大鹏湾的平洲岛，在那里我们可以得到有价值的情报，然后再作决定。"陈策戴上甘迪中校的海军帽，自信地说。

平洲岛位于香港新界东北方，与广东宝安县的大鹏半岛仅一水之隔。日军进攻香港前后，中共领导的广东人民抗日游击队已开始在东（莞）宝（安）惠（阳）沿海地区进行抗日游击活动。大队长曾生、副大队长王作尧还派遣得力队伍挺进到香港新界东部和东北部的岛屿和半岛活动。平洲岛与大鹏半岛成为中共游击队实际控制的区域之一。通过这一区域，很快就可以到达国民党军队控制的东江防区。

陈策选择这条突围路线，得助于中共的启示。五年之后，中共广东区委员会发言人向香港《华商报》的读者公开说明："陈策将军脱险的路线，也是中共游击队所布置的，当时曾生、廖承志通知陈策将军及香港政府。"

晚上9时15分，5艘鱼雷艇载着62名英军官兵和陈策、徐亨等中国人，以20海里的时速，箭一般地冲出日军海上封锁线，驶向平洲岛。

在平洲，与中共游击队有联系的岛上渔民向陈策一行介绍有关情况，并于26日凌晨2时将他们引到广东宝安县大鹏半岛的南澳港。当地的中共游击队员和老百姓热情地接待这些冒险从香港突围出来的中外盟军，在岸上给他们安排了丰盛的食物。

天亮以后，游击队员带领陈策和英军，从陆路向游击队司令部所在地黄泥湾行进。途中休息的时候，甘迪中校好奇地问一位年轻的游击队姑娘："你的父母知道你当兵扛枪，会怎么想？"

"我属于新中国，他们还不是。"姑娘答道。

甘迪正在品味姑娘的话，游击队的几个后生笑着提议，请甘迪中校表演手枪射击，目标是停在200码外的树上的一只乌鸦，手枪是游击队员佩带的武器。

甘迪后来回忆说："我仔细瞄准目标，然后扣动扳机。嘭！——不是枪响，而是游击队员们的笑声。枪膛里的子弹是颗臭弹，早已年久失效。这当然是一场恶作剧，但也许正好如此，中国人才再也清楚不过地暗示：他们的部队需要现代化的武器。"

27日，游击队员带领陈策一行越过日军封锁线，来到国民党部队控制的惠州，将他们交给国军第187师挺进支队队长梁永元，由他继续护送他们到国军控制的粤北重镇韶关。

1941年12月30日陈策（中，手臂负伤者）与突围英军在惠州留影

1942年1月11日，重庆《大公报》刊载中央社记者发自广东韶关的一则对随同陈策突围的英军军官的专访，题为《港战经过》。专访写道：

> 黎明，陈氏一行在中国海岸登陆，而华方游击队首领获讯后，立即率众来接。陈氏在艇上原已去其湿衣，穿着英国海军中校制服，抵岸后，即受各方欢迎。游击队长梁永元亲自护送一行人员越过日军防线。敌对地势极为熟悉，但所获情报不确，故得日夜前行，终于安抵华方防地，前后计共行十二日。途次，居民对陈氏一行热烈欢迎。

> 吾辈英籍军官对于人民之殷切招待，尤觉无以为报。在此十二日之旅程中，吾等与陈将军之友谊日增。陈氏随行者徐亨中校，亦为吾人所不能忘者。沿途诸事，多赖徐氏照顾。英籍

军官对于华方上自军事将领、下至田间农民之殷切招待，唯有感激两字以代表其心中之感；而就沿途之所得，尤觉战时中国民众之令人钦佩。

战后，陈策获得英国政府颁发的荣誉勋章，1949年8月病故于广州。

陈策的随员徐亨在1949年秋天跟国民政府撤退到台湾。20世纪70年代起，长期担任国际奥林匹克委员会及中华台北奥委会要职。与此相关的历史渊源是：徐亨在1934年毕业于当时设于上海的暨南大学。次年作为中华足球队员之一，参加在马尼拉举行的远东运动会。1936年，他作为中国篮球队的一名主力队员，参加在柏林举行的奥林匹克运动会。

1997年3月底，笔者访问台湾，入住台北市富都大饭店，有幸以当时任教于广州暨南大学的校友身份拜会徐亨，听他回忆当年香港突围的故事。

当时，富都大饭店是台湾专门招待祖国大陆访台人员食宿的地方，徐亨是该饭店的董事长。

第三章
秘密大营救

从香港返回内地的难民接受日军岗哨的检查

重庆来的最后一趟班机

香港沦陷，意味着协助有关人员逃离日军魔掌的秘密营救工作的开始。

1941 年 12 月 8 日，日军进攻香港的消息传到重庆。

宋美龄立即要求蒋介石想尽一切办法，将被困在香港的两个姐姐——宋霭龄和宋庆龄营救出来。

当时负责"军统"秘密电讯业务的第四处处长魏大铭，在晚年回忆中写道：那时，重庆与香港的通信联系都已中断，只有"军统"的香港电讯始终未断。于是，戴笠亲自拿着蒋介石亲笔写的电报稿，嘱他迅速拍发给香港宋庆龄女士，内容是："邀请她进入内地，由戴派人协助，盼复等意。具名'中、美'二字。"

"中、美"者，蒋中正、宋美龄之简称也。

12 月 9 日深夜，笼罩在战火硝烟中的启德机场，机声隆隆。来自重庆的中国航空公司 DC－2 型民用客机，正冒着日军的炮火，在刚被日军战机轰炸扫射得坑坑洼洼的跑道上，冒险起飞降落，将拥挤超载的乘客，紧急运送到国军据守的粤北重镇韶关，然后再转飞内地。

能够乘坐飞机逃离香港的乘客，大多是与重庆国民政府有密切关系的达官贵人、富商大贾和他们的眷属，以及寓港的欧美籍人士。

从当天中午 12 点开始，孙夫人宋庆龄和大姐宋霭龄以及宋霭龄的大女儿孔令仪等人，就一直在机场焦急地等候登上从香港辗转飞往重庆的民航班机。后来，宋庆龄在书信中写道：

> 当时我们四周正在猛烈地交火，每分钟都有被飞来的炮弹或炸弹炸死的可能，机场上六架被毁的飞机和两个大弹坑随时提醒着我们所面临的危险。所有人都劝我不要冒险，先躲藏在

香港比较安全，然后再从香港坐小船到边界也能逃脱。

10日凌晨5时，宋庆龄站在机场跑道旁边，恋恋不舍地望着不时窜起冲天火光的九龙和港岛，倾听着远远近近不断响起的枪炮声。在她的身后，从重庆飞来的最后一趟班机即将返航。飞机开始转动螺旋桨，中外乘客你挤我拥地急忙挤入机舱。

宋庆龄不愿在香港遭受攻击的时候离开香港，离开四年多来一直和她一起以全部身心支持祖国抗战的香港同胞。可是，尊敬她、爱戴她的中外朋友，都劝她、催她离开香港。他们担心日本人占领香港之后，会对她不利。他们还希望她撤往重庆大后方，以便对中国的抗战和未来的前途做出更大的贡献。

"孙夫人，请上飞机吧，飞机就要起飞了。"机场侍者再次走过来，催促说。

"庆龄，快上来呀，该走啦！"宋霭龄从机舱门口探出头来，大声喊着。

宋氏姊妹及其亲属乘坐从香港飞返重庆的最后一趟班机，摆脱了日军进攻香港的炮火威胁，平安飞抵目的地。这本来是一件值得庆幸的事情。谁知飞机安全降落之后，却在重庆的舆论界引起轩然大波。

12月22日，重庆《大公报》发表由该报总编辑王芸生写的一篇社论，宣称拥护国民党五届九中全会刚于12月20日通过的"增进行政效能，厉行法治制度，以修明政治案"，实际上却笔锋一转，揭露和渲染从香港飞返重庆的最后一趟班机带来的官场腐败现象："譬如最近太平洋战事爆发，逃难的飞机竟装来箱笼、老妈与洋狗，而多少应该内渡的人尚危悬海外。善于持盈保泰者，本应该敛锋谦退，现竟这样不识大体。"

原来，日军进攻香港之初，重庆《大公报》社长胡政之也一度被围困在香港。王芸生因此找到蒋介石的高级幕僚陈布雷，请其设法救胡。陈布雷随后告诉他："蒋委员长已电告香港机构，让胡先生尽速乘飞机出来。"于是，王芸生立即派人前往重庆机场接机，谁知一直等到香港飞来的最后一趟班机降落，都没有接到胡政之。接机人回来报告说：没看见报社老板，却看见飞机装着箱笼、老妈与洋狗，均由随机而来的孔家小姐带走了。王芸生听了极其气愤，愤而挥笔写成社论，不点名地将矛头指向与宋氏姊妹有亲戚关系却又名声不佳的孔氏家族。

当时，宋霭龄的丈夫孔祥熙担任国民政府行政院副院长兼财政部部长，可谓国府的"财神爷"，朝野间早已出现批评孔氏家族乘机发国难财的不满情绪。《大公报》进而公开发表社论，暗喻孔家从香港抢运箱笼、老妈与洋狗，阻碍他人脱险逃难，要求"肃官箴，儆官邪"。这就点燃了民间反对国民党官僚腐败的怒火，重庆、昆明等地因此还出现学生上街游行抗议的事件。

《大公报》这篇煽动众怒的社论，是在揭露令人气愤的事实，还是在发泄因为自己的老板未能如期脱险而产生的不满？

1942 年 1 月 12 日，宋庆龄在写给宋子文的信函中，道出宋氏姊妹抵达重庆后的实情：

> 我们到达这里的那天上午，《大公报》发表了一篇言语中伤的社论来欢迎我们，指责我们带了大批行李和七只喂牛奶的洋狗以及一批仆从。事实是当时飞机上共有 23 个人，你可以想象每个人能带几件行李。这篇社论虽然用词巧妙，没有点名，但指的就是我们。我想对社论作出回应，但别人劝我应保持尊严和沉默。与此同时，谣言传得很广，也很快。霭龄姐说，指控她的事很多，但现在她已不在乎去澄清这些谣言了。
>
> 我没能带上我的很多文件和其他无价文章，更别说我的狗和衣服了。当我到这里的时候，我发现我只带了几件旧衣服，那还是女仆在灯火管制时黑底里为我随手抓来的。对一个每天写东西的人来说，我甚至连一支笔都没有。

报刊传媒本应是客观地披露实情的社会公器，一旦受制于主观的情绪，其偏见就会变成误导的谣言。

国府紧急救侨

日军攻占香港之后，随即实施残暴的军事殖民统治。香港再也不是百年无战事的"世外桃源"，而是时刻惨遭日军蹂躏的"人间炼狱"。

沦陷前的香港人口总数估计将近200万人，其中绝大部分是华人。华人当中，将近一半是因为逃避日军侵占中国内地的炮火而刚刚移居香港的。

当时，中国政府将居住在港澳地区的华人与居住在外国的华人同等看待，一律称作侨胞。随着香港沦陷，先前因逃避战乱而移居香港的内地难民，被迫反转成为逃离香港而迁往内地的海外难侨。

日军占领当局为了减轻香港的粮食供应负担，在占领香港之初就以威逼利诱的方式，实施旨在大规模驱散滞港华人的"归乡政策"，在为香港华人返乡潮推波助澜的同时，又给返乡的难侨设置种种陷阱，遂使难侨返乡之路步步荆棘，步步辛酸。

在日军进攻香港之前，中英两国曾经制订协防香港的联合作战计划。其要点是：英军坚守香港一个月，国军在此期间攻袭日军后方，增援香港。因此，日军开始进攻香港之时，蒋介石就接连电令据守粤北的第七战区司令长官余汉谋率领所辖第12集团军，攻袭广州方面的日军，支持英军固守香港。

12月22日，蒋介石再次致电余汉谋及其将领："此次我军增援香港，为与各盟邦联合作战之始，望严督所部全力以赴，以发扬我国民革命军无上之光荣，而不负此重大使命。"

然而，三天之后的12月25日，蒋介石获悉英军在据守香港18天之后，竟然向日军投降，不禁扼腕慨叹："此乃西方专重物质而不重道义，与我国专重道义而轻视物质之别也。"

他随即指示国府相关部门、第七战区以及广东省政府紧急救助从香港以及从日占东南亚各国返乡逃难的侨民。

1942 年 1 月 8 日，蒋介石以国府行政院院长的名义，训令各主管部会及粤、闽、桂、黔、滇各省政府迅速救济受太平洋战争影响的返国难侨。指出："敌阀南侵，弥天烽火，念我侨民同遭祸变，向者输金纳粟，济邦国之艰难，今兹别子离妻，痛家室之破毁，兴言及此，怆恻良深。行政院分饬主管部会及有关省政府迅速妥筹救济，庶伸饥溺之怀，而慰黎元之望。"随后，行政院颁布《国外战区侨胞紧急救济办法大纲》，饬令各有关省政府组织紧急救侨委员会，由各省政府主席担任主任委员，直属行政院与中央赈济委员会，所有经费开支由中央与地方共同筹措。

1 月 13 日，蒋介石致电中央赈济委员会代委员长许世英（字俊人），指示："敌迫令港民疏散，请派人赴惠阳、广州湾等处收容救济。"

2 月 1 日，他致电余汉谋和广东省政府主席李汉魂，指示："据报逃离港九之难民沿途遭土匪抢劫，务请严加布置保护。"

4 月 1 日，他致电李汉魂，要求彻查严办广东官员郑梓南以救侨专车营利，并饬省银行车辆尽量免费运送贫苦难侨。

粤港本是一家亲。香港沦陷之后，据守粤北等地的第七战区和广东省政府立即展开救助香港以及东南亚各国返乡难侨的工作。

1942 年 1 月 1 日，广东省紧急救侨委员会（简称省救侨会）在韶关成立，李汉魂任主任委员。省救侨会随即在惠阳、台山、茂名、丰顺、兴宁、高要等地设置办事处，分区办理救侨事宜；在曲江、乐昌、四会、仁化、始兴、南雄分别设立 6 个侨胞招待所收容难侨；派出救护队 14 个、医疗队 7 个、妇孺抢救队 3 个，协助各站、所从事救护工作。

对于从香港归来的难侨，省救侨会不分男女老幼和省籍，均每人每日发给生活补助费2元，或妥为收容安置。对于南洋侨胞，则一次发给生活补助费90元，资送回籍。除救济难侨返乡之外，省救侨会还负责安置难侨就业，接收和指导不愿接受日本奴化教育而返回内地国府实际管辖区（时称"自由中国"）读书的香港学生入学。

1942年1月16日，李汉魂和来到韶关的赈济委员会代委员长许世英商谈救侨事宜，共同电请国府拨款救济难侨。当时国府财力紧绌，不敷军费开支，却仍决定拨款1000万元用于各省救侨，其中广东300万元，等于福建、云南、广西三省拨款之和。但这一中央拨款与广东实际所需相比，宛如杯水车薪，且属远水难救近火。

解决之道，还需自筹、募捐。

1月18日，李汉魂饬令省银行先行垫汇，迅即从东莞、宝安等县政府款项中，抽调出13笔救济港侨款，共计54.7万元，以解燃眉之急。

1月20日，李汉魂再次召开救侨会议，决定发起出钱救侨运动。次日，李汉魂召集主管各机关高级干部座谈会，阐明出钱救助华侨的意义，即席认捐100万元，其中省政府捐助50万元，广东省银行捐助30万元，其余由各机关分担。李汉魂和余汉谋还带头各自捐赠1万元。省救侨会随即制定《出钱救侨运动办法》《出钱救侨运动成绩竞赛办法》，发动全省各界人士、省外各地同乡、海外华侨以及国内外热心人士捐款。韶关各界人士随之举行持续3天的出钱献金活动。

于是，广东救侨工作得以顺利展开。

据省救侨会统计，从1942年1月到4月25日，全省共救济归国返乡难侨664433人，其中大部分来自香港。这些难侨大多遣送回籍，只有少数无家可归者由各招待所收容或安置就业。

国府实际管辖区公开进行的大规模救侨活动，对于国共两党同时分道扬镳的秘密营救滞留香港的知名人士的工作，起着正面掩护和有效接应的积极作用。

朱家骅营救陈寅恪

虽然，太平洋战争爆发前的香港早已战云密布，可是，体现中华文化在香港传承之精髓的香港大学中文系，依然从内地迎来蜚声海内外文坛的国学大师陈寅恪。

1890 年陈寅恪出生于湖南诗书世家，1910 年考取官费留学，先后到柏林大学、苏黎世大学、巴黎高等政治学校、哈佛大学读书，通晓汉、蒙、藏、满、日、英、法、德、波斯、突厥、西夏、拉丁、希腊等十余种语言。1926 年返国，执教于北京清华大学国学研究院，与王国维、梁启超、赵元任共事，成为该院的"四大导师"之一。不久，陈寅恪出任清华大学历史、中文、哲学三系教授，兼任民国最高学术机关——中央研究院的评议员、中央研究院历史语言研究所第一组组长。

1939 年春，英国牛津大学聘请他为该校首位中国语汉学教授，英国皇家学会授予他该会研究员职称。这在当时是很高的荣誉。

次年暑假，陈寅恪离开当时任教的西南联合大学，抵达香港，准备前往英国牛津大学任教。然而，由于欧洲战事恶化，英方推延聘请他讲学的计划，香港大学中文系系主任许地山教授因而聘请他为该系客座教授。

1941 年 8 月 10 日，许地山不幸因病逝世，陈寅恪继任香港大学中文系系主任。

同年 12 月 8 日，日军进攻香港，香港大学的教学活动被迫停顿。陈寅恪离开香港大学，赋闲在家，全家生活随之陷入困境。

陈寅恪的名气不仅风靡中、英两国学界，而且也为日本学界所熟知。于是，日本殖民当局及其傀儡汪伪政权意欲加以利用，却被陈寅恪及其夫人一一拒绝。

一是送面粉以示照顾，被拒。"有日本学者写信给军部，要他们不可麻烦陈教授，军部行文香港司令，司令派宪兵队照顾陈家，送去好多袋面粉，但宪兵往屋里搬，陈先生、陈师母往外拖，就是不吃敌人的面粉。"

当时香港粮食紧缺，路有饿莩。陈寅恪后来写道："弟当时实已食粥不饱，卧床难起。"但是，为了坚守民族气节，"就是不吃敌人的面粉"。

二是出钱以作利诱，被拒。陈寅恪后来写道："香港倭督（笔者按：指日军驻香港占领地总督）及汉奸复欲以军票二十万（港币四十万），交弟办东亚文化协会及审定中小学教科书之事"，结果仍被拒绝。

三是以教席诱招，被拒。陈寅恪后来写道："更有可危者，即广州伪组织之诱迫，陈璧君之凶妄，尚不足甚为害，不意北平之'北京大学'亦来诱招。""弟虽拒绝，但无旅费离港，其苦闷之情，不言可知。"他的女儿后来也写道："（1942年）春节后，有父亲旧时学生来访，说是奉命请父亲到当时沦陷区的上海或广州任教。父亲岂肯为侵略我国的敌人服务，只有仓促设法逃走。"

陈寅恪一家五口滞留香港。他虽然决定设法逃走，以免被敌伪滋扰，"但无旅费离港"，因而极为苦闷。

就在这时，他曾经看不起的朱家骅向他伸出援手。

朱家骅是才华卓著的国民党高官，颇得蒋介石重用。1931年"九一八"事变后，出任国府教育部部长、交通部部长。1936年春，应中央研究院院长蔡元培之聘，兼任中央研究院总干事。次年，担任国民党党务委员会主任委员、中央调查统计局（简称"中统"）局长，开始执掌国民党两大情报机关之一的"中统"。1938

朱家骅像

年 12 月，朱家骅又出任国民党中央组织部部长。

1940 年 3 月 5 日，蔡元培在香港病逝。同月中旬，中央研究院评议会秘书长翁文灏、中央研究院总干事任鸿隽与前总干事朱家骅、教育部部长王世杰等人，一起向国民政府呈文，请求依照章程，由该院评议会在重庆召开年会，选举新院长。

评议会召开选举会议之前，传出蒋介石希望由时任交通部部长的顾孟余担任中央研究院新院长的消息。可是，陈寅恪却不买蒋介石的账，公开表示：本人大老远来重庆，只为胡适投一票！他在评议会秘书长翁文灏邀请评议员吃饭的晚宴上，大谈胡适倡导的独立精神和自由思想，强调中央研究院院长必须在外国学界有很高的声望。胡适在国外学界颇有影响，中国文化界无人能比，顾孟余等辈更是望尘莫及。会后，还愤愤不平地对人说：我们总不能只选蒋先生的几个秘书作候选人吧！

陈寅恪所说的蒋介石的几个秘书，是指朱家骅、王世杰、任鸿隽等人。这意味着他已经将不满于蒋介石干预中央研究院院长人选的怨气，发泄到朱家骅等人身上。

3 月 23 日，中央研究院评议会以无记名方式，投票选出 3 名院长候选人。结果翁文灏、朱家骅各得 24 票，胡适得 20 票，李四光得 6 票，王世杰与任鸿隽各得 4 票。最终，朱家骅担任中央研究院院长。

香港沦陷之后，朱家骅立即用其同时担任国民党中央组织部部长、"中统"局长的权力，动员国民党潜伏在港澳地区的地下党务及情报网络，组织营救中央研究院滞留在香港的研究人员，以及包括已故中央研究院院长蔡元培夫人在内的有关眷属。

其中，营救陈寅恪及其眷属逃离香港，返回"自由中国"，显示朱家骅急公好义，毫不介意昔日陈寅恪在投票选举中央研究院院长时对他的不敬。

1942 年 2 月下旬至 3 月下旬，国民党港澳总支部书记长高廷梓多次以密电向朱家骅报告有关中央研究院人员及其眷属滞留香港的困窘情形。其中，3月31日的密电称："陈寅恪截至本月中旬尚未赴广州，伪方四次派要员劝驾，尚不肯走，同时经济困迫，致卧病不能起床，情形甚惨。"

朱家骅得知陈寅恪宁愿贫病交加，也坚决拒绝为日伪政权效力，颇为牵挂，随即布置国民党在港澳以及广州湾（今广东湛江）的秘密机关，营救陈寅恪及其家眷脱险。

4月22日，朱家骅在得知陈寅恪在香港居住的确切地址之后，致电国民党在澳门的机关，将下列电文秘密送给陈寅恪：

> 九龙太子道三六九号三楼陈寅恪先生鉴：港变以来，无时不以尊况为念，嗣闻备受艰辛，又苦不审最近寓址，且交通断绝，无从闻讯，悬系极极。顷获庄泽宣兄函告尊寓，甚慰，盼即设法由广州湾返国。如能设法先至澳门或广州湾后，即可与弟通讯。所需费用若干请电复，当照汇。复电即交原送电人带回代发可也。

朱家骅在电文中建议陈寅恪及其家人坐轮船，绕道广州湾返回内地。这是安全逃离香港的最佳路线。至于所需费用，朱家骅表示：请电复，当照汇。这就让困居香港的陈寅恪惊喜过望，"如死复生，感奋至极"。

4月30日，"中统"第一组译电室收到从澳门站发来的陈寅恪回复朱家骅的电文，称：

> 骝先先生钧鉴：来电敬悉，即携眷赴广州湾返国。请急电汇两万元至遂溪麻章三元宫梁汝文女士代收留交，并乞电麻章海关及桂省长转饬盘龙关及沿途关卡军警特予保护为感。寅恪叩。

"骝先"，是朱家骅的字号。陈寅恪在电文中表示立即按照朱家骅安排的路线，与家人一起返回内地，同时提出两项要求：一是紧急电汇两万元以敷急用，二是饬令沿途关卡予以保护。

朱家骅得知陈寅恪即将举家返回内地，十分欣慰，立即答应陈寅恪的要求。5月1日，他草拟电文，告知陈寅恪称，先前已分两次共预存 15000 元在预定经过的路途中，现再电汇 5000 元。电文如下：

> 闻兄将携眷脱险，无任欣慰。前已嘱高廷梓兄汇款一万元存麻章商务印书馆李浩年兄处，并嘱杭立武兄已于日前电汇赤坎汽车路十八号信义行陈乐素君五千元，兹再电汇五千元至麻章李浩年处，请台洽是荷。弟骅先。

5月5日，陈寅恪按照朱家骅的部署，携全家安全逃离香港，经由澳门乘船前往广州湾。

5月8日，朱家骅致电广州湾的"中统"情报站，要求他们转告陈寅恪，除先前汇给两万元之外，还再汇一万元，全部给他使用。

5月26日，陈寅恪偕家眷从广州湾出发，于6月18日抵达广西桂林，与转移到该处的中央研究院部分同事会合。次日，他致函朱家骅等人，诉说脱险经过，感谢朱家骅等人的救助，说："因此种种遂得抵桂林，此皆骅公及诸兄亲友之厚赐。感激之忱，非纸墨可宣也。"

陈寅恪的信函还说，他从香港脱险后，从澳门国民党秘密机关得知，为了营救他脱险，该机关"已先后派人五次送信，均未收到。闻送信之人，有一次被敌以火油烧杀一次，凡接信者皆被日宪兵逮问，此亦幸而未受害也"。

陈寅恪的信函还说："在澳门见庄泽宣君，亟欲来自由中国，其家眷共五人，欲骅公资助旅费。弟在广州湾晤郑绍玄君，知已汇三千元，但此数不足用，想骅公能设法续寄用也。"庄泽宣是留美博士、清华大学教授、教育与心理学专家。陈寅恪在得到朱家骅救助脱险之后，还希望他继续营救滞留在港澳地区的其他知名人士。

1942年得到朱家骅营救并因此感激不已的陈寅恪，在1949年中国政权更替之际，却拒绝跟随朱家骅及中央研究院部分同事撤退到台湾。

"白夫人要见蒋委员长"

从 1942 年 1 月开始，从港九地区通过陆路、水路返乡的难侨，每天平均多达上万人。

国民党情报机关"军统"和"中统"，以及他们影响控制下的洪门、青帮等江湖帮会，趁机利用港九难侨、难民潮偷龙转凤，营救其同道出险。

被困在香港的国民党中央执行委员蒋伯诚中将，经中国青帮领袖杜月笙调动三山五岳的江湖力量营救，终于安全返抵重庆。

曾经跟随汪精卫投降日本，却于 1940 年 1 月与高宗武一起叛离汪伪政权，并在香港报刊披露汪日协议全文的汪伪国民党中央党务委员兼宣传部部长陶希圣，也由杜月笙"以其私人力量，广加援引"，于 1942 年 1 月 28 日混杂在惠阳还乡难侨的队伍中，逃离香港，免遭日、伪秋后算账。2 月 25 日，陶希圣辗转到达重庆，得到蒋介石的重用，在委员长侍从室第二处主任陈布雷手下担任第五组组长。

后来，陶希圣撰写《出九龙新记：忆杜月笙先生》一文，述其脱险事，对杜月笙感激不已。

据说，杜月笙出资 50 万元以上，用于营救困留香港的亲朋故旧。当时，杜在重庆，公开身份是通商银行董事长、中国红十字会副会长。

物以类聚，人以群分。

同声相应，同气相求。

活动于国府实际控制区、日军占领区和中共抗日游击区之间的国军别动队，也介入接应港九难民、难侨和盟国友人脱险的大营救活动。

这种介入，对港九难侨不时表现为趁机敲诈勒索，对中共游击队和亲共文化人则故意骚扰和摩擦。可是，对高鼻子、蓝眼睛的盟国白种人，却有前倨后恭的明显转变。

英国籍的波利斯屈特夫人原在香港政府运输署任要职，与宋美龄及重庆国府要员交往甚洽。香港沦陷后，她和港府官员一起被日军关入赤柱集中营。

1942 年 3 月 19 日，波利斯屈特夫人和香港英籍警司汤姆生逃出集中营，经中共领导的东江游击队护送出香港。

临别时，两位盟国友人匆匆给东江游击队写下鸣谢留言：

请求你们可贵的指导。

我只能赞扬我们从游击队所得到高度和善良的帮助，同时希望有一天能给他们以同样的帮助。

波利斯屈特（Green Priestwood）

上面所叙述的我完全赞同——我们不可能得到比这更可贵的衷心的帮助。

汤姆生（W. P. Thompson）

3 月 24 日，两人进入国军别动队驻扎的一个小村庄。波利斯屈特夫人和汤姆生对围观的村民们说：他们希望立即见到蒋介石的游击队的队长。于是，一个村民将他们带进村里的一栋楼房。在楼上，一个面貌清秀的青年男子用流利的英语请他们坐下。他就是国军一支别动队的队长。波利斯屈特夫人注意到，一个头发蓬松、面无表情的本地姑娘坐在队长的身边，像是刚刚起床还未睡醒一样。

队长问："你们打算到哪里去？"

汤姆生答："我们想和中国正规军联系，然后设法去重庆。"

"我能通过你发电报到重庆吗？"波利斯屈特夫人焦急地问队长。

"这里不行。"队长说："过几天，你们将到达内地的一个城镇，在那里可以发电报。不过，你们每人得付 60 元的保护费，到下一站就可以和国军联系上了。"

"保护费是否太贵了？"汤姆生悄声问波利斯屈特夫人。"我不知道。不过我想，还是照付吧，如果他们想把我们的钱都掏走，我们也没办法。"

两人付过钱，队长叫来一个矮胖个子的班长，吩咐他负责护送两人前往国军控制区。他还对两人表示：他们都效忠蒋委员长，相信迟早会将日本人驱逐出中国。他们还有办法与关在赤柱集中营的盟国战俘联系，如果波利斯屈特夫人有什么短信需要代为转达的话。

班长领着两位盟国友人，登上一位客家妇人划的小艇。几经周折，设法避开日军的巡逻艇，驶向国军防区。半路上，班长告诉波利斯屈特夫人，他曾在香港读书，英文名叫法朗士，他希望波利斯屈特夫人到重庆后，能帮他在那里找到一份工作。

波利斯屈特夫人和汤姆生两人到达国军防区，乘长途汽车来到河源县北边的忠信镇，受到广东省紧急救侨委员会忠信招待所负责人张立夫的热情款待。张立夫安排他们乘车前往韶关，然后转乘飞机飞赴重庆。他还专门给在韶关的广东省政府主席李汉魂夫妇写了一封介绍信，说明"白夫人"要往重庆谒见委员长和委座夫人。

介绍信全文如下：

李主席、李夫人钧鉴：

　　敬叩者：英籍白夫人（Mrs. Priestwood）乃蒋委员长夫妇、吴秘书长铁城、郭外长泰祺等之友好。三月十九日由港集中营脱险，进入内地。本日乘搭国粤五六〇八号省行车安抵忠信，经秉承钧座之意旨，妥为招待。查彼于香港战争期中，曾致力于港政府运输总监部等工作，据云此次将取道韶关飞渝，谒见委座夫人。抵韶时，将端诚拜谒钧座及李夫人。用特商介前来，恳予以赐见。

　　耑肃敬叩

　　勋安

　　　　　　　职张立夫敬叩　中华民国三十一年四月四日

第二年，即1943年，"白夫人"波利斯屈特将她从香港脱险的经历写成一本书，名叫《穿过日军封锁线》（*Through Japanese Barbed Wire*），在伦敦和纽约同时发行。

这是外国人最早出版的叙述香港对日作战及逃奔"自由中国"的英文书籍。书中收录上述中文影印信件。

周恩来、毛泽东急电抢救文化人

1941 年 12 月 8 日，日军进攻香港的消息传到重庆红岩村。这里是中共南方局和中共领导的国军第 18 集团军的办事处。

周恩来面对墙上的巨幅地图，陷入深深的沉思。两道剑眉几乎拧在一起，一双炯炯有神的眼睛，一动也不动地盯着地图上的香港和华南地区。

他在惦念着困留香港的众多民主人士和文化界人士的安全。

自从 1937 年夏秋日军相继攻占上海、南京之后，他曾多次指示中共长江局、南方局及其下属党组织，安排和说服大批民主人士和文化界人士转移到当时享有"世外桃源"盛誉的香港，让他们在那里建立宣传抗战和民主自由的海外进步文化据点，一扫那里"文化沙漠"的颓唐景象。仅 1941 年 1 月至 5 月，经由中共地下交通网转移到香港的著名进步文化人士就达 100 多人。不过，他并不认为香港能永远置身于战争之外。当在香港的共产党人和民主人士都预料太平洋战争不会爆发的时候，他去电指出：日美有开战的可能，要做好应变的准备。

日军进攻香港的当天，他和中共中央两次致电廖承志等人，指示他们迅速做好应变准备，将饱受日军侵扰或国民党迫害而聚居香港的民主人士和文化界人士抢救出来，经广州湾或东江转入西南各省的安全地区。

电报已经发出，周恩来仍在沉思，他在思考着秘密大营救的各种方案和路线。

12月9日，周恩来又两度急电廖承志和潘汉年，提出秘密营救在港民主人士和文化人的具体方案：

> 估计菲列（律）宾均将不保，新加坡或可守一时期，而上海交通又已断绝，因此香港人士的退路，除了去广州湾、东江以外，马来亚亦可去一些。
>
> 如能留港或将来可去马来亚和上海的尽量留下，如能去琼崖与东江游击队更好。
>
> 不能留、也不能南去、又不能去游击队的人员，即转入内地，先到桂林。

电报发出不久，周恩来急于了解在港同志与朋友的安危，又去电询问：

> 港中文化界朋友如何处置？尤其九龙朋友已否退出？
>
> 能否有一部分人隐蔽？
>
> 与曾生部及海南岛能否联系？

一连串问号，借助无线电波飞向战火中的香港，倾注着周恩来和后方中国共产党人对困在香港孤岛的民主人士与文化人的挂念与关注。

延安。

毛泽东也对大批民主人士和文化人被困在香港牵肠挂肚。他急电周恩来，指示：许多重要民主人士、文化界人士被困留香港，这批人士好些是文化界的精英，要不惜任何代价，不怕困难，不惜牺牲，想尽一切办法，把他们抢救出来，转移到后方安全地区。

毛泽东、周恩来的一道道急电，将后方的关怀和焦虑，化作在香港的共产党人的决心和行动。

当时，在香港的中共组织机构及其负责人计有：

八路军驻港办事处，代表中共中央及八路军、新四军，负责人廖承志、潘汉年。

中共南方局南方工作委员会（简称"南委"），副书记张文彬正在香港召集"南委"工作会议。"南委"负责领导中共在广东、广西、江西、福建、浙江五省和香港、澳门地区的工作。此外，南方局派驻香港从事情报工作的负责人是刘少文和李少石。南方局香港文化工作委员会由廖承志、夏衍、潘汉年、胡绳、张友渔等 5 人组成。

中共粤南省委书记梁广及其领导下的香港市委书记杨康华。省委和市委的秘密办事机关设在九龙。

此外，还有到港参加"南委"会议的粤北省委统战部部长饶彰风和中共领导的东江游击队政委尹林平。

真可谓精兵强将汇聚香江，他们将直接领导中共在香港的大营救。

东江游击队瞒天过海，文化名人悄然失踪

1941 年 12 月 8 日下午，就在日军开始进攻香港的当天，廖承志在港岛召集中共在港各机构负责人会议，负责文化界、新闻界工作的中共骨干成员也参加会议。

与会的夏衍在晚年回忆中写道：

> 这次会议上讨论的已经不是日本会不会南进的问题，而是香港能不能守住和在港的大批民主人士如何应变的问题了。大家分析了形势，认为港英当局可能会抵抗一阵，但是要在这个小岛上长期作战，显然是不可能的。于是，讨论的重点就集中在如何疏散的问题。廖承志同志当机立断，决定派人和东江纵队联系，要曾生同志尽快派一支别动队到九龙来协助疏散工作。因为从九龙翻过一座山，就是东江纵队的游击基地。

这里需要对夏衍的回忆稍作订正：当时，曾生领导的中共游击队的番号是"广东人民抗日游击队"，因其主要活动于东（莞）、宝（安）、惠（阳）地区，故简称"东江游击队"，是为"东江纵队"的前身。东江纵队成立于1943年12月2日，番号是"广东人民抗日游击队东江纵队"。由于"东江游击队"与"东江纵队"前后一体，因此当事人多在回忆中通称"东江纵队"。

12月9日深夜，新界西北的元朗墟刚刚经受入侵日军的袭击。原先驻守此处的英军印度籍士兵匆匆向九龙方向退却，大队日军也已尾追而去。墟市上残墙破屋，一片狼藉。一条小渔船悄悄驶近码头，船上走下两位农民装束的中年人。他们上岸之后，立即直奔坐落在附近山畦里的十八乡"欧屋"而去。

海风阵阵，掀开他们未扣的衣襟，露出插在腰带上的两支亮铮铮的驳壳枪。

"欧屋"傍山而建，前面是"欧氏宗祠"，后面连着一栋两层的小洋楼。

来人走到小洋楼前，有节奏地轻叩门环。好一会，门才打开，管家老伯探头定神一望，不禁失声欢叫：曾大哥，是你呀！

"曾大哥"曾鸿文，曾经是当地有名的洪门会党三合会的首领。他在辛亥革命时期加入洪门，位居等级辈分甚高的"先生"之列。20世纪20年代，他参加过陈炯明领导的粤军，随后又在中共党员彭湃领导的海陆丰农民自卫队中任职。再后来，他重新落草绿林，以除暴安良的侠义和弹无虚发的枪法，令四方"捞家"（土匪）敬畏不已。

1937年10月，曾鸿文回原籍组织民间抗日武装，任东宝惠边区民众抗日独立大队大队长，因敢于抗日杀敌、惩治汉奸恶棍和国民党顽军而名噪乡里。次年，他加入中国共产党。

现在，曾鸿文与其随员"钟仔"（全名钟清）正奉东江游击队之命，来到元朗十八乡的"欧屋"，以灰色的身份作掩护，开创中共在香港新界西北进行敌后斗争的新局面。

他们的任务是：联同正在新界地区开展民运工作的中共党员卢振勉，侦察战事发展动向，安插潜伏人员，打通东江游击区与九龙之间因战争而被破坏的交通线；在元朗一带发动群众，组织民间武装，建立基地，在日军占领香港之后，接应在港人员转移，开辟敌后游击战场。

曾鸿文等人利用先前在江湖绿林中的影响和关系，拾捡英军败退时遗弃的大量武器弹药和军用物资，很快拉起一支五六十人的武装队伍。

日军占领香港之后，第 38 师团随即调往东南亚作战，导致日军在港兵力不足，只能控制城区和交通要道。新界山区和乡村随之成为汉奸、地痞、土匪蜂起作乱的世界。

曾鸿文后来回忆说：

> 为安定民心，掌握控制局面的主动权，我们根据纵队的指示，以劫富济贫、抑强扶弱的绿林好汉面目，扯起"曾"字旗号，首先拿汉奸、敌特、地霸开刀。哪里有汉奸作恶，我们就到哪里打抱不平，抓到罪大恶极的就当场枪毙。一连几天，每天都枪杀一两个作恶的汉奸，最多的一天除掉六个汉奸，并以"曾大哥"的名号，警告那些坏蛋不能在我的地面作恶。
>
> 我的名号传出后，那些常到元朗和十八乡一带作案的家伙，也不敢再来了。这样一来，百姓高兴了。原来不敢接近我们的，主动给我们送情报；不认识我们的，就到处打听曾大哥是什么人。当地一些头面人物也来和我拉关系，给我们捐钱捐粮，要求保护。

"曾大哥"名震江湖，曾鸿文趁热打铁，发帖邀请各处山头、地盘的土匪代表 100 多人，在"几不管"的山头上举行"联谊会"。

"曾大哥"只带四条人枪赴会。席间，他宣布："好兔不吃窝边草。我们想在这里捞世界，就不要伤害这里的贫穷百姓，要打就打日本仔，要杀就杀狗汉奸！谁敢违反这一条，大家就联手对付他！"

与会者虽然有人心里不服，却不敢公开顶撞。"联谊会"当即议决：少收"咸水"（买路钱），不同"日本仔"合流，只向恶霸"打草"（勒索）。

"曾大哥"威震元朗，继而以"迫虎离山"之举，闯开大帽山通道。

大帽山位于新界大埔和锦田之南，荃湾之北，呈东北至西南走向，山形似大帽，故名。主峰海拔957米，是香港境内第一高山，山上云雾缭绕，故又称大雾山。

大帽山上，盘踞着势力较大的两股土匪，各有100余人枪。其中，占据东侧山地的匪首叫黄慕容；占据西侧山地及活动于上水、粉岭、莲麻坑一带的匪首叫萧天来。

一天，钟仔作为"曾大哥"的使者登上山顶观音庙，毫不客气地对黄、萧二人声明："曾大哥想来大帽山捞世界，请两位大哥另到别的地头去发展吧。"

黄、萧二人勃然大怒，正要发作，山下巡哨的小头目飞奔上山报告："曾大哥"带领大队人马已经上到山腰松树林"看风景"来了。

萧天来闻言大惊，连忙吩咐手下摆上酒菜，还亲自打开捡来的英军的两个罐头，请钟仔品尝。黄慕容也端起酒杯，赔笑道："既然是阿哥头亲自要来这块地头捞，小弟就只好恭让了。你们什么时候来，我们就什么时候走。"

原来，曾鸿文在派钟仔上山当说客的时候，已经率领东江游击队第5大队派来的一个短枪队，以及林冲率领的一个长枪排，挺进至山腰，以先礼后兵的阵势，迫使黄、萧二匪首在三天后悄然率队远遁。

40 多年后，已经 92 岁的"曾大哥"曾鸿文豪气依然，对来访者回忆随后护送文化人转移出香港的情形，说：

> 自此，我们完全控制了大雾（帽）山和部分山区，打开了从荃湾到元朗之间护送文化人的通道。为确保护送工作的顺利进行，我们分段派出武装警戒：从九龙至荃湾由黄高扬的短枪队负责，山区一带由林冲排负责，元朗至落马洲一线由我和钟清负责，过深圳河后，是由纵队派出的武装人员负责。

> 在文化人开始转移之前，我们还对沿途的伪乡长、伪警察做了争取工作，使他们替我们办事。我亲自通告他们说："我有一批同我做生意的人，要经过这里到内地。你们要同日本人打好交道，给他们出证明，保证他们的安全，如果少了一人，我就追究你们。"这些警察、维持会长都是本地人，本不愿为日本人卖命的，慑于我的名号，要给自己留条后路，对我的通告都未敢做手脚，都按照我们的要求办了。因此，后来从这里被护送的文化人，没有一人发生意外。

当中共党员曾鸿文奉命在新界西北的元朗山区竖起"曾"字旗号的时候，由中共党员黄冠芳率领的东江游击队惠阳大队敌后武工队也奉命挺进新界东南的西贡海湾，开辟新的交通线和游击区。

12 月 15 日 18 时许，三艘木机船驶离惠阳大亚湾中的吉澳岛，开向香港西贡海湾。黄冠芳站在船头，望着暮色中昏暗的海面，不禁想起两天前第 5 大队副大队长周伯明下达的任务：日军占领九龙之后，没有进驻西贡，武工队应及时插入这一真空地带活动，建立游击据点，开辟九龙—西贡—大鹏湾（或大亚湾）的海上交通线，接应港九同志做好应变和疏散工作。

黄冠芳对完成这一任务充满信心。虽然眼下他率领的武工队才 60 条人枪，但个个是勇往直前的精兵；武工队的小队长刘黑仔、江水、刘春祥、曾芳和叶凤生，都是能够独当一面的干将。

16 日凌晨，船到新界东部沿海的岐岭。黄冠芳一行冒着毛毛细雨，直奔已属敌后的船湾山寮村。

山寮村位于西贡以北，两地相距半个小时的路程。村里只有十几户人家，武工队进村后，为了不惊扰村民，就在屋檐下铺禾草席地而睡，等候天明。

天亮以后，黄冠芳找到村里管事的王阿元，说明来意。王阿元喜出望外，连忙叫村民把武工队队员们请进家门。下午，武工队买了一头猪，做成几大桌丰盛的酒席，邀请王阿元和村里的乡亲们一起进餐。席间，黄冠芳宣布武工队的纪律和为民除害、驱除土匪的决心，乡亲们连连点头称是。山寮村从此成为武工队挺进西贡和九龙的立足点。

第二天，武工队派人前往西贡墟活动，了解敌情。黄冠芳后来回忆说：

> 这一带，大小土匪共有二十几股，人数众多，成分复杂。如果用武力解决，武工队的力量不足。于是，我们便利用他们各自为王、相互争斗的矛盾，各个击破。对小股土匪，我们采取武力压境，讲明利害关系，把他们吓跑。对势力大的土匪，我们用武力驱赶和政治瓦解相结合，把他们逼走。对于作恶多端、民愤极大的一股惯匪"廉仔佬"，我们施行了坚决打击的政策，擒首示众，在山寮村开群众大会，将其枪决。
>
> 这些部署和行动立即见效，我们武工队很快就打开了局面，并乘势迅速插入九龙城东北的北港、湾冲、黄毛应、榕树坳、吊草岩、牛池湾一带，站稳了脚跟，逐步建立了以西贡为中心的交通线。

25日上午，黄冠芳领着刘春祥、刘黑仔、叶凤生、彭景和肥佬彭等武工队队员，从西贡沿山间小道，前往九龙城，准备和那里的地下党秘密交通站接上关系。

走上地势险要的黄猄仔坳，路边忽然跳出一伙明火执仗的土匪，口里狂叫着："留下买路钱！没钱留下性命来。"

黄冠芳一行因为第一次去九龙城，身上都没有带武器，以免暴露身份，没想到在半路遇上土匪。黄冠芳向众人使了个眼色，带头举起手，忍气吞声，任由土匪搜身。

"我身上仅有的五元钱被拿去了。"黄冠芳后来回忆说："为了出这口气，确保交通线的安全，当晚我就派刘黑仔从九龙城回西贡，带手枪队到黄猄仔坳埋伏，把这几个残匪解决了。"

在九龙城的刘庆记织布厂，黄冠芳等六人与设在那里的秘密交通站的成员李健行、何启明、苏伟民接上头。双方商定：刘春祥去港岛，配合那里的地下党活动；叶凤生回西贡，和江水、曾芳等小队长继续带领武工队，扩大游击区；刘黑仔带领手枪队，负责在西贡至九龙路段清匪肃奸；彭景就地隐蔽待命；黄冠芳和肥佬彭留在九龙城，开设搬运行，以做生意为掩护，营建合法的关系网，为转移港九文化人做好各项准备工作。

黄冠芳后来回忆说：

> 生意开张后，我便把城区和城郊的三教九流的头目和一些上层人物请到茶楼喝酒。在敬酒时，我对他们说："我黄某回九龙来做点小生意，只是想找碗水喝，日后请各位多多关照。"因为我的祖母是九龙城郊沙园地人，过去有些来往，还有一些黑社会人物是我的乡里，很快就跟他们混熟，很多货主都放心我们帮他运货，生意十分兴隆。这对我们在九龙城开展工作很有利。

"邱大哥，乡亲故里，久未见面，今晚特地来讨碗糖水喝啦。"黄冠芳以一副搬运行老板不请自来的架势，乘着月色，笑眯眯地走进邱金仔的家，顺手示意随从将一袋包装精美的礼品放到桌上。

黄冠芳探知邱金仔已经加入九龙的日本特务队，专门负责九龙城、牛池湾、启德机场一带的治安，心想两人迟早都会当面打交道，不如主动争取这条"地头蛇"。

邱金仔刚喝完特务队的酒宴，满脸通红，头晕眼花。看见新开张的搬运行老板登门拜访，还送来礼品，便跌跌撞撞地倒上一碗糖水，然后信口开河地自吹自擂起来。

黄冠芳虚与周旋，谈天说地。待到邱金仔兴高采烈地说到得意忘形处，他忽然假装醒悟地问道："你不是坪山人吧？"

"谁，谁说我不是坪山人？"

"我们坪山的乡里说你为日本仔做事，都不认你了。"

这句话刺中了邱金仔的痛处，他愣了好一会，叹口气说："反正我邱某绝对不做没良心的事，我不过是想找碗饭吃而已。"

黄冠芳一再旁敲侧击，觉得邱金仔毕竟良心未泯，可以继续做争取的工作，临别时便坦言说："我是从西贡那边来的，以后要在你的地盘活动，如果你还认老乡的话，我这条性命就交给老兄。日本仔有什么行动，请及时通知我。"

后来，邱金仔经常给黄冠芳提供日军活动的情报，被日本特务机关发觉，秘密处死。

再后来，黄冠芳出任广东人民抗日游击队东江纵队港九独立大队大队长。

东江游击队在香港对日作战期间，及时派出精干力量，挺进到成为敌后的新界西北部和东南部地区，迅速开辟新的交通线和游击区。这就为秘密营救困留港九的民主人士和文化人创造良好的条件。

12月中旬的一个下午，港岛正遭受日军的空袭和炮击。

位于湾仔的告罗士打酒店大楼，楼上是远东英军情报部驻港办事处的办公室，楼下大厅正由八路军驻港办事处主任廖承志主持召开营救港九民主人士与文化人的紧急会议。参加此次会议的夏衍回忆说：

> 廖承志同志在哥罗斯它（告罗士打）大酒店楼下大厅，分批分组地会见民主党派负责人和文化界人士。这时，东江纵队的先遣队已经到达九龙，因此这一天就把撤退方案和途径征求了大家的意见，决定了撤退时的小分队负责人、行前联系地点以及港九沦陷后的应注意事项，并分发了隐蔽和撤离时必需的经费。人数不少，其中也有一些人和我们关系不深。所以我还

记得廖承志以严肃的态度讲的一句话："这是一个非常时期，可能会碰到预期之外的险恶环境。那时，如何处理，就只能请你们自己抉择了。"

12月28日，香港沦陷的第三天。

下午，住在九龙油麻地佐敦道的中共地下交通站负责人李健行接到一个紧急通知，要他立即赶去长沙湾道，向东江游击队政委尹林平报到。

在长沙湾道的一处住所，尹林平对李健行说："游击队决心执行党中央的指示，着手营救文化人。要救几百上千的文化人，首先要将党在香港的负责人廖承志、连贯等同志抢救出来。他们交往广泛，早已暴露，是日本仔搜捕的目标；而且他们有电台，了解党中央的指示精神，熟悉文化人的情况，只有先把他们救出来，才能找到战争后失去联系的文化人的各种线索。否则，营救工作难以下手，如果他们出了问题，后果更不堪设想。"

李健行立即接受首先联络和护送廖承志等人撤离香港的任务。恰好，当晚隐蔽在铜锣湾避风塘东利运输公司一艘驳船上的廖承志，也派其交通员廖安祥来找李健行，联系开展营救文化人的工作。两人立即商议，安排廖承志与尹林平会面。

12月30日，廖承志身穿黑上衣，头戴鸭舌帽；连贯穿着大棉衣，乔冠华则一身唐装打扮。三人由李健行带路，乘船前往九龙，在旺角一处住所与尹林平等会晤。

战后重逢，彼此喜不自胜，竞相互致问候。随后摊开麻将牌，以搓麻将为掩护，会商开展营救工作的大计。尹林平对廖承志等人说："根据地下党和游击队了解的情报，日军为了解决战后香港缺粮问题，近期将要疏散港九难民到内地，这是抢救文化人的好时机。只要你们先走，我们就好安心开展营救工作；你们到东江和粤北之后，也可以帮助解决文化人安全通过国民党顽军防区的问题。"

次日早晨，李健行陪同廖承志等人混在逃难的人群中，顺利通过启德机场附近的日军封锁线，来到九龙城。

黄冠芳早已在此处等候。他接着带领大家前往牛池湾，会合守候在该处的江水等数名武工队队员。在当地一位老乡指引下，众人抄小路穿过英军埋设的地雷区，很快来到西贡。随即乘船，于下午5时许来到距山寮村不远的大环头，和焦急迎候在那里的东江游击队总部的同志会合。当晚，廖承志一行由游击队队员护送，乘船前往大鹏湾的沙鱼涌，从此回到祖国的怀抱。

乔冠华在临终前口述这段有惊无险的历程，说：

当时也很滑稽。我们几个人还团聚了一下，喝杯酒，同香港告别。再见了，香港！

大家接着考虑怎么化装，因为我们几个人都难以化装的。第一，都是知名人士，大家都知道；第二，人的特点太突出了。我就很高，廖承志就很胖，连贯就很矮，林平就很瘦。怎么办？其实当时日本人要稍有准备的话，他们是不可能不发现我们的，但是他们忙不开。好，第二天早晨，他们都装成商人，我就装成一个教书先生，戴了一副黑眼镜，戴了一个瓜皮帽，穿着大褂。林平还带了几根西洋参，他身体不好，非带不可，我们劝他：你这个东西不要带了。他偏要带。反正是奇形怪状。去了以后，一检查，看了箱子里没有东西，就几件破衣服等等。日本人说声：滚！我们就很高兴地离开了香港。

离开了香港，走到一个地方，我记不得地名了，风景很好，空气清新得很，好像是到了另外一个世界似的。晚上东江纵队的同志就雇好了船，船停在海外等着，我们一齐上船。我们选择了一个上岸的地方。林平对这一带地形很熟，他带路。一上去，一个东江纵队巡逻的战士说："你们是哪来的？"

我说："是从香港来的。"

"你们听说夏衍、邹韬奋、乔冠华这些人都被枪毙了？"

我说："没听说。我们来的时候没听说，也可能是现在的事情。"

这样，我们就从海边慢慢地走，走到东纵游击区的总部所在地，在那里休息了一天，互相通报了一些情况，又商量了一下如何从东江纵队去到曲江。因为来的路上要对付日本人，去的路上要对付国民党。

我们四个人到了东纵，老连就留下来，廖承志有另外任务，林平就留下工作。……因为韶关是我们疏散在港同志的一个必经之地，发生麻烦的机会多，所以组织上就决定让我留在韶关，完成接送从香港、东纵疏散回来的这些同志。

需要补充说明的是，廖承志等中共驻港领导人与部分机要情报人员，是手持日本驻港领事馆发给的通行证作为"护身符"，安全离开香港的。

这是中共在港秘密情报活动创造的奇迹之一。

创造这一奇迹的主角，是中共秘密情报战线的奇才、八路军驻港办事处负责人之一的潘汉年。

潘汉年，江苏宜兴人，20年代以文笔生动的小说创作，在上海文坛崭露头角。1925年加入中国共产党，1929年出任中共中央文化工作委员会第一任书记，是最早与鲁迅认识并建立长期联系的共产党人之一。1931年初，潘汉年由当时设在上海的党中央委任为中央特科第二科科长。中央特科的前身，是1926年底中共中央军委在武汉设立的"特务工作处"。1927年国民党清党反共之后，中共中央迁至上海，中央特科便担负起保卫党中央、镇压叛徒、收集情报、秘密通讯等任务。其活动范围主要在上海，此外还包括武汉、天津和香港。特科的第二科是专门的情报机构，任务是收集情报、进行反间谍工作。从此，潘汉年由中共文坛领导，变成情报战线的主要负责人之一。

1938年八路军驻港办事处成立以后，中共中央在延安成立中央社会部，作为领导情报工作的机关，委任潘汉年为中央社会部副部长，在香港组建华南情报局，统一指挥各系统原来设在香港的情报点。这些情报点包括：

八路军驻港办事处所属的情报点，由原国民党元老廖仲恺的女婿李少石负责，著名成员有连贯、柯麟等。

东北抗日联军驻港办事处所属的情报点，由董麟阁主持，直接受东北抗联的李杜将军领导。

苏联派驻香港的情报点，由朱伯生负责，主要情报人员由原赴俄留学生担任。

此外，潘汉年还建立起由华克之、陈曼云、刘人寿等人组成的新情报班子。潘汉年的新婚妻子、香港道亨银行董事长董仲伟的女儿董慧，也从延安回到香港，与潘汉年并肩战斗。

1939 年夏天，潘汉年化名"胡越明"，通过中共秘密党员袁殊，打入日本驻上海副总领事岩井英一领导的特务机关。岩井机关属于文化特务性质，目的是利用中国文化人士，进行亲日宣传，收集有关战略情报。同年 11 月，潘汉年根据岩井机关的要求，承诺在香港定期收集和汇报情报，并创办政治色彩属于"灰色"的杂志，名叫《二十世纪》，岩井机关则负责提供有关经费。

实际结果当然可想而知。潘汉年施展双重间谍的"反客为主"之计，利用日本特务机关的关系和经费，掩护和推进中共在港情报工作。《二十世纪》由恽逸群担任主笔，郑禹森任助手。两人都是中共秘密党员，多年跟随潘汉年从事情报工作，于是该杂志编辑部就成为中共在香港的又一个情报据点。

为了敷衍岩井机关，潘汉年经常和廖承志等人商议，提供一些既有分量又不损害国家根本利益的情报，包括大后方与国共合作的情况，以及西方国家在香港的动态等。同时，潘汉年等人还利用岩井机关的便利，获取日方的情报。

据刘人寿等人后来回忆，潘汉年通过包括岩井机关等情报来源，获得如下重要战略情报，并及时电告中共中央：

（1）1939 年英国企图牺牲中国以达到对日妥协的"远东慕尼黑阴谋"。

（2）1941 年 6 月 13 日，潘汉年从香港签发德国将要发动侵苏战争的电报。据说，事后苏共中央曾向中共中央表示感谢。

（3）苏德战争爆发后，日本的动向是南进，而不是北进，以及有关日、美谈判的情报等。

太平洋战争爆发后，已经取得岩井机关信任的潘汉年，获得由日本驻上海总领事馆签发的一份个人身份证明，上面写明凡日本军警如要查问证件持有人，请先与日本领事馆联系。日军占领香港以后，潘汉年借助岩井机关的权威和关系，以方便所辖人员进出香港为理由，骗取日本驻香港领事馆信任，获得一些合法的通行证件。遂使身负重要使命的廖承志等中共在港领导人及部分情报机密人员得以安全撤离香港。

恽逸群等中共情报人员离开香港后，一部分进入内地，一部分前往日占区的上海。恽逸群则到岩井机关所属的上海编译社任社长，继续战斗在敌人的心脏里。

1942 年 1 月 9 日，中共秘密组织的第一批在港文化人的偷越出境行动正式开始。

当天下午 5 时，在八路军驻港办事处机要部工作的香港青年潘柱、李锦荣和张淑芬等人，按照南方局驻港情报站负责人刘少文的布置，将穿上唐装的邹韬奋、戈宝权、廖沫沙、茅盾夫妇、于伶夫妇、胡绳夫妇等人，辗转带到铜锣湾避风塘里的"海上交通站"。

这个"海上交通站"，就是 10 天前廖承志等人隐蔽过的东利运输公司的一艘大驳船。该公司由东江游击队出资合股在港兴办。

茅盾等人登上驳船，一下子怔住了。"这哪里像避难，这简直像开会：许多熟面孔全在这里了，闹哄哄地交换着十八天香港战争中各人的经历。"茅盾后来写道："这条船很大，前舱现在大概是拆通了，堂而皇之一大间，五六十人开个会一点不嫌拥挤。中舱用玻璃门隔成三间，居中那一间特别大，陈设颇为讲究，壁上挂着装在镜框子里的画片和对联。席地而坐，有很好的地毯和坐垫。"

离开港岛的前一个晚上，茅盾、邹韬奋、于伶、戈宝权、廖沫沙、黎澍和被柳亚子戏称为"长柄葫芦"的胡绳，在"陈设颇为讲究"的"海上交通站"的中舱欢聚一堂。

四周渔火点点，帆樯如林。

次日凌晨3时，维多利亚海峡大雾弥漫。趁着日军巡逻艇驶过的当儿，三艘盖着竹席顶棚的快艇泊进"海上交通站"，将驳船上的人迅速转运到九龙红磡码头，随即由岸上的交通员带到旺角通菜街秘密联络点分散休息。

1月11日早上6时，茅盾一行文化人和各街各巷走出来的返乡难民一道，在九龙通往青山道的马路上，汇成断断续续延绵十余里的归国难侨潮。

事后，茅盾在《脱险杂记》一书中写道：

> 使我十分惊异且十分感慨的，却是这万把人的洪流竟那么肃静，几乎连脚步声也不大听得见。好像曾有谁出了命令，一律都穿橡胶底的跑鞋（或者草鞋，那是少数）。我们是穿橡胶底跑鞋的。而且好像谁曾出了命令，不分男女，一律都是短衫裤，间或有些下身唐装裤而上身是一件旧西装上衣，或下身旧西裤而上身是唐装短衫——那是例外。

大约10时许，夹在难民潮中的数十名文化人来到荃湾，在向导示意下离开人流，另外抄山路进入大帽山区，朝元朗方向走去。

戈宝权在回忆中写道：

> 从这时起，我们要经过一些绿林好汉管辖的地区。当我们爬上山口时，我看见一个持枪的人坐在路旁，面前摆着一顶帽子。我们每个人都丢了一块港币，作为"买路钱"。接着，我们走进荒无人烟的山谷，沿着乱石滚滚、溪涧横流、长满羊齿类的枯枝和矮小灌木丛的山路攀行。
>
> 我们幸好得到一个名叫"曾大哥"的人来迎接。他穿着便装，手里拿着一把系着红绸子的盒子炮，为我们开路。一路上，

我们还碰到两个年轻的拦路抢劫的"烂仔",被"曾大哥"缴了械。这一带山路不好走,邹韬奋滑了一下,扭伤了脚。

黄昏时分,众人来到元朗十八乡的"欧屋"大院。新来的和原住的人共达上百人,一时间吃饭成为大问题。幸好,向导和主人多方设法,大厨房忙个不停。到第二天凌晨3时终于煮出最后一锅白米饭,佐以无油少盐的萝卜汤,实在委屈了难得会聚在新界乡村的一班"文曲星"。

12日早晨,茅盾一行在元朗墟会合当时在中国文坛崭露头角的胡风夫妇,沿公路步行出新界,向广东宝安县日占区进发。

"沿途碰到好几辆日本军用卡车,他们停下来,说可以带我们走,但我们谢绝了。"戈宝权回忆说。

他继续写道:"13日早晨,一位'白皮红心'的维持会会长,带来了四个日本兵,说明我们是回乡的难民,要我们排好队,报了数。然后这四个日本兵就押着我们走了七里路,到了一个用木板搭成的瞭望哨,才放我们自由地向前进。谢天谢地,我们总算越过了这七里日本兵守卫的地区。"

这天傍晚,这群自诩为"文化游击队"的"文曲星"们,终于到达东江游击队司令部的所在地——宝安县白石龙村。

一个中等身材、光头方脸、身着黑布唐装、脚穿橡胶跑鞋的汉子,迎候在离村子半里远的一栋两层小洋楼边。他就是东江游击队第三大队大队长、后来威震华南的东江纵队司令员曾生。

曾生,原名曾振生,广东惠阳(今深圳坪山)人,毕业于中山大学。1936年加入中国共产党,任中共香港海员工委组织部部长。1938年10月,从香港带领百余人返乡,组织抗日游击队。

现在,他虽然成为"山大王",指挥上千条人枪的游击队,举止谈吐仍不改书生气质。这就让"文化游击队"队员们钦佩不已。

更让"文化游击队"队员们难忘的是,游击队特地以当地名菜"宝安香肉"款待贵客。

"香肉"者，狗肉也。

"狗肉滚三滚，神仙也难忍。"何况是斋戒数日之后的凡间"文曲星"！

"这一餐晚饭，真吃得痛快。虽然只有一荤一素，但我觉得比什么八大八小的山珍海味更好，永远忘不了。"茅盾在后来撰写的《脱险杂记》中回味无穷地大加赞叹。

白石龙村成为东江游击队从港九西线营救进步文化人、民主人士、香港青年学生和工人的首要集散地。

时任东江游击队第5大队大队长、后来出任东江纵队副司令的王作尧回忆说："从一月上旬至二月底，先后到达宝安游击区的著名文化工作者和爱国民主人士约有三百人，加上其他干部、青年学生和工人等，不下千人。犹如一支举刀笔的文化大军与我们这些拿钢枪的战斗部队在（游击）根据地的一次会师。"

中共"南委"副书记张文彬专程来到白石龙村，和东江游击队政委尹林平一道，慰问从香港撤到东江游击区的文化人，检查、落实将他们安全护送到大后方的各项措施。张文彬勉励游击队队员们说："这批文化人士是国之瑰宝。他们推动了抗战，与顽固势力作坚决斗争，也是出生入死的。他们拿笔杆子同反动势力作斗争，和我们拿枪杆子同敌人战斗是一样的。笔杆子同枪杆子结合在一起，抗战就必胜，革命就必胜。"

笔杆子和枪杆子的结合，在"文曲星"们会聚白石龙村时得到切实的体现。

游击队听取文化人的意见，将油印机关报《新百姓报》，改为《东江民报》。邹韬奋欣然题写新报名，茅盾为该报题写副刊名，丁聪为该报配漫画。

巨星级的文化名人给游击队队员们讲课。邹韬奋讲授民主政治，胡绳讲授哲学，沈志远、黎澍分别讲授政治经济学和中国革命史，戈宝权讲授社会主义苏联、苏联妇女运动史。

经曾生、尹林平和张文彬研究决定，胡绳、黎澍等"笔杆子"三度起草《上余汉谋书》，敦促粤北国军司令长官余汉谋团结抗战，停止派兵进犯东江游击区。

胡绳和黎澍二人还根据曾生等人的意见，致函驻守惠州的国军第187师师长张光琼，晓以大义，劝诫他不要率部进犯游击区，挑起内战。

后一封信在将近25年后的"文化大革命"中，被"最最革命者"察觉，竟成为追查游击队与文化人蓄谋"通敌"的"罪证"。

1985年5月，中国社会科学院院长胡绳在《关于东江纵队的一点回忆》一文中，顺带回忆起这段荒诞的历史：

> 写这封信当然是合理的、必要的。但是在十年动乱期间，我处于被"隔离"的状况时，却屡次有"外调"的人来查问这封信。直到一九七〇年我在所谓"五七干校"劳动时，还有几个人来查问。他们问得如此仔细，甚至要我说出当时写信用的什么纸。我不能不感到，这种查问不怀好意。看来这事也被看作是东江纵队的一个"罪状"。

会聚在白石龙村的曾生、胡绳、黎澍等人，当然不知道25年后会遭遇中国人斗中国人的悲剧，但是他们当时却清楚地知道白石龙村随时处在中国人打中国人的内战危险之中。

4月中旬，国军第65军第187师果然进犯白石龙村和附近的阳台山区。

大批文化人早已安全地分散转移到内地大后方。

只有邹韬奋继续随游击队迁徙到深山野岭的茅寮棚中。国民党特务机关已经发出密令，一旦捕获他，就地"惩办"。

和他在一起的还有胡绳等十几个文化人。

1944年7月24日，著名记者、政论家、出版家邹韬奋在历经数年颠沛流离的生活之后，病逝于上海。中共中央根据其临终遗愿，追认他为中共正式党员。

邹韬奋生前曾在白石龙村给东江游击队题词："保卫祖国，为民先锋。"他在题词的跋里写道："曾生大队长以学士奋起，领导爱国青年组成游击队，保卫祖国，驻军东江。韬以文化游击队自港转移阵地，承蒙卫护，不胜感奋！敬书此奉赠，藉志谢忱。"

当大批文化人沿西线从陆路离开港九，撤往宝安游击区，向内地疏散的时候，小部分不便长途步行跋涉的民主人士和文化人，则分别取道东线，乘船经九龙、西贡到大鹏湾等粤东海域进入国共两党分别控制的游击区，转赴内地；或乘船经长洲、澳门，前往中山县或广州湾，然后疏散到内地；或径直化装乘船到广州，再设法移居内地。

从海上撤离的各条路线，同样得到东江游击队和地下党的周密护送。

国民党左派元老柳亚子、何香凝及柳之女柳无垢、何之儿媳经普椿，经中共党员谢一超、蓝奋才、袁嘉猷等护送，从东线乘船在海上漂泊七昼夜，终于抵达海丰汕尾马宫港，然后经兴宁到韶关，转往桂林。邓文钊、邓文田、李伯球、黄显章等与中共有密切联系的香港商界人士则由地下党安排乘船，经沙鱼涌进入惠阳游击区。

夏衍、范长江、金仲华、金山、王莹、谢和赓、郁风、张云乔、司徒慧敏、蔡楚生、梁漱溟和千家驹等文化人和民主人士，乘船经长洲到澳门，然后辗转前往桂林。途中，中共中央曾密电国民政府军事委员会（桂林）办公厅主任李济深，称中共代表夏衍与一批爱国民主人士自港赴桂，请沿途予以保护。夏衍一行遂安全抵达桂林。

行动不便的著名科学家和儿童文学作家高士其，由地下党委托广东作家黄秋耘带领十多个香港青年，乘船直抵广州，然后护送到韶关，再转赴西南大后方。

1942 年 1 月至 6 月，经东江游击队和中共地下党参与营救和护送的进步民主人士、文化人及其家属共数百人。

茅盾将这一壮举赞誉为"抗战以来（简直可说有史以来）最伟大的抢救工作"。

亲历这一壮举的外国朋友爱泼斯坦，在将近50年之后撰文评论说："抢救文化人，为共产党与文化人、民主人士之间互相信任、共同合作，打下了坚实的基础。"

日军攻占香港之后，百废待举，兵力短绌，一时无法全力搜捕撰文倡导抗日的滞港内地文化人。

日本特务机关只好以软硬兼施的诱降术，在全市实行宵禁和突击检查，通令中国文化人前往刚在香港开设的"大日本报道部地方行政部"报到。甚至盗用鲁迅生前的日本朋友、上海内山书店老板内山完造的名义，在香港刊登寻友启事，宣称他已来到香港，特邀约茅盾等文化名人聚晤。当时不在香港的郭沫若、田汉等名人，也在邀约之列。

尽管这种手段十分拙劣，视在港中国文人如网中之鱼的日本特务机关，却依然一而再、再而三地玩弄这种愿者上钩的钓鱼术。

先后将上百名文化人偷运出维多利亚港的中共海上交通站交通员李锦荣，后来在《冲破海上封锁线》一文中写道：

> 在文化人全部撤离香港不久，我在报纸上看到一个启事，是以日本南支那派遣军特务机关"大东亚共荣圈事务所"的名义刊登的。大意是：大东亚圣战已胜利完成，大东亚共荣圈的建设，望有识之士共商大计，请茅盾、韬奋……先生莅临本所，参加大东亚共荣圈建设。……我对着这个启事，不禁付之一笑，心想：多妙的招降请帖！可惜，来得太迟，鱼儿已破网远去！

撤离香港返抵祖国的文化人，始终思念在香港进行"文化抗战"的难忘时光。剧作家田汉根据这一感受，很快编成话剧《再会吧，香港》，四处公演。以下是这出话剧的主题曲，20世纪40年代初曾经流行于华南各地：

再会吧，香港！

你是旅行家的走廊，也是中国渔民的家乡。

你是享乐者的天堂，也是革命战士的沙场。

这儿洋溢着骄淫的美酒，也横流着英雄的血浆。

这儿有出卖灵魂的名姬，也有献身祖国的姑娘！

这儿有迷恋着玉腿的浪子，也有担当起国运的儿郎！

这儿有一攫万金的暴发户，也有义卖三年的行商。

一切善的矛盾中生长，一切恶的矛盾中灭亡！

再会吧，香港！

你是这样使我难忘！

你筲箕湾的月色，升（扯）旗山的斜阳；

皇后大道的灯火，香港仔的渔光。

浅水湾的碧波荡漾，大埔松林的猿声惨伤！

宋王台的蔓草芜荒，青山禅院的晚钟悠扬。

西高岭的夏兰怒放，鲤鱼门的归帆饱涨。

对着海边残垒，想起保仔与阿香①。

啊，百年前的海上霸王，真值得民族的后辈传唱！

今天，吟诵这首歌词，我们仍然可以感觉到它在当年呼唤起满腔热血的感染力。

香港沦陷以后，隐居在新界沙田何东楼的中国第七战区司令长官余汉谋的夫人上官德贤，一直设法逃离香港。1942年1月下旬的一个早上，乔装外出买菜的陈副官向她报告在门外的巧遇：

陈副官挑着买来的一担米和菜，正要回何东楼，没想到在半路上遇到两个拦路抢劫的"烂仔"。双方正在对峙的时候，一个青年赶上前来，警告"烂仔"不要在光天化日之下打劫。"烂仔"不知好

---

① 保仔：清嘉庆年间活动在香港海域的海盗头领张保仔；阿香：传说中的女海盗。

歹，竟抢先对青年动手，结果一下子被青年三下五除二地打趴在地上。陈副官连忙道谢，青年人却坦言说："老板，你一个人挑那么多米和菜，说不定还会有人来抢劫，我帮你挑回去吧。"说完，挑起担子，健步如飞，和陈副官一起来到何东楼前。陈副官拿出一些钱要酬劳他，他谢绝说："这钱我不能收。我是游击队的人，帮这点忙是应该的。老板以后有什么难处，尽管找我，我们一定尽力帮忙。"

这一巧遇立即引起上官德贤的兴趣。她要陈副官立即查清这个青年人是哪支游击队的，并把他带到何东楼来见个面。

三天之后，陈副官将青年人引到上官德贤面前。

青年人是活动在西贡的东江游击队刘黑仔手枪队的队员，名叫黄清。十几天前，刘黑仔向他布置一项特殊任务，要他带领几名队员，四出打听余汉谋的夫人上官德贤的下落，和她取得联系，协助她撤离香港。

上官德贤听黄清说明来意，抑制不住内心的欢喜，说："久闻贵部挺进港九，神出鬼没，打日本仔，救文化人，本人非常钦佩。自从香港沦陷以来，我一直设法离开，但是第七战区的部队远在惠州、淡水，无法救援；我们有 12 个人，还有 100 多担行李和货物，实在难以同难民一起逃离香港。所以，请贵部给予援助，护送我们逃离虎口。"

2 月上旬，东江游击队根据上官德贤的意愿，由刘黑仔手枪队代为雇请挑夫，分批将其上百担行李和货物，秘密从沙田运到西贡沙角尾村，然后再转运到岐岭下，装上可载重 30 吨的大钓艇。上官德贤剪去长发，装扮成身穿黑色大襟衫裤、留着齐耳短发的"女水客"，在随从和黄清等游击队队员护卫下，乘着夜色前往岐岭下，登上大钓艇，驶往大鹏湾。东江游击队海上护航队出动两艘武装船，沿途护送。

次日傍晚，船抵大鹏湾海滩，东江游击队惠阳大队副大队长高健派出将近一个排的兵力迎接，将上官德贤一行接到离小梅沙两千米的连麻坑村休息。此后两天，游击队兵分两路，分别护送上官德贤一行及大批行李货物，翻山越岭，不时击退日伪汉奸、土匪流寇和国军散兵游勇的骚扰拦劫，终于走出葵涌山地，到达接近余汉谋所辖独九旅防区的田心小学。

上官德贤感激地对在此处迎候的高健说："我和我的随员这次能够从香港平安脱险归来，多亏你们游击队的营救和护送。一路上，我亲眼看到贵军纪律严明，行动一致，对我们照顾周到，本人十分钦佩和感谢。"

高健说："我们东江游击队是共产党领导的队伍，始终希望能够和余司令的部队团结抗日。请夫人回去转告余司令，希望他以国家民族的利益为重，约束部下，不要再制造摩擦了。"

上官德贤率直回答："过去，我们对贵军缺乏了解，加上政治见解不同，难免出现偏见和摩擦。现在，我对贵军的宗旨和全力救助各方朋友及友军家眷的行动，已有切身的感受。我回去之后，一定面告我的丈夫、朋友和部队，劝促他们和贵军、贵党坦诚相待，合作抗日。"

当天傍晚，东江游击队将上官德贤一行及 100 多担行李货物，送至独九旅驻防的淡水镇。

在此之后，经东江游击队护送的国民党军政官员的眷属，还有原任南京市市长马超俊的大、小姨子等数十人。

英军服务团（BAAG）"服务"周全

1942 年 2 月，英国驻华大使馆地下室。

烛光昏暗，日机空袭重庆山城的轰炸声隐约可闻。从香港脱险后辗转来到重庆的英军上校赖特（L. T. Ride），正在和英国驻华军事代表团团长丹尼斯（L. E. Dennys）少将进行一次极为重要的谈话。

赖特在 1 月 9 日晚上逃出九龙深水埗集中营。与他一起逃脱的有皇家海军上尉摩利（Morley）和海军中尉戴维斯（Davis）。赖特的华人秘书李玉标（Li Yiupiu）在前一天逃出集中营，预先雇好一只舢板，将他们运载到荔枝角青山道附近的海滩。他们登岸后，就沿着山间小路，奔向传闻有中共游击队活动的西贡。在西贡，赖特一行受到东江游击队派驻港九的领导人蔡国梁等人的热情接待。此后在由游击队护送到惠阳国军防地的八天时间里，赖特一行和游击队一道，躲过日、伪军的追剿和海盗、土匪的骚扰，从而对"红色游击队"的组织、活动方式与情报收集等情况有深切的了解，彼此结下患难与共的战斗友谊。赖特将英军撤出新界时遗弃大批武器弹药的确切地点告诉游击队，以便他们迅速改善自己的装备；还将随身携带的治疟新药奎宁送给正受疟疾折磨的村民。他历经艰险进入"自由中国"之后，第一个念头就是联合中国抗日力量，营救被拘禁在香港各个集中营里所有反法西斯的同盟国国籍的难友，包括英国人、美国人、印度人和中国人。

"将军，我们应该立即成立专门机构，负责进行这项工作。如果您同意，我愿竭尽全力。"赖特说完他的脱险经历和新的抱负，急切地期待着丹尼斯少将的答复。

丹尼斯陷入沉思。从感情上说，他同情赖特和香港其他战俘们的遭遇，支持营救香港战俘和受难者。可是，就现实而论，他却无法调拨任何兵力武器、运输工具和无线电设施来开展这项工作。英国驻华军事代表团正以全部精力，争取中国派遣十万远征军进入缅甸，与驻缅英军一起合作对日作战。营救香港战俘一事，他已经力不从心。

而且，他认为赖特的计划未免过于自负，倘若谨慎一些则还可取。

"上校，你可以返回华南，做你能够做的事情。"丹尼斯指示说，"你将获得授权，向所有逃离香港的人提供临时性的服务。基于安全考虑，你领导的组织就叫'英军服务团'（The British Army Aid Group），以援助中国难民为掩护，开展工作。我会建议蒋介石将军下令中方支持 BAAG（'英军服务团'的英文缩写）的工作。"

3月间，赖特回到粤北重镇曲江，首先在那里设立"英军服务团"总部，召集逃离香港的英军官兵和原先在香港政府服务的华人加入，开展营救和接济香港战俘与难民的工作。赖特还派原在驻港英军密道尔·赛克斯营担任上尉医官的印度人斯克利文（R. D. Scriven）前往距离香港仅40英里的惠州，设立 BAAG 前方办事处。

斯克利文能够讲一口流利的广东话，他在2月间才从深水埗集中营逃出。他和原先在香港当导游的华人陈亨利（Henry Chan）来到国军控制的惠州，在城里一家意大利教会医院设立办事处。赖特吩咐他要千方百计了解香港的近况，和"红色游击队"保持密切联系，这样才能更好地进行营救工作。

后来，斯克利文回忆说：

> 到惠州的第二天，张将军和县政府官员邀请我吃晚饭。我相信，这顿晚饭是英军服务团最终胜利的开端。张将军、县长、银行经理、中共代表和游击队领导人，都豪爽地轮番向我敬酒，力图将我灌醉，趴到饭桌下。
>
> 他们语无伦次地告诉我，已经安排陈亨利潜入香港，皇家炮兵少校祈德尊（J. D. Clague）为首的逃难者已在两天前逃出集中营，很快就会来到惠州。
>
> 张将军将我送回教会医院，还要我再跟那里的马神父喝上几杯睡前酒。喝完后，我很有礼貌地对他道个晚安，便不省人事地倒在地板上。后来据说是马神父将我拖上床，他还称赞我赢回很多面子。

斯克利文的回忆表明，抗日和营救盟友是国共两党共同的目标，为此他们进行过坦诚的合作，尽管国共两党在华南的武装不时也小有摩擦。

6月间，祈德尊少校来到惠州，接替斯克利文担任 BAAG 前方办事处主任。这时，办事处已有5名英国军官和10名中国人。

同月，蒋介石和国民政府接连致电余汉谋，说明已经批准

BAAG 在韶关、惠州设立办事处，请其尽快为 BAAG 驻粤北人员办理护照，准许英军人员携带自卫武器，来往粤港交界地区。

新任英国驻华军事代表团团长格林斯多尔准将（G. E. Grimsdale），给 BAAG 指挥官赖特上校发来一则命令：

> 你们的任务是设法援救香港集中营的战俘，无论是陆军、海军或空军，无论是正规军还是义勇军，也无论是英国人、印度人、中国人、美国人还是荷兰人……最要紧的是，你们所做的一切，都应该得到中国军事当局的首肯。你们必须时时刻刻以你们取得的每一个胜利，来赢得中国人的信任。你们还应该搜集香港内外的各种情报。

于是，BAAG 与中国国共两党抗日力量密切合作，积极开展援救和情报工作。

日军占领香港后，财力足以影响中国财政命脉的英资汇丰银行的高级管理人员，没有像英国其他军政人员一样，被押往赤柱集中营，而是被拘禁在港岛的一家中国酒店里，被迫跟日本人合作，一起结算银行业务。为了了解日本统治香港的经济财政政策，伦敦方面指示英军服务团设法营救出汇丰银行的一两名资深银行家。

从 6 月起，赖特通过原先在香港工作的华人情报员，与汇丰银行的经理伊德蒙斯顿（D. C. Edmonston）、总经理格雷伯恩（Vandaleur Grayburn）等建立书信联系。8 月间，格雷伯恩通知英军服务团，他的两名高级职员芬恩维克（T. J. J. Fenwick）和摩利逊（J. A. D. Morrison）决定逃往"自由中国"。

在惠州的祈德尊少校立即派遣第 64 号华人情报员罗行水（Lo Hung Sui）前往接应。罗行水原是香港义勇军第四连的中士。10 月 17 日（星期六）下午，他在德辅道的一家旅店与芬恩维克和摩利逊会面，悄悄约好接应两人偷渡出境的时间。

18 日（星期天）晚上 19 时 30 分，芬恩维克和摩利逊趁看守饭店的日本兵换岗，从饭店后门溜出大街，与罗行水和第 48 号华人情报员曾德（Tsang Tak）会合。曾德原是香港英军第五高射炮兵团的一名炮手，后来在筲箕湾一家商店当伙计。他奉祈德尊之命，前来协助护送银行职员逃亡。

19 时 45 分，四人在电车站登上一辆开往筲箕湾的电车。不料，途中又上来两个华籍警察、一个日本海军军官和十几个日本消防员。好在这些日本人只顾议论周末玩乐的事情，没注意车上乘客中夹杂着两个英国人。车到北角，他们便一窝蜂地笑着闹着跑向附近新开设的慰安所。

芬恩维克一行在筲箕湾下车，沿小巷走向海滩。曾德在那里早已雇好一艘舢板，罗行水和芬恩维克、摩利逊三人上船后，舢板便在夜幕掩护下，向新界坑口驶去。在坑口，第 19 号华人情报员曾玉商（Joseph Tsang Yiu Sang）和一些中国人，将他们护送到银线湾。芬恩维克一行在银线湾连夜乘大船出海，于次日早上 5 时 30 分到达东江游击队控制的新界石坑村。一位姓方的游击队中队长给他们热情的接待和帮助，两位银行职员因此特意留言致谢：

> 我们经过方先生的地区时，蒙他优厚的款待和说明，特此致谢。我们抵达目的地后，一定报告当局。

> 芬恩维克　摩利逊（签名）　　1942 年 10 月 19 日

20 日，东江游击队港九大队首任大队长蔡国梁专程前来探望芬恩维克和摩利逊，并询问香港的有关情况，随后派一个班的武装，护送他们偷渡大鹏湾日军海上封锁线，在沙鱼涌登陆，取道葵涌、淡水，于 22 日下午抵达惠州。

几个星期之后，香港汇丰银行高级职员芬恩维克和摩利逊出现在伦敦总部的办公室。

这是英军服务团自始至终策划与实施的第一桩胜利大逃亡。它极大地鼓舞了这一团队的各国籍成员的士气。

这里面，也有"红色游击队"的功劳。

1942 年的秋天，凄厉的秋风掠过居民闭户不出的港岛。往日游人如鲫的繁华大街，今已萧条冷落。只有遍布港岛北侧海滩的一个个船舶修造厂，却异乎寻常地人声鼎沸，机器轰鸣，热闹非凡。

日军发动太平洋战争以来，在战争中损毁的船舰日增，香港于是成为日本海军在东亚最大的船舶修造地。日本兵征集滞留香港的大批中外技术人员和劳工，强迫他们夜以继日地修造船舶，以供军用。

9月间，BAAG的一个华人情报员潜入船厂，和一些有专门技术的工友建立联系，并将船厂的有关情报报告赖特。赖特认为，既然盟军暂时还没有力量轰炸香港，那么另一个最好的办法，莫过于将船厂关键岗位的技工营救出香港，从而使船厂生产陷于瘫痪。这些偷渡出香港的技工可以输送到印度新德里，参加那里的船舶修造工作，为盟军服务。

这项计划很快得到远东英军总司令部的赞同。计划的名称取自当时香港工人流行的称呼"工友计划"。

于是，船厂每天都有三三两两的技工不辞而别，连他们的家人也随之悄然失踪。

到这个月底，先后有153名船厂中外技工逃离香港，聚集广西桂林，加上随同他们出走的家眷，人数达到数百人。

接待住宿，联系汽车前往云南昆明，然后转乘飞机去印度。这一切忙坏了BAAG驻桂林总部的所有成员。

"工友计划"实施数月之后，其积极作用显而易见：香港船舶修造厂技工越来越少，积压待修的破船烂舰越来越多。日本香港占领地区总督府为之头疼不已。

新德里的远东英军司令部则对这一计划的负面作用啧有烦言：后几批飞来印度的香港船厂技工当中，对船舶修造工作一窍不通的人也越来越多了。滥竽充数的逃亡者竟从香港一直逃到印度新德里，"工友计划"因此停止实施。

BAAG"服务周全"的名声，在称赞与揶揄声中四处传扬。

厄休拉·波塞太太（Mrs Ursula Boser）是英军少校查里斯·波塞（Charles Boser）的妻子。香港沦陷后，她也成为战俘，被关进集中营。

她非常仇恨日本人，恨他们残暴和野蛮。不过，这种仇恨并不能转移她对丈夫的憎恶。

她憎恶同被关进集中营的丈夫，因为他在此之前一直与埃米莉·哈恩（Emily Hahn）姘居。当她知道 BAAG 的援助与情报网络秘密伸入集中营之后，她的第一个想法就是通过 BAAG 的帮助，要到一份与丈夫离婚的证明书。

波塞太太的离婚要求，连同香港军机要事的各类秘密情报，一起汇报到英国驻华军事代表团团长格林斯多尔准将的办公桌前，然后又回馈到 BAAG 指挥官赖特少校的脑子里。

在动辄流血伤亡的战争年代，值得冒险调动千辛万苦营造起来的秘密交通网络，去办理一桩战俘离婚的私事吗？赖特首先觉得此举下注太大，难免得不偿失。但是，他最终同意由设在澳门的 BAAG 秘密联络站去办理此事。

"BAAG 乐意处理任何问题"，赖特向格林斯多尔报告说："也许在争取哈恩女士的合作方面会遇到困难，因为她在香港自由自在，没被关进集中营，可以借口与华人结婚，而拒绝在可能会坏其好事的任何文件上签字。"

幸好，赖特担心的事没有应验。或许是哈恩女士也为 BAAG 在战争中冒险协助办理离婚案的服务精神所感动。一切有助于离婚的文件终于办妥，并且通过澳门秘密联络站送到厄休拉·波塞夫人手中。

BAAG 的这项服务创造出抗日战争期间秘密战线史上的一则佳话。

BAAG 在其成立后的三年多时间里迅速发展壮大。它在香港新界的西贡、广东的惠州、河源、沙坪、四会、清远、曲江，以及广西的桂林、云南的昆明、四川的重庆等地，设有秘密联络站或公开办事处。

据统计，BAAG 自成立以来，共从香港协助营救出 33 名英国或盟国的公务人员，近 40 名美国难民，以及 400 多名印度人（其中有 140 名是军人）。它还向近 1000 名为英国工作的中国人以及他们的家眷提供援助，帮助将近 120 名欧洲人和 550 多名中国平民逃离日占区。此外，它还计划和管理 300 万元的英国基金的开支，用于赈灾，并以食物和医疗服务，拯救遭受饥荒、疾病和空袭袭击的数千名中国难民的生命。

BAAG 惊人的营救业绩，与中共东江游击队的发展壮大和密切合作息息相关。

日军占领香港后，东江游击队很快在新界的西贡和元朗地区站稳脚跟，开辟相对稳定的游击区，并将地下组织网络遍布港九。在毗邻香港的宝安和惠阳，东江游击队也建立较为巩固的山村抗日游击根据地。这就为进出港九开展大规模的营救活动创造了有利条件。这种条件是国军和英军服务团都不具备的，英军服务团因此需要借助和东江游击队的合作。

东江游击队在营救中国民主人士与文化人的同时，也将营救盟国军政人员和平民百姓视为己任。他们调拨精通外语的人员，组成负责此项工作的国际小组，专门与香港内外的外国友人联系。组长由黄作梅担任，组员有谭干、江群好、郑隆、林展等。

黄作梅，1916 年生于香港，曾在皇仁书院读书，后到英国进修。抗日战争期间，他返国参加东江游击队，加入中国共产党。他在深水埗开设广恒杂货店，作为游击队的秘密联络站。从 1942 年 6 月至 1943 年 8 月，英军服务团曾利用该杂货店，转送情报、文件、指令和经费。黄作梅还协助英军服务团的何礼文（D. R. Holmes）上尉，在西贡游击区设立联络站，与东江游击队直接协调营救和情报工作。

根据黄作梅掌握的不完全的资料统计，东江游击队在太平洋战争期间参与营救的盟国友人有：英国人20名、印度人54名、丹麦人3名、挪威人2名、苏联人1名、菲律宾人1名，此外还有美国飞行员8名。

　　鉴于黄作梅在对日战争中与英军的合作和贡献，1946年英国政府授予他大不列颠帝国勋章（MBE）。

　　1955年4月11日，中国新华社香港分社社长黄作梅，与中国代表团工作人员及中外记者一起，前往印度尼西亚的万隆参加不结盟国家会议。不幸，所乘客机"克什米尔公主号"从香港起飞后，在途中爆炸，机上人员全部罹难。

　　事后，港英政府发表调查公报，判定飞机在港起飞前被人安放了爆炸物。

　　再后来，传媒披露：疑凶已逃往台湾。

余音一：　戴笠乘危占胡蝶

　　限于篇幅，本书只能以速写和白描的手法，对中、英两国三方（中国国共两党与英方）分中有合、合中有分地进行的多姿多彩的秘密大营救，进行上述简要的勾画和叙述。

　　对于从香港脱险返回内地之后的名人奇事，我们也援引有关资料，裁剪二三片断，以飨读者。

　　1942年4月的一天，新界西贡墟中心街的"不夜天"茶室已经少了往日的几分喧闹。这里曾是东江游击队护送文化人乘船前往大鹏湾的歇脚点，现在大批文化人已经撤离香港，"不夜天"茶室也逐渐清静下来。

　　不过，此处仍然是游击队的秘密联络点。游击队的地下交通员、茶室女招待张婉华正像往常招呼客人一样，给坐在窗前的港九游击队负责人黄冠芳倒茶。

和黄冠芳一起伴作喝茶聊天的，是当时颇有名气的"抗日女英雄"杨惠敏小姐。

1937 年"八一三"淞沪抗战失败后，国军第 88 师第 524 团团长谢晋元率领八百壮士，死守上海闸北四行仓库，掩护国军主力撤退。四行仓库保卫战牵动上海百万人的心。当时，一个年约 20 岁的女童军为了表达上海市民对孤军奋战的八百壮士的敬意，趁着战斗空隙，冒险钻进四行仓库，向壮士们献上一面国旗，让它迎着炮火，飘扬在四行仓库楼顶。从此，八百壮士与女童军的英雄事迹风靡全国。这位女童军的名字就叫杨惠敏。

杨惠敏出名之后，据说蒋介石夫妇认她做干女儿。现在，她奉国民政府赈济委员会之命，在香港从事营救国民党军政人员及其眷属和演艺界明星的工作。她到西贡来找黄冠芳，想要商量的事情，是联合营救一位举国皆知的大明星。

杨惠敏像

这位大明星的艺名叫胡蝶，原名胡瑞华。她貌美艺精，从 20 世纪 30 年代初起就一直红遍中国电影界，人称"影坛皇后"。

她闻名全国，不仅起源于美貌和演技，而且起源于一场天大的冤案。1931 年"九一八"事变之后，日本迅速占领中国东三省。民间谣传日军发起攻击之时，统帅东北军的张学良将军正在北平搂着胡蝶等美人跳舞。国民党元老、广西大学校长马君武愤而写下感时诗《哀沈阳》二首：

胡蝶像

赵四风流朱五狂，翩翩胡蝶最当行。

温柔乡是英雄冢，哪管东师入沈阳。

告急军书夜半来，开场弦管又相催。

沈阳已陷休回顾，更抱佳人舞几回。

其实，"九一八"事变之后，胡蝶才随明星影片公司外景队抵达北平拍电影，她与张学良素未谋面。张学良与之跳舞、贻误军机之说，纯属子虚乌有。可是，只因国人愤恨当局的不抵抗政策，马君武所写的颇具文采的感时诗正好成为这种愤懑情绪的宣泄载体，流行全国。胡蝶的名字因此更加家喻户晓，只不过这一次扬名，多少带有自古美人是祸水的贬义。

事后查明，这类谣言最先出自日本通讯社，目的是通过对张学良的造谣中伤，引起世人对他的愤恨，从而转移对事变祸首——日本侵略者的谴责。

香港沦陷之后，日军报道部艺能班班长和久田幸助极力对困留香港的梅兰芳、胡蝶等中国演艺界明星施展怀柔政策，拉拢他们与日本演艺界合作，共建"大东亚共荣圈"。梅兰芳断然拒绝和久田的"好意"，蓄须明志，随即设法逃离香港，返回内地。

胡蝶因其初生婴儿尚未断奶，只好与丈夫潘有声一起，跟和久田虚与周旋。

不久，和久田提议胡蝶去日本，拍摄题为《胡蝶游东京》的风景片，并保证此片"绝无政治内容"。

"我虽很谦让，但这是大事，绝不能让，绝不能让侵略者拿我作幌子，这是原则问题。我们全家都为此事感到焦急。有声说已到我们该走的日子了。"胡蝶后来回忆说。

于是，杨惠敏专程来找东江游击队。

将胡蝶一家护送出香港，当然不成问题。难的是，她还有许多担行李也要一起运走。杨惠敏率直地说："我今天来，就是想请贵部派人，尽快将这些行李从九龙城挑到西贡，装船运回大陆。"

黄冠芳沉吟着说："现在日军的封锁和搜查都很严，大批行李不能一次挑运，只能每次两三担地分散着运。"

"好吧，行李货物由贵部负责，我负责把人带到西贡，等把行李装运上船之后再会面。"杨惠敏说。

几天之后，胡蝶一家的全部行李陆续挑运到西贡，装上木船。可是，杨惠敏和胡蝶一家却未能按时来到西贡乘木船前往大鹏湾。第二天拂晓，日军突然出动海陆部队，包围西贡墟，烧杀抢掠。装运胡蝶行李的木船被敌人发现，全部行李被劫运回九龙。

中午时分，胡蝶与家人来到西贡。她得知全部行李被日军劫走，不禁抱头痛哭："天哪！我几十年积攒的金银首饰全部藏在行李里面，以后叫我怎么过日子呀！"

黄冠芳问她为何不能按时赶来，她哭着说："杨小姐说她有事没办完，让我等她办完事再走，所以来迟了。"

黄冠芳见她哭个不停，就安慰她说："事到如今，行李财物倒是小事，只要一家人平安就好，请明星多加保重。"

胡蝶一家经游击队护送，乘船偷渡出香港，到达大鹏湾，然后登岸步行，前往惠阳。胡蝶后来回忆说：

> 两个孩子由游击队安排的人用箩筐挑着，一头一个，我们则步行，整整走了一天。这可说是我自出生以来所走的最多的路程，以致脚底全起了泡，因为走的是荒野和崎岖的山路。中途曾在路边的小饭馆吃了一餐饭，盘碗很粗糙，饭菜看来都不怎么样，但我们吃来仍觉非常可口，可见人的味觉也会因环境的改变而改换的。
>
> 把我们护送到惠阳，游击队的任务就算完成。有声交给游击队三千元港币，作为护送的费用。虽然游击队一再说他们很高兴能协助我这样一个有点名气的演员逃离虎口，我们还是请他们收下，作为我们对抗日事业的一点心意。

胡蝶一家从惠阳来到粤北重镇曲江，住了一年多，随后又乘汽车逃难到桂林。由于行李财物全部在香港遇劫，再加上颠沛流离的逃难生涯，胡蝶终于心力交瘁，大病一场。

　　"影坛皇后"病困山水名城桂林。这一消息立即引起嗜好在杀戮场上渔猎美色的"军统王"戴笠的注意。胡蝶在台上台下都是倾城倾国的一代佳人，戴笠心仪已久，只可惜无缘结识，值此天赐英雄救美良机，戴笠马上调动"军统"力量，布下独占花魁的天罗地网。

　　首先，戴笠电令"军统"在桂林的机关向胡蝶一家提供飞往重庆的飞机票，邀请胡蝶及家人到重庆，住到范庄的杨虎家中。杨虎与胡蝶、戴笠各有私交，戴笠因此可以常睹胡蝶芳容。

　　然后，他针对胡蝶的心病，慨然承诺为她追索回失去的行李财物。"军统"根据杨惠敏的胡乱猜疑，诱捕在香港西贡墟"不夜天"茶室当侍女的东江游击队交通员张婉华，经审讯不得要领，只好保释放人。

　　后来，戴笠听了胡蝶的哭诉，干脆派人将杨惠敏押解到重庆，严加刑讯，仍无结果。又将她转押往贵州息烽集中营，直到1946年1月才无罪开释。

　　百般无奈之余，戴笠竟叫人按胡蝶开列的丢失珠宝首饰和衣物的清单，一一设法到各地购置回来，谎称是追索回来的财物，送给胡蝶。胡蝶明白个中情由，心中对戴笠自然产生几分好感。

　　戴笠接着把胡蝶一家安排住到中四路151号公馆，所有生活设施与勤杂人员均由公费开支。戴笠亲自延请医生给胡蝶诊病治疗，还不时前来探望聚叙，益发赢得胡蝶的好感。

　　最后，戴笠为胡蝶的丈夫潘有声谋取了财政部广东货运专员的肥缺，让他只身去昆明赴任，另一边则将胡蝶转移到乡下的杨家山公馆，从此金屋藏娇，一遂平生宿愿，终成一段"军统王"与"影坛皇后"的风流史。

余音二：蒋介石劝降廖承志

1942 年 1 月中旬，八路军驻香港办事处主任廖承志和连贯、乔冠华等人从香港脱险，进入东江重镇惠州城。三人当即就布置粤北地下党做好接应和护送离港文化人返回内地的工作进行分工：连贯到老隆设立联络站，乔冠华到韶关设立联络站，分别负责两地的秘密接送转运工作。廖承志到韶关，检查督促粤北省委做好接送文化人的工作，然后赴重庆向南方局和周恩来汇报香港沦陷后的情况和对策。

廖承志到韶关后，住在曲江五里亭的乡村里，通过粤北省委电台，向南方局报告和请示工作，同时组织粤北省委加以落实。

5 月 26 日，正在粤北检查工作的中共"南委"组织部部长郭潜，突然被国民党特务逮捕，当晚叛变。次日，他带领特务捕去粤北省委书记李大林等，粤北省委机关和电台也全被破获。

郭潜和李大林都去过廖承志在曲江的秘密住所。

远在重庆的周恩来急电"南委"，要他们火速派人通知廖承志，让他马上前来重庆，或者立即去韶关，和他的母亲、曾任国民党中央执行委员的何香凝住在一起。

可是，"南委"还未来得及通知廖承志，他已经被捕了。

中共秘密大营救的实际指挥者刚刚摆脱日本兵的搜捕，却又落入国民党特务的手中。

同室操戈，相煎何急！

廖承志后来在《我的缧绁生涯》一文中写道：

> 一九四二年五月底，大约是三十日的晚上，我听到大门口有人叫"老陈"。这是我当时的化名。我听到这口音很陌生，以为是"交通"也说不定。刚开了一线门，几支手枪就像蜘

蛛的脚似的伸进来，一把抓住了我，把我拖了进去。那时我打着赤膊，下半身只穿一条裤衩。一群武装特务就这样地把我押着，簇拥着上了汽车。车上一个特务自称是"范尚之"，一个叫"李刚"，说：委员长请你。我一语不发。汽车开到韶关，把我关押在一条小客船上，周围有七八条特务船围守着。这时我才逐渐明白，这批特务都是从江西来的。

一个自称是"负责的"特务，上船来找我谈话，说："只要写一封信给蒋委员长，承认错误，什么位置都可以给你。"我说："写信绝对办不到，我是光明正大的中国共产党党员，决不想做你们国民党的官。我等着的是你们的刀子什么时候砍在我脖子上！"他们威胁我说："你再考虑考虑，否则你明白会有怎样的后果。"我说："没有什么可以考虑的，我什么样的后果都不怕。"

廖承志后来被秘密押解到江西泰和马家洲"青年训练所"集中营。在那里，他才知道"南委"副书记、曾经和他一起在香港布置营救文化人的张文彬，也于6月6日在粤东大埔县高陂镇被捕，而且就和他关在同一所集中营的两间密不通风的房子里。

廖承志在这所集中营里一关就是两年多，他写道：

一九四四年春初，张文彬病重了。我知道张文彬病重，就闹着要去看他。特务死也不肯，我就绝食。最后特务屈服了，让我到张文彬的独房里去。

那时张文彬已瘦得剩下一层皮，躲在木板上，不能说话了。我大声告诉他："你安心先去吧，我随后也会跟上你的。无论反动派怎地把我们灭尸销骨，党是总会有一天知道我们的，最后胜利是我们的。"

张文彬同志垂死的面容上露出微笑了，畅快地点了一下头，用颤抖的手同我紧紧握了一下，特务就催促我回去。第二天，听说张文彬半夜死了，天亮就扛出去了。我不禁放声大哭。这是在敌人牢狱中第一次、也是最后一次流眼泪！

1944 年底，负责逮捕与囚禁廖承志的"中统"特务，将他转交到"军统"手里，"军统"决定把他关进重庆歌乐山的中美特种技术合作所。押解途中经过赣州的时候，"军统"特务劝廖承志给蒋委员长的公子蒋经国写一封信，表示愿与蒋经国晤谈。蒋经国曾与廖承志一起留学苏联，当时担任赣南行政专员兼赣州县长，颇有一番"新政"举措。

廖承志断然拒绝特务的诱降，说："给他没有什么信可写的，更没有什么可谈的。你要我同蒋经国一样，绝对办不到！"

不过，廖承志还是给蒋经国写了一封信，一封时隔 38 年才写成的公开信。

时间是 1982 年 7 月 24 日。廖承志在北京，负责侨务和统战工作；蒋经国在台湾，掌理军政要务。廖承志在信中写道：

经国吾弟：

咫尺之隔，竟成海天之遥。南京匆匆一晤，瞬逾三十六载。幼时同袍，苏京把晤，往事历历在目。惟长年未通音问，此诚憾事。近闻政躬违和，深为悬念。人过七旬，多有病痛，至盼善自珍摄。

三年以来，我党一再倡议贵我两党举行谈判，同捐前嫌，共竟祖国统一大业。惟弟一再声言"不接触、不谈判、不妥协"，余期期以为不可。世交深情，于公于私，理当进言，敬希诠察。

祖国和平统一，乃千秋功业。台湾终必回归祖国，早日解决对各方有利。……

人到高年，愈加怀旧，如弟方便，余当束装就道，前往台北探望，并面聆诸长辈教益。"度尽劫波兄弟在，相逢一笑泯恩仇。"遥望南天，不禁神驰，书不尽言，诸希珍重，伫候复音。

老夫人前请代为问安。方良、纬国及诸侄不一。

顺祝

近祺！

廖承志

廖家和蒋家、共产党和国民党、祖国大陆和台湾，恩恩怨怨，分分合合，形成一部可歌可泣可叹的中国近现代史和当代史！

这部可歌可泣可叹的历史，曾有可能由廖承志和蒋经国揭开新页。只可惜，海天相隔，两人终未聚晤，不幸先后作古。

中国和平统一大业，谁来谱写新篇？

让我们返回1945年8月下旬。由于日本投降而显得精神爽快、志得意满的蒋介石，三度致电延安，邀请毛泽东到重庆进行和平谈判，商讨解决中国时局问题。

在毛泽东到来之前，蒋介石想起应该先见见关在"白公馆"的世侄廖承志。他在起家之前，曾深得廖承志的父亲廖仲恺器重。他在黄埔军校任校长时，廖仲恺任党代表，两人相处甚洽。他相信以以往的交谊和现在的身份召见廖承志，有可能会感化他。

关于这次"委座召见"，廖承志后来有详细的叙述：

> 特务押我上了汽车，里面坐着一个大胖子。汽车开动了，大胖子才向我自我介绍说是毛人凤，并说："蒋委员长要看看你。"我想了一下，也好！当面痛快地抢白这反动派头子一顿，出一口恶气再说。那时我万万没有想到毛泽东同志会亲自到重庆来，而蒋光头要"看看"我，是想在毛泽东同志到重庆之前，引诱我投降，给我党出洋相，那时我当然不明白这些的。

> 汽车转入重庆，兜了一大阵圈子，才到了一栋坐落在山上的大洋房里。进了客厅，蒋光头早在了，远远坐在一角。给我的位置是另一角落，相距三十多米远，中间还有两个特务，毛人凤坐在另一旁。我在肚子里直管笑。

> 蒋介石狞笑满面，先开口："你身体怎样？"

> 我说："我身体怎样，你还不是顶清楚的？"

他面孔发红了，嗫嚅了一会，又说："你现在想怎样？"

我斩钉截铁地回答："我活着是中国共产党党员，死做中国共产党的鬼。"

蒋介石又脸红了，这回他动了肝火，便赶紧问："你这样做，能对得起你父亲吗？"

我回答说："我这样做才真的对得起我的父母。那些满口挂着我父亲的名字，双手沾满鲜血，同杀害我父亲的人称兄道弟的人，这对得起我父亲么？"

蒋介石这回满面通红了，随后奸险地镇静下来，又装出笑容说："我满想把你留在我身边，但是……你有你的组织关系，就很不方便。"

我立即说："这是绝对办不到的事！这种想法趁早收回去的好，两得其便。"

蒋介石停了一下，又说："我如果放你回去，你又回到你们的人那边去了，这样我就于心不忍。"

这句话话中有话。我霍地站起来，大声问道："那又要打仗了？你又要打内战了？"

蒋介石大概没有想到我会说这句话，一直戳到他的痛处，他一时回答不出。我回转身就走。这时候特务们慌了，蒋介石也站起来，这回全是宁波话了："还有话，勿忙。"

我说："没有什么可以谈的了，我洗干净脖子等着。"我头也不回，大踏步出去了。

毛人凤赶紧跟出来说："你何必生这样大的气？再进去，谈谈。"

我一面走，一面说："没有什么可谈的。"

毛人凤说："你最好再考虑考虑。"

我说："没有什么可以考虑的。你要动手，现在就请！"

毛人凤奸笑着说："哪里……哪里……"我以为这些反动派真要动手了，可又把我押上汽车，一溜烟开回歌乐山顶。

我后来才知道，在这前后，叶挺同志也被蒋介石叫去"谈"了一阵，也给叶挺同志抢白了一顿。这是叶挺同志出来后亲口告诉我的，我们彼此还大笑了一阵。

　　这之后，回到山顶，生活可变了，每顿饭大鱼大肉。我以为这是"送命菜"，便也大吃大喝，管他娘。这样又过了几个月。

　　在这几个月的时间里，刚刚欢呼抗战胜利的中国，又开始国共两党的局部性内战。国军第 11 战区副司令长官马法五率部从河南新乡沿平汉铁路北犯，企图夺占邯郸。刘伯承、邓小平指挥晋冀鲁豫地区的解放军，在平汉路顽强阻击，于 1945 年 11 月 2 日全歼马法五部两万余人，生俘马法五等高级将领多人。这就促使国民党当局重新回到和平谈判桌上。

　　1946 年 1 月 10 日，国共双方颁布停战令。随后，中共释放马法五等将领，国民党释放廖承志和叶挺。

余音三：　舟山渔民营救"里斯本丸"号
香港英战俘

　　1942 年 9 月 25 日，香港深水埗集中营操场。在香港被日军俘虏的英军和加拿大军战俘、英籍平民及其眷属共 1816 人，被押解集中在此，听候一名日本军官训话。

　　日军军官通过翻译，宣布："你们将被带离香港，去一个你们将被好好照顾和善待的美丽国家。我将率领队伍，照顾你们的健康，记住我的脸。"

　　经过简单的身体检查，战俘及其眷属们每 50 人分为一组，每组由 1 名军官带领，从深水埗集中营附近的码头，陆续登上隶属日本横滨船坞公司的"里斯本丸（英语：Lisbon Maru，日语：りすぼん丸）"号客货轮船。该轮船长 120 米，宽 18 米，排水量 7152

吨。战俘及其眷属们分别被押解，进入船底层距船首最近的1号前舱、船桥首部的2号船舱及船桥尾部的3号后舱。这3个船舱的空间非常狭窄，空气混浊闷热，所有人都要肩并肩地拥挤坐在一起，无法同时躺下来休息。

26日下午，轮换返国的日军官兵与伤员共778人，也登上"里斯本丸"号，进驻船前部甲板上的好舱位。日军从香港等地掠夺来的大量布匹、食品、火炮及其他军用物资和贵重民用物品，也陆续运上该船。

27日，"里斯本丸"号驶离香港深水埗码头，开往日本。当时，美军潜艇不时在中国与日本之间的海域游弋，袭击来往的日本船只，主要运载英军战俘的"里斯本丸"号却未悬挂相关旗帜或者明显标志，以提醒处于交战状况下的对手不要误伤该船，这就导致后来发生的悲剧。

9月30日深夜，明月当空，海面能见度良好。

两天前，美军太平洋舰队潜艇部队第81分队的"鲈鱼（USS Grouper）"号潜艇从珍珠港基地出发，潜伏到中国上海南部海域、浙江舟山群岛附近洋面，准备伏击日本船舰。

10月1日凌晨4时许，"鲈鱼"号潜艇的潜望镜发现一艘庞然大物正向日本方向驶去，细加观察，判明是日本的大型运输船只，于是决定继续跟踪，以便选择有利时机，将其击沉。

这艘庞然大物正是途经此处的"里斯本丸"号。

当天早上7时4分，"鲈鱼"号接连发射4枚鱼雷，其中最后一枚鱼雷击中"里斯本丸"号的燃料舱。

"里斯本丸"号向右打转50°，被迫停驶，再也无法前进。船上日军一面仓促挂起请勿攻击的旗帜，一面向潜艇所在水域开炮还击。

"鲈鱼"号转至"里斯本丸"号的右舷，锲而不舍地寻找战机，再度于8时45分和9时38分，各发射一枚鱼雷。

这时，日军一架轻型轰炸机赶来，向"鲈鱼"号投掷深水炸弹，最终迫使"鲈鱼"号停止攻击行动。

当天下午，日本海军驱逐舰"黑潮（Kure）"号赶来，将"里斯本丸"号搭载的部分日军官兵及伤员转移到舰上。随后，日本运输船"丰国丸（Toyokuni Maru）"号也赶到，救上乘坐"里斯本丸"号的其余日军，只留下押送战俘的25名卫兵和船上77名船员，并设法把"里斯本丸"号拖到浅水区。

为了防止关押在船舱里的英国被俘人员骚动，日军决定全部关闭舱盖口。当晚9时左右，船上所有舱口盖都紧紧压上钉条，蒙上防水布，并用绳索捆绑住。船舱内漆黑一团，再无新鲜空气流通，英国被俘人员危在旦夕。

10月2日拂晓，海水开始涌入"里斯本丸"号，船身明显左右摇晃，即使依靠拖缆也无法抵达浅水安全区域。

上午8时10分，"里斯本丸"号即将下沉。日军运输船派出救生艇，带走"里斯本丸"号的船员和大部分卫兵，只留下六七名卫兵在甲板上监视舱下被俘人员。

9时许，"里斯本丸"号大幅度摇摆，即将下沉。被困在船舱里的英军战俘奋力打开一个舱盖，派出谈判代表，要求离船逃生，却被船上卫兵开枪射杀。

随后，日军完全撤走卫兵，解开原来牵拉"里斯本丸"号的拖缆，完全放弃该船。

在最后一次晃动之后，"里斯本丸"号的船尾迅速下沉。海水很快灌进下舱，3号舱里的英国被俘人员集体遇难。1号舱和2号舱的被俘人员不顾一切地冲上甲板，纷纷跳入大海逃生。

附近大小舰船上的日军不但不出手援救，反而用机枪、步枪射杀落水的英国被俘人员。有些被俘人员侥幸爬上日军舰船原来垂挂的登船绳索，竟然也被日军踢下海，再加以射杀。

当天中午，就在日军对海上英战俘大开杀戒之后，附近舟山群

正在沉没的"里斯本丸"号

岛最东端的定海县东极乡青浜岛和庙子湖岛的中国渔民，发现海面上有数百人漂流，在狂风中挣扎。鉴于情势严重、人命关天，岛上几位父老紧急商议，随即动员全部渔户，出动数十艘渔船，往返打捞营救海上落难者。

营救持续到当天深夜，两岛渔民总共从海中捞救起384名落难者。

事后，东极乡乡公所向定海县政府报告说：

> 捞救至午夜止，历时十二小时，结果先后数次往返，共救得二百七十八人（内西福山六十二人），合计共救得三百八十四人。庙子湖救回落难者分住各渔户家中，青浜山救回落难者则住天后宫。两岛居民目睹落难者不仅单衣淋湿，甚有赤体者多人惨状，自动分赠衣衫、棉袄，供献滚水、饭食并为之安宿。当因彼此言语隔膜，底蕴难详，复经赵筱如、唐为良、许毓嵩（已故）等分向落难者加以慰劳，该受难人中有以"香港英国人"五华字出示，始才得其梗概。

岛上几位父老得知从海上捞救起来的受难者是来自香港的英国战俘，"漏夜紧急会议，以既是盟国战俘而遇难，应速送往内地政府，援助归国，又以交通窒塞，万一被敌方得闻，问题实乃重大。直至三日天晓，尚未议决"。

青浜岛和庙子湖岛处于日军海上封锁范围之内，岛上父老们一下子想不出将384名英战俘安全运送到国军控制区的办法。

10月3日天亮时分，就在岛上渔民无计可施之际，日军5艘舰艇分别开到青浜岛和庙子湖岛，200多名日军随即登岛，挨家挨户搜捕脱险不久的英战俘。情势危急，青浜岛渔民唐为良、许毓嵩等人只好决定先将英战俘中的为首者伊文斯、詹姆斯顿、法伦斯等3人送到后山小湾洞隐藏起来。青年渔民翁阿川自告奋勇，带领这3人前往躲避，并负责照料饮食与安全。当天下午2时，日军将缉捕到的381名英战俘押解上船，随后经由上海，押往日本，充当苦役。

10月4日至7日，日军舰艇继续在青浜岛和庙子湖岛附近海面巡弋，直到同月8日才不见踪影。

10月9日，青浜岛渔民将匿藏3名英战俘的消息，通知在邻近葫芦岛上隶属国军地方游击队的定海县抗敌自卫第4大队的副大队长缪凯运。缪凯运随即派船将3名英战俘护送至较为安全的葫芦岛，然后转送到宁波郭巨甘露庵第4大队驻地，交由第4大队大队长王继能继续护送转运。3名英战俘最终辗转由国军护送到重庆，向英国驻华大使馆报到，重新分配工作。

3名英战俘获救后与定海县游击队合影

抗日战争与太平洋战争胜利之后，英国政府决定答谢中国舟山渔民冒险拯救英国战俘的义举。1948年4月12日，英国驻华大使致函中国国民政府外交部，表示英国政府为了答谢这种慷慨勇敢的行为，决定拨出专门款项，赠送这些渔民。

1949年2月17日下午3时，香港政府在皇后码头举行答谢中国渔民英勇营救英战俘仪式，香港军政要员和社会名流100余人出席。港督葛量洪亲自宣读嘉奖词，表彰青浜岛渔民冒险营救英战俘的壮举。随后，宣布给渔民颁奖。

第一批获奖者是渔民康志华和单叔芳两家的家属，每家发给港币477元。这两名渔民因救助英战俘，被日军报复杀害。

第二批获奖者是唐为良和翁阿川，每人发给港币477元，另由联军最高统帅各颁给奖状，表彰他们在1942年10月3日至8日，不为敌人所慑，甘冒自身生命危险，收容战俘3名。

第三批获奖者是王继能，发给港币1272元，另由联军最高统帅颁给奖状，表彰他冒自身生命危险，一连6日，收容战俘3名，赠衣馈食，并以帆船渡其过海，再以肩舆送其到"自由中国"。

最后，香港政府向青浜岛渔民赠送一艘价值16000港元的机动渔船"海安"号，港督亲自将渔船的证照授予渔民代表胡栋林。

次日，香港《大公报》报道香港政府答谢中国渔民的消息，标题是：《重现中英战时盟谊，皇后码头港督赠船》。

香港政府赠送给青浜岛渔民的"海安"号渔船

第四章
地火潜行

1945 年东江纵队港九独立大队在香港边界活动

三年零八个月的苦难

1941 年 12 月 25 日圣诞节，香港沦陷。

这是从天堂到地狱的沦陷。

从此，"东方明珠"沦陷在日占时期三年零八个月的苦难之中。

苦难是以血腥屠杀开始的。

早在这年 9 月 12 日，刚刚冲入九龙城区的日军第 230 联队多田中队，就在十字路口架起两门 37 毫米的速射炮，向着涌上街头寻找食物和饮水的数万名手无寸铁的平民百姓开火。

横尸城区，血流街衢，就是日军占领港九城区的入城式。

在港岛，日本占领军所到之处，同样恣意开枪扫射，射杀中外居民，男女老幼，无一幸免。

12 月 22 日晚上 7 时，日军先头部队洗劫蓝塘道中国国民政府交通部驻港官员寓所，交通部驻港要员谢奋程、汪仲长、邹越、石寿颐及寓所男女众人均遭杀害，仅余麦佐卫一个幸得脱险。邹越是国民党元老邹鲁第三子，邹鲁的次子也在九龙塘寓所被日军杀害。

12 月 25 日下午，日军冲入设在赤柱圣士提反中学的英军伤兵医院，大肆屠杀那里的近 200 名英、加伤兵和战俘，有七八名女护士遭到奸杀。

在场目睹惨况的加拿大随军牧师巴莱特，战后在东京国际战犯审判法庭上作证说：

我们到了医院之后约一小时，日本兵便把我们赶到一间较小的房间里。到那时为止，护士们还和我们在一起。但是当我们从储物室迁到这间较小的房间时，护士被带走了。我看到其中一位护士被一名日兵用钢盔猛击头部，用皮靴来踢，并且掌掴。那间较小的房间一共有九十个人，有些是职员，有些是伤兵。

我们在这间房里待了一会儿，一名日兵出现在门口。他叫我们举起手，把我戴着的手表、戒指以及口袋里的一些钱都拿走了。几分钟后，又进来一名日本兵，他拖走了两名英军。他们出去后不久，我便听到走廊里传来了惨叫的声音。

第二天，我在医院巡视一周，那情形可怕极了。我发现上一天从房间里拖出去的两名英兵，身体已被肢解，耳朵、舌头、鼻子都被割掉，眼珠也挖去。大约有七十名伤兵在病床上被用刀刺毙，更多的人受到重伤。这些人没有一个拥有武器，而这所医院也不接近战区，附近并没有武装部队或阵地。我发现伤兵医院院长和他副官的尸体，也都残缺不全。

我很担心那几位被拖走的女护士。那天早上，我看到其中四个向我们走来，她们经历了一个无法形容的可怕的晚上。她们都被日兵强奸了。其中一位对我说，日兵叫她躺在两具尸体上，然后几个日兵轮奸了她。

我们还没有看到其他三位护士。后来，一位护士跑来跟我说，有一个日本兵要她跟他到外面去，她请我陪他一块去。我答应了，并且还叫了一位军警跟我们一道去。在医院外面的草堆中，我们找到了那三位护士的尸体。其中，一个护士的头颅差不多被砍断了。

我开始组成掩埋队，但是日军不许我们掩埋。他们当着我们的面，生起一堆火，将医院周围所有的尸体都焚化。我点了一下，一共有一百七十具尸体，其中有些是伤兵医院的工作人员，有些是附近地方的居民。

肆无忌惮的大屠杀给日本占领军的太阳旗染上浓烈的血腥味。征服者正是要在血腥味中建立起新的军事殖民政权。

1941 年 12 月 28 日，日军在弥敦道举行入城巡游

　　1942 年 1 月 10 日，日军在半岛酒店举行盛大的午餐会，胁迫香港沦陷后一直被软禁的 133 名华人名流参加。华南日军司令官酒井隆到会发表演说，声称日军进攻香港，皆在推翻英国殖民统治，并非针对居港华人；中日同文同种，应当"亲善合作"，促进"大东亚共荣"。他要求与会华人名流组成协助其统治的汉奸组织，尽量帮助"皇军"稳定社会秩序。

　　2 月 20 日，东京正式宣布香港为日本占领地，成立占领地总督部，任命陆军中将矶谷廉介为总督，平野茂为副总督。总督部行政中心从半岛酒店迁到汇丰银行大厦。

　　日本占领地总督部是日军在香港实行军事殖民地统治、总揽全港军政大权的专制机构。总督部成立后，将港岛划分为 12 个区，九龙划分为 10 个区，新界划分为 7 个区。每区设正、副区长各一人，负责一般民政事宜；另设地区事务所，任命日本人为所长，统辖一切。

　　同年 12 月，日军胁迫香港华商名流组成的"新生委员会"宣告成立。这是驻港日军据以标榜"中日亲善"、"代达民意"的一个准汉奸组织，由香港 12 名著名华商组成，主席为罗旭和，副主席为周寿臣。

此后，为了标榜"中日亲善"，总督部撤销"新生委员会"，另外成立华人代表局（又称"华人代表会"）和华人合作局（又称"华民协议会"），作为"传达民意"以供总督部咨询的准汉奸组织。参与其事者有罗旭和、周寿臣、刘铁城、李子方、陈廉伯等香港华人富商。

矶谷廉介像

这里，不妨插入这些富商型的准汉奸们的一二嘴脸。

之所以称之为"准汉奸"，是因为他们即便投靠日本人，也一直没有获得如同内地汪伪汉奸那样的军政权力，因而也没有犯下如同汪伪汉奸那样罄竹难书的罪行。倘若汉奸也可分档次的话，他们显然比汪伪正牌汉奸稍逊一筹。

罗旭和就是这样的准汉奸。

香港沦陷前，他是获得英国爵士荣衔的行政局议员，主持旭和洋行业务。他明里召集香港绅商成立"香港善后救济会"，赈济从内地逃难到香港的饥民；暗里却以此团体主席的名义，和日本在港的商业特务勾结，准备向日军投降。香港沦陷后，罗旭和率先在华人行中打出汉奸旗号，相继出任"新生委员会"、"华人代表局"主席，为日军在港建立军事殖民政权效力，同时依仗权势牟取商业权益。

1945年8月日本战败投降，打破了罗旭和弃英投日以保荣华富贵的美梦。同年9月港英政府恢复统治香港之后，罗旭和被撤销战前担任的行政局议员和东华三院董事局永远顾问等职，永不录用。两年后，他家境破败，最后贫病而死。

陈廉伯也是这样的准汉奸。

早在1924年10月，陈廉伯曾以广东全省商团公所总长的名义，在广州发动商团叛乱，反对孙中山与广东革命政府，失败后逃港隐居。其后据说猜中赛马彩票，又成巨富，重出商坛，出任南洋兄弟烟草公司监理、香港东华医院总理等职。

香港沦陷后，陈廉伯欣然投敌，改换门庭，企图乘机在政坛上东山再起。

他最终还是打错算盘。

1945 年日本投降前夕，陈廉伯坐船逃离香港，在前往澳门途中，船遇空袭，中弹沉没。陈廉伯落水后，因随行爱妾腰缠重金，便拼命前往救援，结果两人均沉没水底。

罗、陈等富商大贾原想充当汉奸以保全身家性命，结果都适得其反。

香港占领地总督部的成立，使日军在香港拥有完整的屠杀、掠夺和奴役香港中外籍居民的法西斯专政机器。

日军占领香港之后，随即以软硬兼施的手段，推行"归乡"政策，"疏散人口"，强行将战前逃难到香港的大批华人迅速遣散回中国内地，以减轻香港占领地总督部的"负担"。

1941 年 3 月中旬，港英政府防空管理处曾对当时港九人口做过最后一次调查。其统计数字是：港九地区人口共 144.4337 万人，其中华人有 142.0629 万人，其余为外籍人士。如果加上新界地区居民人数，则战前香港人口接近 200 万人。

然而，到 1943 年 1 月 20 日，东京方面公布香港占领地总督部的统计称，到 1942 年 12 月，香港地区总人口为 98.3512 万人，其中华人有 97.2146 万人，日本人有 4002 人，其余为外籍人士。香港总督矶谷廉介同时宣称：总督部计划将香港人口再减少 30 万人，因为香港时下的工作和住房只能满足 70 万人的需要。

这意味着，香港沦陷之后的一年间，就有将近 100 万人被日军驱逐出香港。而且，日军还要对留港居民进行再"疏散"。

在"疏散"数字的背后，谁能数得清发生过的惨剧和灾难！

与"疏散人口"结伴而行的是"人口清查"。"清查"往往以入屋劫掠、当街杀人的武力形式而进行。叶德伟等人编著的《香港沦陷史》一书有如下的叙述：

> 乘着军车的日本鬼子，这时便开始站在人们的面前。
>
> 一个日军队长，跟着几个日兵，还有个翻译，成为一组，到了每一户，便喝叫："户主的有？"
>
> 作为户主的家长不得不应了一声，站了出来。
>
> 日寇打开了一本"户籍册"，叫着一个一个人的名字，被叫的人要大声回答。点齐了人数，是相符的，这批日军便入屋搜查，名为防止有人藏匿，实际上是翻箱倒柜，甚至挑开抽屉，把稍为贵重一点的东西，劫掠而去。
>
> 无辜的平民随时被杀的场景屡屡出现：
>
> 有一家人，因为一个老太婆是瘫痪了的，不能走动，这家人以为这样的病人不用在门口站立，便没有同她下来。不料日军进屋看见了，硬把这老人家拖出来，从楼梯摔到街上。老太婆已经风烛残年，又身患重病，当场死亡。
>
> 又有一家人，有个孕妇，刚生下孩子，不能行动，躺在床上。丧尽人性的日本鬼子，也把她架起来，扔到街上。这个不幸的女人死了，连初生的婴儿，也遭到虐杀。
>
> 有些人家，因为有一家庭成员没有赶得及回来，点名时不在，便为日寇指为抗日分子，全家人拉去刑讯，吊起来毒打，夹手指，灌辣椒水，妇女还被凌辱，造成许多家破人亡的惨剧。
>
> 在清查期间，有些人不慎，误过马路，被日军看到了，举手就是一枪，当场死在路上。
>
> 类似事例，不胜枚举。据不完全的统计，在"清查"中，被杀害和被捕失踪的达 2000 人以上。

日本占领军俨然成为香港人生命的主宰。他们随意宰杀香港平民，也随意奸淫香港妇女。

每到半夜，酒气熏天的占领者们就三五成群，跌跌撞撞，在大街小巷拍打着民居房门，叫嚷着"花姑娘的干活"。

女人们四处躲藏。日本兵的手电筒光像豺狼的眼睛一样在黑夜中闪闪发亮，令人不寒而栗。他们一旦猎取到女人，就立即拖走、强奸。

许多女人被强暴，从十来岁的女孩到60岁的老妇，均难幸免，有些甚至遭受多名日本士兵的轮奸。

唐海在《香港沦陷记》一文中记叙道：

> 我听见几个女人们说过，她们不怕炸弹和机关枪，因为碰上了它，干脆的死掉就是。她们最怕是敌兵的电筒和使人胆寒的敲门声，甚至一听到沉重的皮鞋声，女人们就神经质地跳起来，赶紧藏到预先设法隐藏的地方去。有些敌兵是很俏皮的，他在白天看好了这个房子里有女人进去，或者他装着没有什么目的的突然撞进屋里来，给他发现了女人以后，晚上就一定来敲门。敲开了门以后，他的搜索也特别仔细和起劲。

> 毫无抵抗力量的无数市民们，想出了一个消极防御办法：每一条街、每一幢房子的每一层楼，都预先商定，任何一家碰到敌兵来敲门时，一面装着不理会，另一面就即刻敲起铜锣，或者面盆、洋油桶以及一切能够发出声音的东西。这一家敲了以后，那一家立刻响应，于是一家跟着一家，要不了多久，整条街上都发狂一般地响起铜锣、洋油桶、面盆、碗碰碗的各种声音了。天翻地覆地闹着，使来找寻女人的敌兵，感到心寒而不敢再来找事。另一面，第一家发出的锣声，也警告了其他的人家，知道万恶的敌兵又来了，女人们应该赶快地躲了起来。

为了便于日军官兵泄欲，总督部于1942年8月宣布在湾仔大佛口骆克道营建"慰安区"。出动军警，强占160间平民楼宇，诱胁数百名中外妇女充当军妓。此外，日军还在九龙旺角弥敦道设有"慰安所"。一些汉奸也自设"慰安所"，迫使华人女子充当日军泄欲的工具。日军高级将佐则以设在半山区坚尼地道的"千岁馆"作为专用的妓院。

广设军用妓寨"慰安区（所）"之风，甚至差点危及庄严神圣的教堂。建筑堂皇的九龙城浸信会因属"敌产"，被驻港日军计划改作"慰安所"。此事之无耻，令管辖香港日军的第23军参谋长也勃然大怒，愤然制止说："若要把教堂改作妓院，倒不如烧掉它，反而更体面。"

既要当嫖客，又要顾"体面"，这就是大日本"皇军"的"武士道"精神。

相对于屠杀、奸淫之类的暴行来说，日军在香港对财富的掠夺似乎"体面"一些。

香港原本是大英帝国在远东的"聚宝盆"，这里聚积的金钱和物资价值当数以亿计。日军占领香港之后，便以接收"敌产"为由，堂堂皇皇地将"聚宝盆"里缴获到的金银财宝和大量战略物资运往日本。

亲眼在港目睹这一情景的内地文化名人萨空了，在事后出版的《香港沦陷日记》中写道：

> 连日敌人将米以及其他物资自港地他运一事，已引起香港民众的恐慌。这几天港海内停泊的运输船，今天（即1942年1月14日）数过一次，多至三十艘以上。这几天为了运走在港掠得的物资，敌寇强迫拉去作搬夫的劳动者为数极多。这些人也就是宣传他们搬走物资的有力证人。

据说，香港占领地副总督平野茂离开东京赴任之前，日本总理大臣兼陆军大臣曾打电话给他，就日军在港掠夺财富及对待战俘问题作出如下指示：

> 一、香港是英国囤有大量物资的地方，但是英国人巧妙地收藏起来，日军必须对这些物资进行彻底搜查，并立即运回日本。

二、对待敌军俘虏不可宽容，不许给予良好食物，只能维持他们不致饿死的待遇。

三、对于收容集中营的外侨，不得让他们夫妇同居，应特别禁闭。

掠夺占领地的财富，其实是自然资源贫乏的日本在第二次世界大战期间实行"以战养战"的国策。1942年2月12日，东京大本营联席会就提出要以"日本、满洲、中国及西南太平洋地区为帝国'资源圈'，澳洲、印度等地为'补给圈'"的战略方针，制订在占领地区掠夺资源的15年计划。

香港总督部忠实执行这一计划，并给日军掠夺香港财富的行动披上"合法"的外衣。1942年4月11日，总督矶谷廉介授权日本横滨正金银行清算已属"敌产"的香港汇丰、渣打、有利、华比等四大银行的资产；授权台湾银行清算万国、宝通、大通、美国运通、友邦、安达、荷兰小公等银行在港资产。此后，中央银行、广东银行等四家华资银行也被作为"敌产"清算，另有九家华资银行被迫关闭。

同年7月20日，总督部颁布《在库货物所有权申告条例》。通过制定《仓库法》，对储存在远东的最大货物仓库——九龙仓里的中外公私财产货物，进行"合法"的大劫（接）收。其总值达当时币值10余亿日元以上。

其中，日军将从港九仓库中劫收到的大量鸦片运到汇丰银行一楼，占地100多平方米，堆高4米。日军将这些鸦片贩运走私，从中牟取暴利，毒害中国人。

日军在香港掠夺公、私各种汽车2万多辆，大部分运往中国内地，供日军使用。另有3000辆交给日本的一家自动车会社，将发动机拆下，改装到木船上，作机帆船使用，在华南沿海运输货物。

战争后期，驻港日军搜刮日急，竟连港岛各处原来设立的纪念铜像，也都一股脑儿地劫运回日本。其中，包括坐落在皇后广场的英国维多利亚女王铜像、汇丰银行总行门前的一对铜狮等。战后，经英国政府向日本政府交涉，日本才将维多利亚女王铜像和汇丰银行的一对铜狮归还香港。其余铜像则多在战时被熔炼作军用了。

日军对占领地敲骨吸髓般的掠夺，是强迫被占领地居民使用"军用手票"。这种掠夺方式进一步加深了香港的苦难。

所谓"军用手票"（简称"军票"），是日军在占领地强制发行的毫无储备的特殊"纸币"，是日军对占领地进行经济、金融掠夺的工具。

1941年12月26日，日军在占领香港之后立即宣布：日军使用的军用手票为香港合法货币，军票一元即可兑换港币

准备运往日本的断手维多利亚女王像

日军在占领地强迫使用的军票

二元，军票与港币可以同时使用。这意味着香港居民手中的港币凭空贬值一半。

1942年7月23日，香港总督部颁布《通货兑换规程》，宣布将军票与港币的比率改为1:4，即一元军票可兑换四元港币，并指定港九军票兑换场所。全港居民的钱财凭空亏蚀四分之三，日军则可凭军票巧取豪夺。

1943年6月30日，总督部进而宣布禁止使用港币，限令香港居民在规定时期内将存有港币全部兑换为军票，违者严惩。日军

还不时搜查民居，如发现藏有港币者，就施以酷刑。

日军以本来不值一文的军票，强行兑换原来颇为坚挺的港币，等于用废纸去换取香港居民的钱囊。他们再用装满港币的钱囊，到澳门等地购买各类物资，供己享用。

到1944年年底，日军在香港发行军票3亿多元。次年8月，剧增至20亿元。日本投降后，这些军票顿时成为废纸，害得被迫手持军票的香港居民再次倾家荡产。

20多年后，仍然持有军票这一日军经济掠夺罪证的香港居民，于1968年成立"香港索偿委员会"，不断要求日本政府赔偿军票对香港居民造成的经济损失。该委员会登记持有军票的会员共2600余人，涉及款项总额达5.3亿元。

但是，日本政府从未答应作出任何赔偿。

香港军票索偿问题至今仍然成为有待解决的日占香港历史遗留问题。

日军占领的香港，是人间的地狱。

监禁战俘的集中营，是魔鬼肆虐的阎罗殿。

日军将英军战俘囚禁在七姊妹、深水埗、亚皆老街等三处集中营，将印度籍战俘囚禁在马头涌集中营，将原港英政府的文职人员、平民、妇孺囚禁在赤柱集中营。起初，日军对集中营的监管不太严厉，后来发现不时有战俘逃往"自由中国"，并且与"英军服务团"联络，策划更大的逃亡，便加紧对集中营的监控。

集中营制定严苛的规则，规定对企图逃亡或逃亡后被捕的战俘一律处以酷刑乃至处决，不少战俘因此丧命。

看守集中营的日军还随心所欲地制定各种规则，作为借故毒打和虐待战俘的理由。例如：突然截查战俘的手指甲，凡指甲下有污垢者，就被视为违反卫生规则，施以处罚；天黑后突击检查战俘住处，发现衣扣没完全扣上者，就拳打脚踢，以作为对"衣冠不整"者的处罚；夜间如厕的军官级战俘必须向日军哨兵行礼，否则罚站一刻钟，双手还要举起一桶水，等等。

日军对出现战俘逃亡的集中营实行残酷的连坐惩罚制度。曾经有全营战俘因此被罚在烈日之下暴晒一整天，不少人中暑倒毙。战争后期，日军还密令各集中营，如遭遇盟军反击，就要将营内战俘全部处死；如营内出现骚乱或逃亡，看守士兵都可以开枪射杀战俘，以免俘虏逃逸。此项密令在集中营内广泛流传，使俘虏们终日处在死亡的威胁之中。

1945 年赤柱集中营的外籍俘虏

战后，当年的一名战俘夏理斯对记者说，集中营的生活十分艰苦和恐怖，但是他最难忘的是经常给集中营运送食物和补给品的四名华人司机。他们将外界的消息传进集中营，他则将集中营里的消息写在纸条上，用螺钉将纸条拧进货车上的螺旋孔中。华人司机将货车开出集中营之后，便取出纸条，交给秘密交通站。后来，这四名华人司机被日军逮捕，壮烈牺牲。

当时，香港不少华人各自以不同的方式，主动承担西人战俘集中营与外界联络的任务。一些人还积极参与营救战俘逃出集中营的工作。他们义无反顾地默默奉献，甚至不惜流血牺牲，以保全西人战俘的生命。只可惜，秘密交通线的英名录中没有记下他们的真实姓名，以致我们对这些无名英雄知之甚少。我们只知道，正是依靠勇敢的香港华人充当秘密联络员，地狱般的战俘集中营才不至于与世隔绝，营内的战俘才能不时了解外界的变化，从而唤起生存的希望。

日军在占领香港之初，便将香港库存的 95 万担大米，运走 80 万担，作为军用。随着战争在中国和东南亚地区持续进行，历来依靠这些地区供给大米等生活必需品的香港，越来越呈现粮食短缺的危机。尽管日军在占领香港之后，便厉行"疏散"人口，将居留香港将近一半的华人遣返中国内地，以减轻香港的吃粮压力，但是到 1942 年 12 月，香港总人口仍有 98 万多人，穿越各地战区运抵香港的大米有减无增，香港粮食短缺的危机日趋严重。日本驻港当局于是强行在港推行粮食配给制度。

日军占领香港初期，规定每人每日限量配售大米 6 两 4 钱。1943 年 2 月以后，又将限量缩至每人每月配售糙米 12 斤、面粉 6 两。折算平均每日定量为糙米 4 两，比先前定量约减少 3 成，配售价格却上涨一倍。

这一定量，对有钱购买者来说已不敷糊口，对无钱购买者来说则恍如画饼充饥，香港因而成为饿莩的世界。身陷其境的香港养和医院院长李树芬，在事后出版的回忆录《香港外科医生》一书中，记述"市区出现的可怜的景象"说：

> 一群群的饥民，追逐日军运米的车辆，以拾取车中震动下来的米——那是以粒米计算的米。也有濒死的人抢掠运输中的米粮，他们已饿到浑身无力，抢劫的企图很难达到目的。而守在车上的日军，无情地开枪射击，抓到一把米而死去的人有之，还没抓到米就死去的人也不少。这个时期，到医院求治黄肿病的人很多，这种病是因缺乏维生素 B 引起。米粮缺乏，自是致病的主因。

这种惨况，最终酿成人吃人的悲剧。

直到 1945 年 8 月 9 日，即日本宣布投降之前不到一个星期，香港报章仍刊登此类屡见不鲜的人吃人的"本港新闻"：

> 第三宗刘星、蓝洁文夫妇二人，住青山区（注：即深水埗）北河街二十号二阶（注：即二楼）。刘三十七岁，竹笼业；蓝二十七岁，无职业。二日下午三时，二人往青山区南昌街，发现一遗弃男子尸体，即移返家中煮食。翌日又宰一尸体，将三分之一煮食，再将二分之一在大角区（即旺角）上海街龙珠酒家附近贩卖。

日占香港期间担任香港基督教总会顾问的日本牧师鲛岛盛隆，在事后所著《香港回想记》中，也曾记述当时耳闻目睹的人吃人的惨剧：

> 正当每人都受到饥饿的折磨时，我听到一种难以置信的可怖谣言：有些中国穷人，饿到搜捕犬、猫或鼠类充饥，甚至还吃人肉。路旁摊贩锅中煮沸的肉，说不定就是人肉呢！我偶然看到街上一个男人，细心地在剔除老鼠体毛，心中惊骇异常。

> 某晨突然发生一事，恰似有意为这谣言增添声色一般：一具被残忍地削去皮肉的婴儿尸体，遗弃在迎宾馆庭隅。接到某人来报，我们都奔到庭院，看到这具惨不忍睹的尸体，都觉得毛骨悚然，馆内妇女们面色苍白地奔回自己房间。

> 我们为处置这尸体感到手足无措，馆内住客怕受连累，所以保持缄默。此处负责人 Harth 氏也是忌惮日后会与宪兵队打交道，强作镇定不理。我无可奈何代替 Harth 申报宪兵队，并乞其指示。宪兵队不予理会，只说：一具小孩尸体，也值得小题大做，一一照料吗？你们适当处理也就算了。

> 只好等到黄昏，央求巡回街上专责殓收尸体的人员，将它搬上搬运车。此后仍然在迎宾馆庭院发生了一两次类似事件，但每次都不曾认真地缉捕犯人，只是不了了之。饥饿的恐怖，人到了饥饿极点的时候，真是无事不敢为！我对这事，没有比

现在更痛切深刻的时候。

香港吃人惨剧的发生和延续，是日本发动惨绝人寰的侵略战争所造成的恶果之一。

在今天，需要"更痛切深刻"地反省的，应该是曾经将种种战争恶果加诸亚洲、太平洋地区的日本人。

胡文虎何事赴东京

香港长期缺粮，不仅会令在港华人成为饿殍，也会使在港日军有食不果腹之虞，这都不利于日本当局在港推行"中日亲善"计划。于是，日方决定特许个别在港著名华人富商到缅甸、泰国、越南等东南亚国家购买大米，运销香港，以解决该地军民的缺粮问题。获得特许者可以在其运米船只上悬挂日本国旗，以便通过日军海陆封锁线，条件是运抵香港的大米，要分一半给日军享用，还要从事日军特许的对华走私活动。有"万金油大王"之称的著名富商胡文虎便在此类特许的首选者之列。

胡文虎是出生于缅甸的一位香港华人富商，祖籍福建省永定县。其父胡子钦于19世纪60年代只身到缅甸谋生，后来开了一家小药店，名叫"安堂国医行"。胡文虎从14岁起，开始帮助父亲经营药店。父亲死后，他在兄弟胡文豹协助下继续经营药业，重金聘请中西医师，利用中缅传统药方，创制出以老虎图案为商标的万金油等常用、实效的药品，畅销中国和东南亚各地，其事业遂蒸蒸日上，从而赢得"万金油大王"的称号。

胡文虎还以其经济实力，在中国和东南亚国家创办起著名的"星系"报纸系列。从1929年《星洲日报》创办，到1951年的20多年间，他分别在香港创办《星岛日报》，在广州办有《星粤日报》，在汕头办有《星华日报》，在福州办有《星闽日报》，在东南亚地区办有《星中日报》《星槟日报》等报纸。

抗日战争开始后，胡文虎以在港侨领身份，带头捐款捐药，支持祖国抗战，救济逃港难民。日军占领香港之后，一度将胡文虎等在港名流羁禁在半岛酒店，诱迫他们出面组织"新生委员会"之类的汉奸组织，带领港人向日军"亲善"。胡文虎辞以"在商言商，不问政治"，始终不肯在汉奸组织里任职，日本在港当局便将其软禁起来。

1943 年仲夏，胡文虎忽然从位于港岛铜锣湾大坑道的"虎豹别墅"失踪。待到一个月后他重新出现在香港时，人们才知道原来他是应邀秘密去日寇的巢穴——东京，与敌酋东条英机晤谈，随后又走访上海、广州等日占区。褒贬不一的各种议论顿时沸沸扬扬。

胡文虎像

初冬时分，胡文虎在香港《香岛日报》（即原《星岛日报》，因接受日本监管而改名）上，发表《何事赴东京》一文，试图作自辩和解释。该文称：

三月前，余离港赴东京，旋经上海、广州，近返香港。亲友知交及一般关心时事者，咸来问讯，多询余何事赴东京。一若外间有种种臆测，未尽与事实相符。一一作答，颇费唇舌，乃草此文，作总答复：

今秋有日本有力人士，游虎豹别墅，殷殷垂问余过去从事慈善事业经纬，及今后之所志。余以既往贡献社会极微，尚未实现理想十之一。甚以为歉。今尤不能释于怀者，中国各地民众战时困于粮食。缅甸、泰国、安南，皆在日军控制下，三地盛产米，现无销路，甚或投诸海，苟能出此有余之粮，运往各地，米价自跌。纵不举办平粜，民众藉以救济者，当不知凡几。日本当局对此，如予同情，一经划诺，可活无数饿莩也。该有力人士闻言，颇以为是。返日后，即转述余意于当局。后复来港，谓："先生救济中国民食恐慌之宏愿，甚为敬佩，可否请驾赴东京一行？"余因事关民食问题，乃慨然乘船前往。东京首相殆以余为救济民食恐慌而来，特款余于迎宾馆。居留匝月，商谈要旨如下：

（一）关于救济中国民食恐慌问题。东条首相允拨仰光白米，无代价归余运往各地，实行救济。此事遂行，民食无忧，受其惠者，每饭不忘。至于运输问题，苦无船舶，现正商请有关方面负责与当局协商，并期早日助成之。

（二）关于华侨爱国分子之自由问题。余曾率直向东条首相慨乎言之：南洋各地爱国华侨，多数忠直有才干。中国人爱中国，为国民天职。至各地华侨产业，尚未揭封者，亦望从宽处理，此与恢复华侨商业，开发南洋资源，不无多少补助。首相对此，亦予采纳。

（三）关于华侨汇款安家问题。目前各地银行所订送金办法限制数目极少，收款方法，亦多与华侨平素习惯不甚相合。余曾提议集华侨资本筹办一银行，由华侨自己办理汇兑。在原则上首相亦加赞许。详细办法，自当与各地当局妥议商后实行。

（四）关于香港方面，就管见所及，过去多已贡献于总督阁下，亦曾向东条首相言及。归港后，正向当局条陈具体意见，请其实行。

关于第一问题，现仍在协商具体实施方案。一俟船只问题解决，余当趋赴南洋，商请各地当局，同时实现第二、第三两问题。现居香港，即以香港为中心，就有利于大众之事，脚踏实地，由近及远，尽力所能及，以求其实现。语云："登高者必自卑，行远者必自迩。"余服膺斯语，悬为座右铭。

上述为余赴东京之事实经过，外间或未全知，故此草及，以告大众。后此若有所问，恕不再答也。

据说此文稿发表前，日本新闻检查官坚持要加上对日本表示

"亲善"和"礼貌"的文句，才允许发表。《香岛日报》主管编辑只好在文中加上这么一些献媚的话语："感激之情，无以言喻，畅叙甚欢。""日本如以兄弟之情待中国，必不憎恶富有爱国思想之华侨；此爱国华侨亦必能发其爱护祖国之心，以爱东亚，望恢复彼等自由，助其将来为东亚全体努力。"此文发表后，沦陷区的日伪报纸纷纷转载，吹嘘胡文虎"幡然觉悟，倾向于和平救国旗帜，致力于和运之开拓"。

此文发表与东京之行，成为胡文虎一生中最招致非议的事件。日本投降后，新恢复的港英当局一度因胡文虎"在日侵时期有与日本首相东条英机合作之说，而禁止其自由行动"。后来，香港新闻界刊文陈情，港英当局才解除对胡文虎的禁令。

然而，胡文虎到底何事去东京？这个问题从此成为难以定性的一桩历史疑案。

大约半个世纪之后，北京出版的《抗日战争研究》1993 年第 1 期刊登一篇文章，题为《论胡文虎在香港沦陷期间的大节——还胡文虎的历史真面目》。文章依据日本档案中的《东条内阁总理大臣机密记录》，对 1943 年 7 月 17 日 14 时至 15 时 30 分东条英机与胡文虎谈话的记录进行新的诠释，认为胡在此次谈话中，不但"没有丝毫'失节'，相反地表现出来的是爱国侨领的民族气节。因此，把胡文虎的'东京之行'说成'媚敌'，都是不符合历史实际的；怀疑他为'汉奸'或'准汉奸'，更是历史的误会"。

可是，该刊在同年第 2 期又发表一篇商榷文章，指出前文引用的档案译文"有不少差误和值得商榷之处，而这些或多或少地影响到作者一些论断的准确性"。

显然，问题的关键在于将东条英机与胡文虎会谈记录的准确的中文译文公之于众。下面，就是近年发现收录于《东条内阁总理大臣机密记录》中的《东条英机、胡文虎会谈要旨》（记录稿）的权威中译文。尽管全文较长，我们仍愿全部转录，以便读者了解胡文虎与东条英机密谈的全部内容。

（开始，双方寒暄问候）

胡：目下，支那民生非常困难，蒋方、汪方皆同。而普通救济方法，已无法救之。予不欲中华民众再受更多的苦难。如得阁下指示解救之法，幸甚。

大臣：民生困难之事乃世界性之问题。而究其原因，实乃受正在扩大之大战争影响所致。但余亟愿在日支之间努力减少其影响，且对此甚为忧虑。久闻大名，深知阁下所抱之心志，故特邀阁下来京，商谈有关具体问题，聆听阁下高见。

从根本上说，只要战争结束了，上述问题当然也就解消了。诚如所知，目前支那已有一半的有识之士了解了帝国的真意，正在与帝国提携行事。由此可见，日支之间的战争原本就是兄弟阋墙之争。而日本与英美之间的战争是毁灭性的，不打垮对方不会结束，这二者之间有着本质的区别。我常在国会和其他场合讲，尽管我们与重庆政府目前尚处于战争状态，但仍可称为兄弟之间的争吵。如果重庆政府能认识到由于他们甘充英美的走卒，而自陷本国民众于涂炭之中，并对此有所悔悟，则日支战争明天即可结束。对帝国来说，大东亚战争乃是一场被迫进行的自存自卫的战争，同时也是为了东方各国各民族的解放战争。这场战争的目的之一，就是使各个民族各得其所。帝国对支那政策的基调亦即源出于此。想阁下对这点亦当十分清楚。我认为，日支间的战争问题，只要重庆方面能够理解到这一点，并有所反省，则战争问题自可迎刃而解。以上就是我的根本论点。在目前的形势下，我首先考虑的是尽一切手段，解决支那的民生问题。

胡：南洋华侨了解帝国的真意，对此表示感谢。但汪政权是依恃日本的力量支撑的，就其当前政治而论，似尚有值得考虑之处。即是说，现在上海的财界人追求金钱，南京的政治人也追求金钱，而广东政府又有任人唯亲之感，都没有充分体现日本的真意。民生极度困苦乃是实情，故深愿设法予以救助。

大臣：南京政府成立之日尚浅，譬之人生，不过三岁孩童，不可勉强与大人同样要求之。如要求南京政府在政治上完美无缺，实乃要求过于勉强。必须协力扶育，使之茁壮成长。又，采用有能之士为政府要员，乃世界之原则，广东政府之阵容，或许因袭了贵国的风习。总之，应该使之逐步改善此等不好之处。

阁下有关拯救民生之提案，实乃今天我想谈的主要着眼点。久闻支那民众生活极端穷困，致有饿死者。然缅甸有剩余大米，帝国为救助缅甸民众，已购进其大米，并予储存。帝国考虑到：一面缅甸有剩余大米，而另一面是支那民众为无米所困。我认为，为了确保在大东亚10亿民众的生活，必须设法善用之。我于此处发现了阁下的使命，想请您努力为之。

目前日本正处在战争之中，需要钨、棉花、桐油等战争物资，很想借助阁下之力，将以上物资从内地运出，日本无偿地以缅甸剩余的大米作为交换代价，以物易物。这样，支那民众就可得救。关于运输船舶事宜，只需您开动智慧，当可解决。支那像阁下这样的先知们如果站出来，肯定会有许多好方案，比日本亲自干效果要好得多。东方的道德观与西方的道德观原本就有很大的差异，尽管相互之间以武力相加，但使民众生活陷入困苦之境，却不是我们东方人的本意（举上杉、武田对阵之际赠盐及婆罗洲燕窝的故事为例）。对于南洋华侨，帝国的政策永远是希望得到你们的协助。如果华侨与帝国为敌，就毫不客气地镇压，这也是不得已之事。对南洋华侨的现状，不能不使我觉得如有物垫齿，难嚼难咽，不知阁下对此有何看法，希望直言不讳。当前最大的大事，一是支那民众的复苏，一是利导南洋华侨。此两点乃贵国民众之大问题，这两个问题是应该作为政治解决的事项。然作为阁下常念之大慈善事业，想必亦不会漠然置之，如何？

胡：华侨最富爱国之心，当初受英、美压迫，一心唯盼早日挣脱羁绊。满洲事变爆发之际，陈果夫逆用华侨爱国之心，曾向华侨募捐 20 万元，中饱私吞，予曾大加攻击，迫使其退余下之 3 万元。但以此为动机，导致民心转向抗日，直到大东亚战争发生。我想，如能释放现在被拘留的有力华侨中之良善者，加以教育训练，使其理解日本之真意，必有充分可利用之价值（胡举例说他是多么讨厌白色人种）。予自信有指导华侨之能力，之所以不曾向香港的英国总督屈膝，而向日本总督致意，皆因我等均是黄种人故也。大东亚战争爆发前夕，予赴南洋，被推举为一千二百万华侨之代表。予认为极有必要解救这些华侨。

大臣：予亦认华侨问题颇有研究之价值，希望通过阁下的努力，使一千二百万华侨协助大东亚战争达到目的。

胡：关于华侨问题，阁下尽可放心。

大臣：关于用缅甸剩余大米救济民众一事，阁下意见如何？

胡：予以为船舶问题尚在其次。首先需要考虑根本原则问题。日支间的战争，支那无论如何努力，亦无胜算，此点已很明了。但予希望贵国不要再继续进攻重庆。贵国如继续进攻支那，则即使运来缅甸大米，亦无法解决民生问题。如形势得以缓和，予将为与内地的物资交换而尽全力。

大臣：攻击与否，乃统帅上的问题。说不再继续攻击重庆，已非在此可言明之事。如重庆像现在这样把支那领土租与美国，使之轰炸日本占领地区法属印度支那，随英、美之后为非作歹，当然要彻底击灭之。关键在于蒋介石能否完全痛改前非，能否停止上述行动。又，关于钨等物资问题亦如此。予意并非要阁下与重庆谈，让他们拿出这些物资，只是想诉诸阁下的慈善之心，请阁下与朋友们谈谈，看可否实现。予目下完全没有请阁下作中间媒介，与蒋联络的考虑。

胡：获取内地的物资，是与贵国及蒋双方的势力都有关联的问题。如不在双方谅解之下实施，中途定会遇诸多障碍，难题殊多。此外尚有对英美的问题，实现起来相当困难。再者，恐怕要重庆方面立即转变也很不易，尚需时日。

大臣：依帝国所见，汪政府百分之百绝对不会受英美的欺蒙，而重庆方面却跟随英美，牺牲东方人的真正利益。两个政权已大相径庭。

胡：就予本人所见，在日本尚未采取现行政策以前，支那与英美携手亦有其不得已之理由。然而，时至今日，支那若得见贵国之新政策，其态度亦会改变。

大臣：近百年来，英美在东亚之所作所为究竟如何？自鸦片战争以来，英美不仅利用一切借口，榨取支那民众，且新加坡、菲律宾岛等悉为彼等所夺，已成为彼等称霸东方的据点。帝国身为东方盟主，自不能袖手旁观。支那事变之因，源出于此。大东亚战争亦不外源此崇高之精神。帝国精神始终如一，特别于此二三年中，已明确显示无遗。

胡：此点蒋介石亦知之，且必亦为此而痛恼。英美表面美其名曰援助，实则欲置支那于其重压之下。对于白种人的如此居心，支那民众知者匪鲜，此即支那民众的痛苦所在。

大臣：帝国过去亦并非曾未被英美甘言所惑，但现在已完全解脱了。蒋内心虽然有所了解，但他缺乏为支那民众及大东亚民族的利益而断然痛改前非的决心，诚为遗憾。而决断是最大的问题。即如前述，日支战争之本质与对英美战争的本质有根本区别。如帝国屈服于英美，则10亿东亚民众就会成为英美的奴隶。帝国决心战斗到最后一个人，不获全胜，绝不收兵。为何支那没有认识到这一根本之点呢？

胡：阁下的真意已充分了解，但愿为蒋开一进路，蒋目前进路已被堵绝。

大臣：帝国与蒋方虽为兄弟之争，但现在彼已完全成为帝

第
四
章

地
火
潜
行

国的敌人。蒋应首先悔悟前非，蒋如能来敝处认真交谈，了解帝国之真意，则一切均可解决。帝国与英美之间，则不会如此简单。关于日支间的关系，尚有从各种角度探讨的余地。关于这些根本性问题是否暂时搁置一下，现在我想听听阁下对用缅甸米救济民众之事是如何考虑的。

胡：阁下虽把与重庆的和平以及支那民众的生活救济分为两个问题，但在今天，本人却认为这二者实为一个问题。予乃华侨，不忍见民众继续痛苦如斯。予相信，如能将唤起华侨民众，使汪先生、蒋先生均能知此民意，就能将这两个问题作为一个问题解决。

大臣：理论上或许如此，但目前帝国全面支持汪政权，没有必要再与阁下议论此根本问题，而且在此也无法就此问题得出结论。因此，还是请阁下坦率地谈一谈如何解救支那民众于水火涂炭的具体方案。

胡：最关紧要的是，在两国都不再设障碍，本人更担心的是蒋方的障碍。今日已获日本政府的支持，且已了解阁下的真意，回国之后，可与对方（蒋方）试行商谈，以期实现此举。

大臣：予绝无拜托阁下与重庆方面商谈之意。迄今所谈之意亦然。此点尚请千万不要误解。阁下回国之际，我方将会提供一切便利。如阁下已了解予之真意，如欲再来日本，我方亦将予以充分考虑。

胡：本人当然只想站在自己个人的立场上，来寻求解决本问题的途径。因予实在不忍见支那民众之苦难。

大臣：予之本意亦在于拯救中华民国民众之痛苦与涂炭。（胡尚欲就有关支那南方的问题，向大臣提出某种要求，但经次官提示说具体问题可由大臣来谈，大臣允诺，遂止。）

大臣：所谈尽已知悉。正因为有此等事，予方才提出可否用缅甸米予以解决之事，望善处之。

胡：幸南洋尚有与本人相知甚深之华侨，可设法用舢板从安南等地将大米运来，希望得到日本的援助。

　　大臣：细节事项可与军务课充分协商后实施，阁下亲自准备舢板运南方米，当属可行。但请记住，在办事手续上，即便是在日本，也必须先与海陆军密切联系后方可施行。

　　胡：本人目下尚在被软禁之中。为今后活动方便，软禁之事，不知阁下将如何处理？

　　大臣：予尚不知阁下遭软禁之事。此次是因有必要，才请前来日本的。阁下软禁之事，当有香港总督府的情况。但为本案实行之便，予将通知该地当局，令其给予方便。阁下如需会见上海经济界人士，亦将提供方便。（大臣还鼓励胡要为支那民众积极奋起，胡亦深表谢意，辞去。）

　　细读这篇"会谈要旨"，可以真正了解胡文虎何事赴东京。

　　从这篇记录稿中可以知道，胡文虎是为了求得日本"特许"，到缅甸等大米产区购运粮食，解救香港乃至华南地区的民生问题，而去东京与东条英机会谈的。当面向东条要求解除日本驻港总督府对他的软禁，则是其中应有之义，也可以算是不卑不亢地为自己告"御状"。他批评上海、南京、广州的汪伪政权"追求金钱"、"任人唯亲"、"都没有充分体现日本的真意"，是以貌似认同日本的方式，表示对日本扶持的汪伪政权的不认同。

　　东条英机则是看上胡文虎在中国乃至东南亚商坛上长袖善舞的本事，想借助他的商业网络，从中国内地攫取钨砂、棉花、桐油等战争物资，以供日本军用；同时企图利用胡文虎的侨领声望，以反对英、美压迫为词，诱骗东南亚华侨停止抗日活动，以便日本推行"大东亚共荣圈"计划。这就是东条英机之所以对胡文虎说"我于此处发现了阁下的使命，想请您努力"的原因。不过，东条并不因此放弃对胡文虎的戒心，他叮嘱胡文虎要记住"在办事手续上，即便是在日本，也必须先与海陆军密切联系后方可施行"，这表明胡文虎从日本当局获得的"特许"经营权，仍然时刻悬挂在日本海陆军的指挥刀下。

至此，我们可以得出结论：胡文虎显然不是汉奸，否则他足可以利用与东条英机密谈的良机，进行政治上的交易，以谋取更多的权益。

胡文虎显然也没有表现出"爱国侨领的民族气节"，因为他毕竟愿意和日军进行战时经济合作，尽管是同床异梦的合作。

不当汉奸，却能得赢得日本当局的器重；既保住眼前身家性命，又免去千古的骂名。运销大米到港，自然赢利甚丰，虽然有被迫拨一半给日军作军粮的遗憾，却可以通过捐米赈济难民，求得心理上的平衡和补偿。

一举数得，左右逢源。不仅苟全性命于乱世，而且在洁身自好之余，一如既往地做到经商发财与慈善赈济两不误。如此集中国传统的弱者处世哲学和现代的商人经营头脑于一身，这就是胡文虎之所以成为"万金油大王"的过人之处。

对于这样的人，不宜作"汉奸"或"爱国侨领"的两极判断，而只能作实事求是的评价。

胡文虎是商人，是在人鬼混杂的世界里仍然保持自我品行并照样经商发财的精干的大商人。

商业社会化的香港，即使在战争时期也能塑造出在商言商的典型。

港九独立大队英勇抗战

日占时期的香港，有为虎作伥的汉奸，也有明哲保身、苦心经营的商人；有逆来顺受的弱者，也有挺身而出、英勇抗战的英雄。

抗战的英雄，才是正义的脊梁。

1942 年 3 月，中共领导的"广东人民抗日游击总队"根据省港战局的发展，组建港九大队，专门在港九地区从事地下游击和情报活动。首任大队长为蔡国梁，政委为陈达明，政训室主任为黄高阳，下辖长枪队、短枪队、海上队、市区队。

这时，日军在攻占香港之后，已将重兵调回华南及派遣到南洋作战。留守香港的日军兵力不足，在新界地区只能驻守重要的铁路、公路交通线上的据点，如沙头角、大埔、元朗、沙田、粉岭等墟镇，其他山区、乡村多无暇顾及，从而形成真空地带。多股土匪乘机而起，少则数十人，多则两百来人。他们投靠日伪政权，奸淫掳掠，无恶不作。

港九大队首先把肃清土匪、保护群众生命财产，作为开辟港九地下游击区的首要任务。

他们组成多支武工队，分路挺进，收集英军溃败时遗弃的武器弹药，武装自己，清匪除奸。在短短的时间里，武工队在元朗地区逮捕处决一批为虎作伥的汉奸；驱除分别盘踞在大帽山和粉岭的黄慕容、萧天来两股土匪；歼灭或击溃了活动在西贡地区的陈乃就、邓发仔、李观姐等多股土匪和活动在大屿山岛上的李七、林耀等土匪。

与此同时，武工队积极开展民运工作，动员群众组织抗日武装，保卫家园。元朗、沙田等地迅速组建起两支抗日自卫队和一支农民常备队；西贡区的乌蛟腾村、三亚村和大埔区的罗洞、船湾、九龙坑一带，分别建立起农民自卫队或新兵训练队。大帽山、乌蛟腾、大屿山岛等地逐渐成为相对稳定的地下游击区。

中共游击队在新界地区的广泛活动，引起港日当局的警觉。总督矶谷廉介发誓要将港九变成"大东亚模范治安区"，成为日本在南太平洋战场上最可靠的中转补给站。他加紧在新界山乡推行"强化治安"运动，加派日军扼守交通要道和海岸线，分割包围地下游击区域，一旦发现中共游击队，就分兵合击，严加"清剿"。在港岛，也厉行戒严，加强巡逻，捕杀抗日活动人士。

战争在港九地区持续进行。

它主要表现为中共游击队与日本占领军的武装较量。

港九大队依靠群众，隐蔽斗争，采取高度机动灵活的战术，打小仗，打巧仗。游击小组时而聚集，时而分散，奇袭敌人，神出鬼没。

手枪队的刘黑仔率领队员化装成敌军密探，在九龙金棠酒家击毙作恶多端的汉奸特务萧九如；巧计生擒日军南支派遣军特务东条正之；装扮成乞丐爆破九龙铁桥。诸如此类的战斗，不胜枚举。

日军占领香港后，开辟一条从台湾经汕头到香港的运输线，把从华南抢来的贵重财物和战略物资运往日本，再由日本输送武器到东南亚和中国华南战场。为确保这条"生命线"的畅通，日军组织"海上挺进队"，进行护航。

港九大队依靠渔民，建立海上游击中队，积极配合大亚湾的抗日游击队，四处袭击日军的运输船只。

8月15日，海上游击中队首战大鹏湾黄竹角海面的日军"海上挺进队"，激战两小时，全歼敌军，击毁日军机船3艘。

接着，他们又在南澳口、大浪口等处缴获了日军几艘满载军用物资的运输船。

日军遭受打击后，出动炮艇扫荡海上游击队，但一无所获。

经过一年多的战斗，港九大队不仅在战斗中发展、壮大，还开辟两条交通线：一条是从青山经元朗进入宝安游击区的陆上交通线，另一条是从西贡进入宝安沙鱼涌的海上交通线。

1943年12月，"广东人民抗日游击总队"改编为东江纵队（简称东纵）。港九大队成为东纵的五个大队之一，因其所处环境特殊，改称为独立大队，直属东纵司令部。

历任港九独立大队的领导有大队长鲁风、政委黄高扬，大队长黄冠芳、政委黄云鹏。所属各中队从三四十人到上百人不等，全大队曾发展到五六百人。

独立大队采取分区活动、独立作战、流动游击等形式，积极主动地进攻敌人。

港九大队短枪队的刘黑仔是当时威震敌胆、名闻港九的传奇式英雄。他率短枪队于 1941 年冬进入港九地区作战以来，常出没于香港筲箕湾、铜锣湾、九龙尖沙咀、深水埗等地。有一次刘黑仔率八人扮成装煤工人，爆炸广九铁路沙田隧道旁的日军兵营。又一次，他以手榴弹消灭敌军一个排，救出被敌人追捕的七个学生。

港九大队的海上游击中队出没于茫茫大海上，神出鬼没，袭击敌军。1944 年 8 月 13 日，海上游击中队突袭沙头角，击沉日军"海上挺进队"船只 3 艘。次年在沙湾截击日军，缴获敌船两艘及医药食品一大批。其后，又陆续缴获敌船 8 艘、电台 1 部、机枪 3 挺，毙敌 65 人，俘虏 63 人。

大屿山中队积极作战，使东涌、大澳、梅窝、大浪等地之敌惶惶不可终日。1944 年春，日军出动数千人进行大扫荡，妄图一举歼灭大屿山中队。面对强大的敌人，游击队化整为零，隐蔽潜伏，使敌一无所获。敌主力撤走后，游击队又四处出击，仅大澳之战就全歼敌派出所之敌，俘敌 30 多名。

市区中队在港岛搜集情报，宣传、组织群众抗日，同时收集军用物资，运送到游击区。并且会合郊区友军，袭击敌哨所，爆破敌仓库，使敌困扰不堪，疲于应付。

1943 年春，敌军出动 1000 余人，分三路扫荡新界，妄图消灭游击队。游击队且战且走，安全突围，继续坚持在港九地区作战。1944 年秋，游击队袭击青山矿场。1945 年春，又袭击新田农场等敌军驻地。游击队接二连三的战斗，鼓舞着在日寇铁蹄下挣扎的香港人民。

1944 年 5 月 11 日，东江纵队机关报《前进报》第 59、60 期合刊发表两则报道，显示港九独立大队坚持在港九市区战斗的情形：

（港九区讯）我队为积极动摇敌寇在港九之统治，继抢救印兵，突袭牛池湾、吉凹、林村等地后，又于 4 月 21 日深夜十二时，以秘密迅速之布置，预埋数十斤炸药，将九龙市区旺角窝打老道之第四号火车铁桥爆炸（该处贴近警备队总部）。当时夜深人静，轰然一声，震动全港，市民均从梦中惊醒。敌寇则心惊胆丧，当夜三时许，即动员全港宪查，集中九龙方面，至翌晨六时，始敢实行大戒严，九龙交通，完全断绝。……当爆炸发生之后，伪方垂头丧气，对敌更无信心，尤其是宪查，更大起恐慌，以为游击队反攻到市区，多不愿出动，且纷纷辞职，但未获批准。敌要邻保班长协助"爱路团"守路，引起极大不满。市民知我炸毁铁桥，人心大为振奋，或认为香港快要反攻。事后调查，该铁桥石墩完全炸碎，铁轨向上歪斜，不能通车，短期内甚难修理。

（港九区讯）在敌寇停止配给米粮前后，我队为安定在敌奴役下之港九同胞，树立我队胜利战旗于广大市民心中，特再次发动猛烈政治攻势，将《告港九同胞书》、胜利捷报及反敌斗争之小传单数十种，共二万八千五百余张，有计划地普遍在港九市区散发……市民围观者愈聚愈多，眉飞色舞，对面消防队敌发觉后瞠目结舌，宪查也无法制止，乃电宪兵部派出军车，强行将观众殴打驱散，因此敌寇益感彷徨不安，对我队活动更加提心吊胆。

这两则报道展示出港九独立大队市区中队英勇抗战的光辉业绩。这些业绩，由该中队的一对英雄母女和她们的战友合力开创而成。

方兰，原名孔秀芳，1921 年出生于香港。1936 年在湾仔一间小学的幼稚班当助教。次年中国抗战爆发后，她参加中共地下党组织领导的香港学生赈济会的抗日募捐赈济活动。1938 年 11 月，加入中国共产党，出任湾仔段儿童团团长，时年 18 岁。

方兰的行动得到母亲冯芝的支持。方兰后来回忆说："晚上去开会，母亲不放心，陪着我们去开会的地方，在门口等到散会；募得捐款时，也担心被抢而亲自护送。""家里没有固定收入，我每月只有七元工资，活动费还不够用，无法补助家用。母亲无怨言，反而有好吃的必留给我。晚上深夜我回家，她要等着开门；早上天亮我就要出门，她又忙着叫我起床。朋友们十分羡慕我有这样一个好母亲。"

1942年1月中旬，方兰奉命离开沦陷后的香港，去广东内地参加中共抗日游击武装。方兰后来回忆与母亲告别的情景，说：母亲在天亮时，就拿着装有干粮和旧衣服的小包袱，"送到湾仔西边'大佛'那地方，把小包袱交给我说：'胜利即回来。'转身就走，头也不回，估计她正在流泪，不想让我看见。此情此景，几十年过去了，记忆犹新"。

1943年冬天，方兰从东莞游击区调回港九独立大队工作，不久就被任命为新成立的市区中队的队长兼指导员。方兰说："我那时只有二十三岁，学识浅，真是一个黄毛丫头。但是胆大包天，无所畏惧，就把责任担起来了。"

市区中队的队部设在九龙西贡的清水湾槟榔湾村，交通站设在附近的渔村小镇——坑口。从坑口坐小艇过海，去对岸的港岛筲箕湾，必须经过敌人在亚公岩设立的岗哨。由于一时找不到合适的人担任交通员，方兰的母亲冯芝就自告奋勇地担负起这一任务。她经常乘坐小艇来往于坑口和筲箕湾，将宣传品送到港岛湾仔市区中队队员伍慧珍的家中，然后再将那里收集到的情报带回中队部。方兰说："母亲十

方兰（孔秀芳）像

分乐意做这些事情。她带宣传品时，注意用各种办法掩护。有时用个鸡笼，放着小鸡，宣传品就放在鸡笼内。当我要去找队员并一起带宣传品时，母亲就一定要由她带着宣传品，以防敌人突击搜查。我深深感到：她随时准备以自己的生命换取我的安全。"

1944年2月中旬，香港日军出兵扫荡港九大队经常活动的西贡地区，同时加紧对市区交通要道的搜查。尽管敌情险恶，方兰却按照港九大队的指示，通知市区中队的全体成员于2月24日在市区各地张贴和散发《东江纵队成立宣言》等抗日传单，发起扰乱香港日军心脏的"纸弹战"。当天，中共抗战的宣传品出现在香港市区的大街小巷，市区中队及其队长"方姑"的英名首次在香港传扬。

方兰的母亲冯芝继续来往于港九交通线。3月17日上午，她和年轻的交通员袁益（俗名亚四）一起，将宣传品又送到伍慧珍的家中。伍家让她带回一些情报。她假装帮别人带新衣服的"水客"，将一般情报放在新衣服的口袋里，将重要情报缝到新衣服里面。下午，冯芝和袁益两人路过亚公岩哨所的时候，突然遭遇敌伪警察的突击搜查。有个华人宪查（即警察）翻出冯芝藏在口袋里的情报，大吃一惊，连忙

冯芝像

撕毁，丢到海里。站在旁边的印度籍警察却不肯放过冯芝，还从衣服夹缝中搜出暗藏的重要情报，其中有替日本海军修船、造船的"日立造船厂"铜锣湾分厂（即原"敬记"船厂）的情报。敌人立即拘捕冯芝、袁益两人，押往筲箕湾派出所。

在此危难时刻，冯芝只想亲友免遭牵连，她暗中请求那位良知

未泯的华人宪查将此情形通知家人。方兰、伍慧珍等市区中队成员因此及时闻讯撤退。只有年仅17岁的女队员张淑贤，因在"敬记"船厂担任描图工作而被捕。

在派出所监禁期间，冯芝只承认自己是帮别人带衣服的"水客"，而且不识字，不知道衣服里夹带的是什么东西。即使敌人行刑毒打，她也从不改口。她还叮嘱袁益只招认两人是同行关系，互相并不认识。张淑贤被关押到监禁室后，冯芝鼓励她坚强起来，"死就死了，不要牵连别人"。方兰的哥哥和姐妹们去探监，送上食品，她就让袁益和张淑贤一起分享。无人时，她常哼唱不久前学会的《义勇军进行曲》。方兰回忆说："我姐姐去探监时，她让姐姐告诉我，叫我放心，她不会出卖什么人的。她在家人面前从不流泪。她多么坚强呀！"

冯芝、袁益和张淑贤被捕后，市区中队曾有人提出营救他们的计划。因为筲箕湾派出所后面有条小河，小艇可以进出。关押在派出所三楼的被捕人员可以通过内线营救，从后窗下到小河边，坐小艇逃走。负责港岛区地下工作的张洪波也同意实施这一计划。

方兰思量再三，却说："此计行不通。我队力量十分薄弱，不管成功或失败，都要撤退一批人。失败的话，后果更不堪设想，相信母亲也不会同意。个人得救，一家人怎么办？我家还有老父、兄、姊妹等人，小张家也如此，我们又无力安排他们一起撤退，只好狠心放弃营救行动了！"

方兰的决断来自冷静的理性思考，她的内心却一直翻滚着情感的波涛。半个世纪过后，她在回忆母亲的文稿中，逐一梳理昔日奔腾不息的思绪：

> 母亲在狱期间，我是十分悲痛的。那时，工作十分繁重，每天的神经都十分紧张。只有夜深人静时，想着母亲可能病倒或受刑，默念着母亲你一定要顶住，不要损害人格尊严。这时候，我又会自责：是否不应该让她做交通员？但又宽慰自己：

母亲是乐意支持我的事业的，这不单是亲情，而且是她爱国的表现。转而又念着老父，他失去朝夕相处的老伴，一定很难受了。正被种种问题困扰时，神经中枢指令我：重任在肩，只有用行动来报答母爱，狠狠打击敌人，为母亲报仇！于是，我眼泪向肚中流，集中思考明天的战斗。

当时，香港日军又发动针对港九大队的扫荡，市区兵力空虚；日本香港总督部还宣布从4月15日起，停止实施占领香港后对居民定量配给大米的制度，显示其后勤补给遭遇严重的困难。方兰领导的市区中队乘机开展威震敌胆的"四月大行动"，一面加强政治攻势，一面实施桥梁爆破，以便将敌人的兵力牵制在市区，配合大队的"反扫荡"。

根据当年港九大队的工作总结，市区中队在4月间共进行了三次影响较大的散发传单政治攻势。第一次是在13日，乘敌人实施灯火管制之机，在港岛筲箕湾太古船厂及附近街道散发东江纵队《告港九同胞书》等传单1000份，在九龙油麻地至深水埗街道散发传单2000份。

第二次是15日，在中环街市闸口张贴10张抗战告示。此处向来是敌伪张贴布告的地方，因此产生的震撼力也最大。港九大队后来的工作总结描述当时的情景说："（上午）九时许，行人一多，就有人驻足来看。最初以为是萝卜头（指日军）的东西，后来愈看愈奇，愈看愈兴奋，原来是游击队的《告港九同胞书》。围观的人拥塞街市的门口，至十一点敌人才发觉，把人打走，派人把传单用水泼湿铲去。这事已是众所周知了。民众皆说：'老游是神出鬼没的。'"

第三次是21日，在土瓜湾、红磡以及油麻地、深水埗等街道，散发港九大队抗战告捷的传单。这三次政治攻势，累计散发传单4000多份。

与此同时，方兰加紧组织爆破九广铁路线上的四号桥梁，以便进一步打击日军的气焰。这座桥梁横跨旺角的窝打老道大街，距离九龙宪兵队队部大约只有 100 米。早在同年 2 月，方兰就在港九大队学会利用英军战败前遗留下来的黄色炸药，制作地雷，实施爆破。她回到槟榔湾的中队部，轮流召集市区中队的男队员，传授爆破技术，其中包括正在香港总督部的道路下水事务所担任工段长的男队员梁福。梁福佩带有日军发给的路牌，进出比较方便，方兰就派交通员挑着柴草，夹带着炸药、雷管和子弹粉，分批送到梁福的家中收藏起来。

4 月中旬，梁福奉命爆破四号桥，可惜子弹粉失效，未能成功引爆。梁福等人冒险取回炸药，请方兰再派人送来品质好的雷管和子弹粉。当时，敌人已加强对市区交通要道的搜查。方兰心生一计，叫来小交通员阿庆仔，将雷管和子弹粉藏在竹竿里，让他拿着，和外出放牛的小孩一起混入市区。梁福等人得到新的引爆物品，终于在 4 月 21 日半夜 12 时成功炸毁四号桥。这一胜利，让久受日军压迫的香港市民人心大振。

中共游击队在港九市区的抗日活动引起日军的疯狂反扑。为了从先前关押在筲箕湾派出所的游击队员冯芝、张淑贤两人口中挖出更多的秘密，日军宪兵队总部在游击队的"四月大行动"之后，接审冯、张两人的案件，将两人关押到赤柱监狱。不久，有人从赤柱监狱出狱，对方兰的家人说：冯芝老人对他很好，她吃不下饭，就给他吃了。她知道自己一定会死，希望家人能替她收尸安葬。

6 月初，冯芝和张淑贤被转押到铜锣湾的日本海军刑务部（即军事法庭）。23 日，两人被日军枪决，罪名是"收集日本海军情报的间谍"。两位英烈以自己的宝贵生命，保守着中共游击队的秘密和安全。

6 月底的一个傍晚，方兰才得知母亲与张淑贤一起牺牲的噩耗。当时，她正在港九大队队部。她回忆说："母亲光荣牺牲、英勇就义，这是意料中事。可是，我仍忍不住热泪满面。战友们已吃饱饭，准备开会。我强咽下两口饭，又忙于研究下一步战斗。"

母亲和战友的牺牲，激励方兰及其市区中队的战友更加坚毅地开展抗日斗争。

为了向空袭香港日军的美军"飞虎队"提供准确的情报，方兰布置队员文淑筠利用居住在港岛半山儒林台的便利条件，用望远镜直接侦察停泊在维多利亚港里的日本军舰，及时报告敌舰的型号和泊位。

为了加强在市区的抗日宣传，市区中队在 1945 年油印出版八开本的队报《地下火》，宣传中共抗日的政策主张，报道反法西斯战争的胜利消息，鼓舞香港民众的抗战意志。《地下火》刊头的木刻火炬画，就是方兰的妹夫黄初俊雕刻的。

随着收集情报与政治宣传工作的广泛开展，市区中队成员从开始时的几个人，迅速扩大到 300 多人。活动范围除了市区的工厂、学校、民居之外，还渗透到敌伪机关，乃至香港岛的日军宪兵队总部特高课。

1945 年 7 月 13 日早晨，日本宪兵队决定在交通要道和轮船码头上缉捕方兰和她的战友。临出发前，打入特高课的市区中队成员黎成冒险跑到北角清风街联络点报警，使方兰和战友们安然脱险。

1945 年 9 月英军收复香港之后，方兰和家人到母亲冯芝等人就义的刑场祭奠。她随后继续留在香港，从事中共地下工作。1948 年，她调派到广东游击解放区，担任中共雷州地委副书记。1950—1959 年，调任广东省妇联部长、秘书长、副主任。1959—1973 年，调任中共佛山地委副书记。1973—1983 年，任广东省妇联主任，随后离休。

1996 年 4 月，方兰怀着悼念母亲和战友的沉重心情，重返香港。她来到香港圣保禄小学，即日占时期日本海军刑务部的旧址，思绪万千。她写道：

> 这座用大石块叠起的高高石阶，加上铁丝网围着，确是森严地方。当年一老一少，被作为"间谍"判刑，再转至跑马地蓝塘道执行枪决。想着当时悲壮的情景，禁不住热泪交流，泣不成声。

随后，她到位于粉岭的沙岭公墓，祭奠母亲。1952年，方兰的家人将冯芝移葬到这个公墓，公墓毗邻深圳的罗湖海关。方兰后来在回忆母亲冯芝的文稿中，倾诉自己的心声：

> 站在那里，我心情十分激动，低声告诉母亲：你往右边看，我海关大楼红旗迎风飘扬。你热爱的《义勇军进行曲》，现在是国歌了。你每天可以听着，也可以和着唱呀！你再往左看，香港很繁荣，明年七月就回归祖国了，就要实现你多年的愿望：扯旗山上升起中国的国旗了！妈妈，祖国强大了，你的子孙茁壮成长。你和先烈的血没有白流，你们永远活在人们心中！

BAAG 巧织情报网

当中共领导的东江纵队港九独立大队向日本占领军展开英勇的游击战争之际，英军服务团（BAAG）不动声色地在省港澳地区悄然编织着自己的情报网络，以便广泛收集各类军事、政治和经济情报，据以继续营救战俘、难民和准备配合美国盟军的反攻。

BAAG 的情报网除了包括前文提及的惠州—新界西贡—港岛的自北向南的纵向秘密联络管道之外，还包括澳门—港岛的自西向东的横向秘密联络管道。

由于葡萄牙在第二次世界大战中保持中立，日本在太平洋战争期间一直没有占领属于葡萄牙殖民地的中国领土澳门，而是将澳门置于日军的严密包围与监控之下。澳门的特殊环境使英国驻澳门领事馆得以继续存在，当然领事利夫斯（J. P. Reeves）先生经常受到日本特务的盯梢。

1942年6月，领导英军服务团的赖特上校给利夫斯写了一封密信。信上说，他本人已由英国驻华使馆武官授权在华南活动，任务之一便是设法与利夫斯建立联系，将利夫斯获取的有关香港的情报转送给重庆方面，同时向利夫斯提供所需经费。密信还说，利夫斯可以信任持此密信的钟威廉（William Chong），钟威廉奉命长期从事澳门至桂林之间的联络工作，利夫斯可以和他讨论有关密码等问题。

钟威廉是英军服务团中的第50号情报员，加拿大籍华人，战前住在香港。他冒险将信面交利夫斯，从此英军服务团便在英国驻澳门领事馆内建立起秘密情报站。后来，英军服务团任命该领事馆职员乔伊·威尔逊（Joy Wilson）太太，作为其驻澳门的正式代表，负责所有密码管理和通讯工作，以及澳门各情报人员的核心联络工作。

澳门—港岛情报网的开通，使英军服务团又增加一条连接香港与中国大后方的秘密管道。

英军服务团进而将其情报网络向囚禁英国战俘、难民的香港各集中营延伸。

早在1942年6月，赖特上校曾派何礼文（D. R. Holmes）上尉带领一个五人小组，潜入九龙附近的山区，查探帮助集中营战俘逃亡的最佳路线。他们不仅在山顶上观察到关押英军战俘的九龙亚皆老街集中营内的情形，而且还从日本人那里偷来一张九龙市区地下水道示意图，图上标明地下水道正好经过亚皆老街集中营，通向九龙湾。

英军服务团决定利用地下水道，策划集中营战俘大逃亡。不料，这一计划遭到中国国民政府的反对。据说，国府担心英军服务团在实施大逃亡计划时动用的大量金钱和装备会落入共产党手中，转而用于反对蒋介石的活动。这年9月，何礼文小组被迫终止准备策动大逃亡的计划，撤出九龙山区。

幸好，另一个机会使英军服务团最终和集中营里的战俘建立起秘密联系。

9月间，深水埗集中营的战俘每天都被日军押去启德机场，从事整修机场的苦力劳作。原香港义勇军里的华人战俘，发现机场里的一些华人监工很友善，彼此一回生二回熟，一个月后竟相互用小纸条传递起信息来了。

令人又惊又喜的一张纸条写着："我已与外面的朋友联系上了，我急需与你们集中营中的英国高级军官联络。看到这个纸条后，写下你的姓名。13号。"

另一张英文纸条则是指定交给英军战俘布恩少校（Major Boon）。纸条说，协助战俘集体逃跑的计划是可行的。

这些消息使战俘们不敢信以为真，深水埗集中营里为数不多的英军军官都怀疑是日本人的圈套。不过，这些纸条每天都传递进来，从字迹上看，似乎出自早已逃离香港的英军祈德尊少校（Major Clague）之手。

于是，战俘们决定由福特上尉出面，写了一张纸条，由每天在启德机场劳动的两名战俘亲手交给一名代号为"68号"的华人情报员。纸条要求今后传进集中营的消息必须有祈德尊少校亲自签署的记号，以便确认其真实性。

几天后，福特上尉收到回条："惠州的交通站已建立。其成员正有组织地传递消息。急欲得知集中营内军人和生活条件的消息。"

纸条上明确无误地印有祈德尊少校的标记，军官们的怀疑消除了，他们欣喜若狂。

在随后近一年的时间里，经过"68号"情报员之手，一条由各集中营通往中国内陆乃至外部世界的秘密联络线建立起来，并且一直发挥作用。被俘的英军驻港陆军总司令莫德庇少将曾经利用这一联络线，任命福特上尉为深水埗集中营与 BAAG 联络的负责人，其他集中营的秘密联络负责人也相继一一指定。

BAAG 巧织情报网络，使盟军及时了解日占香港的各类机密，迅速采取相应对策。此后，无论是美国驻华空军轰炸香港，还是英国在日本投降后抢先恢复对香港的殖民统治，都借助 BAAG 建立起来的情报网。

BAAG 开始在省港澳地区营造情报网络的时候，东纵港九独立大队及其驻港国际工作小组曾应英方请求，给予积极热情的广泛协助。双方的合作一直十分默契和富有成效。

1943 年初秋，BAAG 派出两名英国人和一名华人翻译，来找港九大队国际工作小组组长黄作梅，请求协助拍摄日军在港重要军事设施的地形照片。黄作梅领着他们到深涌交通站，要求站长李坤尽快设法将这三名英方情报人员护送到沙田，请港九大队大队长黄冠芳等人予以协助。

为确保安全，交通站人员首先把英方人员隐蔽在炭窑里，每天定时送去饭菜；同时派人了解周围的敌情。

李坤把深涌村的李胜和李敬找来，他们俩是水上交通员，又是熟练的艄公。在一个风平浪静的晚上，一行人乘船安抵梅子林交通站，再由交通员护送到沙田短枪队驻地。

黄冠芳、李唐、刘黑仔等热情接待英国朋友，帮助他们选择观音山和狮子山为拍摄地点。当晚，他们借宿在山脚的村民家里。第二天凌晨 4 点，派出武工队沿着指定路线登山搜索。

黄冠芳看到武工队发回未发现敌情的信号后，马上带领 BAAG 人员背着摄影器材登山，隐蔽在山上的一座炮楼里。等到太阳刚出，能看清楚景物时，立即拍摄，迅速转移。

由于游击队有较为安全的活动基地，又同村民建立密切联系，再加上各个部门、各个环节的周密安排，在游击队帮助下，BAAG

的几名工作人员就能够顺利穿越日军的监控网，携带器材，登上高山，拍摄启德机场、军火仓库、炮台、兵营等重要军事目标。

BAAG 华人情报人员描绘的亚皆老街日军高级军官会所地图

可是，BAAG 与中共游击队的亲密合作引起国民党方面的不满，因而设法干涉和阻挠两者的合作。

赖特上校后来在回忆中写道：

> 蒋介石政府怀疑任何与中共有联系的人，包括逃亡者在内。1942 年，两名皇家苏格兰士兵，霍支斯和格尔拉夏上士从深水埗逃出。他们很快被中共发现，共产党在司令部照顾了他们六个星期。在这段时间里，他们教游击队战士使用小型武器和机枪。国民政府立即指责赖特上校和英国驻曲江的领事，说他们训练共产党来反对政府，于是，这两名英军士兵只得尽快离开中国。蒋介石或他的顾问们的愚蠢之处，在这里表现最为典型。正是这一点，带来了许多麻烦。甚至三年后，有关英国有计划地训练共产党人的指责，依旧被国民政府当局提起。

国民党坚持在港抗日谍报活动

在中、英两国及国民党、共产党、英国三方之间，若论在香港从事地下谍报活动的历史，最久远者当非国民党莫属。自从清末民初孙中山相继创建兴中会、同盟会、中华革命党和中国国民党以来，国民党及其前期组织就一直以香港作为从海外促进祖国大陆民主革命运动的前沿基地。他们长期持续的秘密活动，为后来国民党党、政、军各部门驻香港的秘密机关提供了广泛的政治资源与广阔的活动空间。

20 世纪 30 年代，国民党在内地建立起国民政府军事委员会调查统计局（简称"军统"）和国民党中央执行委员会调查统计局（简称"中统"）两大情报系统，这两大情报系统随之在国民党驻港各机构及其影响下的香港社团当中，分别编织起各自的情报网络。

1941 年日军进攻香港前夕，"军统王"戴笠亲自视察"军统"驻港机关，指示"军统"香港区区长王新衡、副区长刘芳雄坚持香港抗日谍报工作。香港沦陷后，国民党港澳总支部、"中统"香港站坚持潜伏香港，协助国民党军政官员及其眷属逃离香港，搜集日伪机密情报以配合盟军反攻。

国民党在港的抗日谍报活动一直鲜为人知。

1985 年 8 月，台湾《中外杂志》第 38 卷第 2 期刊登署名胡元度的一篇文章，题为《香港情报英烈录》。该文披露当年国民党在港谍报活动的一些内情：香港沦陷后，"军统"香港区立即将已经暴露身份的谍报人员撤回内地，并将香港区改编为香港站，由一位姓李的资深特务担任站长。该站下辖四个情报组、一个行动组、一个交通处和三个电台。其中一个电台经常保持与重庆总台的联系，另外两个电台作为备用。

1942 年下半年，"军统"香港站奉命搜集香港气象情报和日军舰艇在港活动情报，以供美国驻华空军空袭香港之用。该站谍报人员于是在港岛半山租赁一栋楼房，居高俯瞰港九海面，随时侦察日本海军舰艇的活动情况。他们将港九船坞码头及海面各浮筒的位置，分成 A、B、C、D 等区域，一发现日军舰群驻泊港九海面，就以预先编制的密码电告重庆总台，通知盟军飞机前来轰炸，致使日军伤亡惨重。

　　此后，日军舰艇为了隐蔽停泊位置，免遭空袭，改而停泊在远离港岛市区的外海。"军统"香港站便吸收一位香港渔民作为谍报人员，经过一般辨认舰艇的训练之后，派他以出港捕鱼为掩护，侦察敌舰泊靠位置，引导盟军飞机轰炸敌舰。在一次猛烈的轰炸中，那位渔民驾驶的渔船不幸中弹，渔民成为以身殉国的无名英雄。

　　日军泊港舰艇及其他重要军事目标不时遭受驻华美军的准确空袭，迫使日伪宪兵、特务机关加紧搜捕中、英两国及国民党、共产党、英国三方在港谍报人员，企图制止他们继续获取和发送有关香港的各类情报。

　　在日伪几近疯狂的大搜捕中，遭受严重打击的，竟然是谍报经验老到的"中统"香港站。

　　1943 年 3 月 24 日，公开身份为香港德明中学教师而实际上担任"中统"香港站及国民党驻港澳总支部交通员的江清白，在携带秘密文件时突遇日伪宪警盘查，随即被押解到香港总督府宪兵队本部刑讯。日本宪兵队根据搜获的文件，加紧跟踪其他"重庆分子"，并严刑拷问江清白。

　　同年 4 月 19 日，日本宪兵队经过多日跟踪与无线电监听，终于开始采取大规模缉捕行动，一举破获"中统"香港站的第三电台，逮捕负责人袁洪范和成员孙伯年、欧铭等三人。此后数天，又陆续逮捕国民党在港谍报人员李惠馥、利耀华、招见非、欧云轩、沈寿桢、杨炳雄、植少苏、杨词贤、黄耀、黎仕珍、陈鉴波、余仲平、何锡元、李常、陈菊井、梁孝悌、何朝炮、罗伟洪、黄炽南、吴锐锋、李锦如、欧阳顺等 22 人。

上述被捕人员在被关押刑讯之后，或被斩首惨杀，或因伤重瘐死狱中。

据统计，国民党港澳总支部在日占香港时期被日伪宪警杀害者共有 33 人，其中，因"中统"香港站第三电台等秘密机关被破获而殉职者就有上述 26 人，可谓损失惨重。

被日军杀害的国民党驻港谍报人员，也是为中华民族的抗日战争事业而牺牲的。

他们的牺牲迄今一直未为今人所知，故依据国民党港澳总支部在抗战胜利后编辑出版的《港澳抗战殉国烈士纪念册》和有关资料，对其中的主要人物略作简介：

袁洪范（1893—1943），字伍行，广东省东莞新塘麻涌乡人。家境寒微，少年时仅能读到初中一年级，就因生活所迫而辍学。20 年代初加入国民党，曾在粤汉铁路及南京等地从事国民党的工运工作，后任国民党广州市党部干事。1936 年调到香港，任国民党港九特派员办事处干事，负责协调国民党与香港工会团体的关系。香港沦陷后，奉命留港，领导潜伏同志，负责打击敌人工作，调查敌伪军政设施计划，并担任国民党香港支部干事，实际上成为国民党驻港党务与特务机关的领导人之一。他在香港坚持领导将近两年的谍报活动，"其间对敌伪军事之调动、政治之设施，以敏锐眼光，精慎窥察，作灵速之情报，游动之袭扰，使敌伪寝食不安，于党国尤著劳绩"。1943 年 4 月 19 日，日军宪兵队侦破"中统"香港站的第三电台，袁洪范被捕，他所领导的国民党在港谍报人员也大多就擒。袁洪范被施以酷刑，几度昏厥，不省人事。日军将其押往赤柱监狱，同年 10 月 4 日，被处以斩首极刑，时年50 岁。

和他一起被捕和一起被处以斩首极刑的，还有他的妻弟欧铭（1921—1943）。欧铭曾以香港洋衣群研工会书记和《华侨日报》记者的公开身份，在袁洪范领导下从事抗日谍报工作。欧铭就义时只有 22 岁。

江清白（1902—1943），广东番禺人。早年毕业于广东法政学校，曾任国民党广州特别市党部干事、中华海员工会广州分会书记。1938 年到香港，担任德明中学教师，秘密从事国民党在香港的工运工作，旋出任香港海员工会秘书。日军进攻香港之前，曾派人多次向港九各工会团体"威胁利诱，多方联络"。江清白"辄密晓谕同胞，毋忘国仇，勿为虏利用。从中劝勉，激发其爱国热情。晓音瘏口，每至痛哭流涕，故众皆感动，拒为敌用"。香港沦陷后，江清白坚持在港从事谍报工作，负责传递密件，掩护滞留香港的国民党人。1943 年 3 月 24 日，他在传递密件途中被捕，一直监禁在香港日军宪兵本部，受尽严刑拷打。5 月 19 日，他在狱中伤重去世，成为国民党谍报人员在香港抗战的第一位捐躯牺牲者。

孙伯年（1904—1943），字仲篪，浙江吴兴人。原在国民政府中央广播电台任职，1939 年秋，调到香港从事谍报工作。香港沦陷时，他是"中统"设在香港的第三电台台长，公开身份则是设在九龙的上海罐头食品公司老板。1943 年 4 月 19日晚上，敌伪密探首先拘捕该公司店员，强迫其带到孙伯年的寓所，逮捕孙伯年，随即将孙宅及该公司劫掠一空。次日，孙所领导的第三电台报务员李惠馥（上海人，时年 39 岁）和利耀华（广东蕉岭人，时年 25 岁）等，相继被捕。同年 7 月 22日，孙伯年被押解到香港赤柱监狱。他的妻子陈似莺闻讯前来诀别，孙伯年说："余已拼将此身报国，生死固无足惜，所苦者汝及儿女辈衣食无靠耳。深望汝能含辛茹苦，抚养儿女长成，以继吾志。"9 月 29 日，孙伯年被日本总督府判处死刑。10 月 4 日，孙就义于赤柱监狱。李惠馥也同时被斩首惨杀。

利耀华因遭受酷刑，伤重不治，先于同年6月瘐死狱中。

杨炳雄（1917—1943），广东普宁人。抗日战争期间在香港喇沙书院读书，加入国民党。日军进攻香港时，他担任港九职工互助社常务委员，应港府号召，参加香港童军服务团，从事运输和防空工作。日军占领香港后，他打入日军宪兵队，以双重特务身份，刺探敌伪情报。然后通过袁洪范及其领导的电台，向国民党报告。"举凡敌人之阴谋动向及在港之军事设施，无不冒险摄取。"粤港日军几度策划夹击活动在广东惠阳地区的国民党军队，事前都被杨炳雄侦知相关的进攻计划和兵力调配情况，及时发出情报。为了配合在华美军空袭香港，破坏日军的海上运输，杨炳雄转而担任香港港务局职员，以刺探日舰进出香港的情报。1943年4月19日，日军破获袁洪范及其所属电台，从缴获的情报文件中发现杨炳雄的行踪，便于同月22日将其逮捕。10月4日，杨炳雄和袁洪范等人一起遇难。

此外，国民党还有一些谍报人员因在香港接应援华抗日的美军而英勇牺牲。其简况如下：

1945年1月16日，援华美军"飞虎队"空袭香港。其中有一架飞机被日军击落，飞行员跳伞，降落在香港。国民党九龙支部第三分部党员、香港渔业工人苏权见义勇为，将这名美军飞行员藏匿在货仓里，准备帮助他逃出香港。不料被为日军服务的印度籍警察发现，密报日军宪兵，搜出降落伞。苏权和美军飞行员很快被捕，两人当即被处死于香港西环卑利乍街。

同年年初，国民党在港谍报机关为了配合美军一度考虑实施的在香港登陆作战计划，调集一些军事人员，潜入香港，组织秘密武装。其中有：广东南海人潘达民，时年59岁，曾任国军独立第二别动队司令、广东江防舰队陆战队营长等职；广东海丰人蔡南，时年45岁，有多年行伍经验；广东新会人朱卓云，时年25岁，曾任新会县警察局警长及保安队中尉等。

日军宪兵队经过侦察，发现潘达民等人出入可疑，便于 4 月 23 日采取逮捕行动。蔡南奋力挣脱，不幸被日军开枪击毙于般含道。潘达民被捕后，监禁在赤柱监狱，因受酷刑，瘐死牢房。朱卓云也被押解入赤柱监狱，直到同年 8 月 16 日日本宣布投降之后才获释。但终因备受折磨，出狱仅五天，便伤病不治而死。

现在综合各方面资料，可以判断 1943 年 4 月日军破获"中统"香港站第三电台的原因，主要是"中统"特务们没有严守谍报工作纪律，以致该台谍报人员几乎全军覆没。

同年 5 月初，或许是作为破获国民党在港电台行动的继续，日军派飞机轰炸设在重庆张家花园的"军统"无线电收发总台，使"军统"系统的无线电通信一度中断。

"军统王"戴笠对此大为震怒，除催令专门负责电讯联络的"军统"第四处处长魏大铭立即将电讯总台从张家花园迁往乡间之外，还要求"军统"特务们反省和正视"中统"香港站遭受日伪重创的教训。

1978 年，台湾博学出版社出版"古僧"（疑为"军统"旧人）编著的《戴笠将军与抗日战争》一书，公布当年戴笠函令魏大铭等人吸取"中统"香港站电台遭破坏的教训的两份档案。兹摘录有关内容如下：

其一为 1943 年 5 月 7 日戴笠（署名"灵弟"）给魏大铭的亲笔函，函中称：

此次港台被破坏，完全系我电台人员随便外出，无人留守与负责之所致也。年来我通讯方面祸变迭出，弱点暴露无遗。兄为第四处之主持者，当此情势紧张之秋，何尚不积极从事，以图补救？

其二为同月 10 日下午 7 时戴笠（署名"灵弟"）给魏大铭、毛人凤、刘培初等人的亲笔函，函中称：

此次香港第三台之被搜捕，其事态正在扩大当中，对本局整个工作之影响殊大。吾人受此重大之教训，对人员之训练、机器之制造、环境之应付、交通人员技术之改进、督察之严密、指导之详尽等，应如何急谋改进，实为当前之最重要问题。至如何营救被捕人员，与追还被抄文件等，还是消极办法。查我第四处内外人员革命性均甚缺乏，而办事又甚马虎，技术且极幼稚，大铭兄未能集中精神，作有计划之推进与切实之掌握，实为整个工作失败之主因也。……目前对香港一、二两台逐日收发之底稿，应随时烧毁；全国电台，均须用化名，不得用地名。至此次所搜去之河内电稿，我港区所送发之电稿是否注明河内字样，希即电港查复。

上述两份函件表明：

（1）从导致失败的内因上反省，香港站遭受日伪宪警重创，"完全系我电台人员随便外出，无人留守与负责之所致"。日伪宪警从搜获的香港站机密文件中顺藤摸瓜，竟然得以一举捕杀"中统"在港谍报人员 26 人，而且还可能扩大追踪范围，缉捕国民党在中国日占区乃至越南河内的潜伏人员，这不能不使戴笠惊呼此举"对本局整个工作之影响殊大"。

（2）从理应吸取的教训上反省，戴笠的总结只触及皮毛，而且明显有诿过于人的用意。戴笠指责负责"军统"电讯联系的第四处内外人员"革命性"缺乏、办事马虎、技术幼稚，处长魏大铭又疏于职守，却没有反省自己作为"军统王"，理应对此承担的责任。国民党情报机关一向专横跋扈，久为世人诟病。在香港，国民党驻港谍报机关秉承上峰指示，拒绝与正在港九地区开展抗日游击活动的中共游击队及其地下情报人员进行合作，遂使自己陷入孤家寡人的失败境地。反观有着白种人肤色而极易暴露的英军服务团，因与中共抗日游击武装及其地下情报网络友好合作，而在港九日占区来去自如，未遇重挫，其间的经验教训岂不发人深省？

抗战事业，本应是抗日民族统一战线的事业，即便在共同抗日的秘密谍报战线上也理应如此。

"飞虎队"空袭香港

中国的抗战是世界反法西斯统一战线的重要组成部分。

英国、国民党、共产党三方坚持在港九地区抵抗日本占领军之际，一股新的空中打击力量——美国陈纳德将军率领的"飞虎队"，不时飞临港九上空，加入打击日本占领军的战斗。

"飞虎队"是陈纳德将军在华创建和指挥的美国志愿航空队、美国驻华空军特遣队、美国第十四航空队等在华美国空军系列的总称。其战斗空域包括中国、缅甸、泰国、越南及西南太平洋部分岛屿等。

沦陷后的香港是日本本土通往西南太平洋战区的重要交通枢纽。大批战略物资从日本运抵香港，再分别输送到华南及东南亚各处战场。日本在西南太平洋的海军舰艇也时常泊靠香港，获取补给或进行维修休整。

轰炸香港军事目标，便成为"飞虎队"的战斗任务之一。

"飞虎队"首次轰炸香港，还含有与日军争夺华南制空权的特殊用意。

当时，飞虎队使用的 P－40 型战斗机在机头和机翼上装配有 6 挺 50 毫米口径的机关枪，配有可以甩脱的机底副油箱和炸弹架。最佳飞行高度在 1.5 万英尺至 1.8 万英尺之间，超过 2 万英尺，飞行效率就会降低。日军新式快速的零式战机、奥斯卡战机等机种的飞行高度，都优于"飞虎队"的 P－40 型战机。这样，"飞虎队"要想克敌制胜，就需要采取扬长避短的战术。

陈纳德决定选取一个日军势必全力防御的重要目标，制造一个

"空中陷阱"，迫使日本战机放弃自身优越的飞行高度，落入"飞虎队"战机的伏击火力之中。

陈纳德最后选定的目标就是香港。

他计划派"飞虎队"第十一中队的 B-25 型轰炸机，在 1.5 万英尺的高空轰炸香港的重要军事设施；另派 P-40 型战机隐蔽在 1.8 万英尺的高空。这样，当日本战机在 1.5 万英尺的高度攻击 B-25 型轰炸机的时候，它们就会失去原来拥有的高度优势，受到 P-40 型战机居高临下的打击。

陈纳德的夫人陈香梅在《陈纳德与飞虎队》一书中，叙述了"飞虎队"首次空袭香港的经过：

> 加勒伯·海恩斯对于轰炸香港，感到格外振奋。我的丈夫这样说到他："他的外形常常使我想起一只大猩猩，但他飞起来却像天使一样。"日本电台有一个时期曾一再重复地向它的听众保证，绝对不要怕美国轰炸机，因为这些飞机是由"一个衰老不堪的运输机飞行员名叫海恩斯者"率领的。海恩斯给这些嘲弄激怒了，出征之前，他自己出钱印了大量传单，上面用英文和日文写道："这些炸弹是与那个衰老不堪的运输机飞行员海恩斯的问候一起赠送的。"

1942 年 10 月 24 日，美国驻华空军特遣队的攻击机群从桂林出发。它包括 12 架 B-25 型轰炸机和 10 架 P-40 型战斗机。次日早上，这支部队在香港上空扔下盟军的第一批炸弹。在希尔领导的战斗机掩护下，海恩斯率领轰炸机队凌空而进，库柏上校坐在海恩斯的 B-25 型飞机的驾驶室内，越过轰炸员哈洛·摩根的肩膀向下观望。

这次攻击完全是突如其来的，大获全胜。在敌人的战斗机升空进攻前，炸弹和海恩斯的传单一起飘落下去。日军 26 架战斗机升空，追击凯旋回师的美国轰炸机，美军 P-40 型战斗机突然像老鹰捉小鸡般地背着太阳向它们扑去。在这次战斗中，美国驻华空军特遣队损失一架轰炸机；而中国情报与日本电台都证实，日军在广州与香港之间损失 20 架飞机。

1943 年以后，"飞虎队"已经成长为能够嗥叫、殴斗和猎食的猛虎，并将其主要战区从西南东移，致力于轰炸华南、华东、台湾海峡与南中国海的日军补给线。

香港越来越频繁地受到"飞虎队"的光顾。

1943 年 9 月 2 日，"飞虎队" 19 架轰炸机空袭广州和香港。

同年 10 月 25 日至 28 日，飞虎队对香港持续进行大规模轰炸。爱德华·赖特在其所著《英军服务团》一书中，记述当时的情景：

> 据称共有三次空袭：一次在 10 月 25 日下午三时半，一次在 10 月 26 日凌晨一时半，一次在 10 月 28 日上午十一时。
>
> 关于首次空袭，日本人似乎在袭击发生前约十五个小时便已预知。一个日本官员曾十分肯定地告诉他的一个中国朋友，香港 25 日将会受到轰炸！萨温·克拉克博士（Dr. Selwyn Clarke）仍在担任顾问的救护处，赶在那个星期天早晨十点之前召回了它的所有雇员。这意味着什么？不是盟军飞机发出过暗示，就是日本人得到了警告。
>
> 首次空袭异常成功。炸弹不偏不倚地落在九龙柯士甸兵营里。一个弹药库、一个油站以及加拿芬道一个日本兵营正巧被击中，燃起了三堆熊熊大火。
>
> 第二次空袭的效果就不怎么样了。炸弹似乎沿着从东北到西南的一条直线滑落，该线路起于北角的电力厂，止于跑马地的蓝塘道。我看见了两枚哑弹，而有人看到了四枚。有一枚哑弹上印着"克拉兰德化工厂，俄亥俄州，五百磅，1938 年"的字样。电力厂根本没被摧毁，而附近公寓里的平民却伤亡了一百人。
>
> 第三次空袭更是一场失败。他们可能想专门轰炸黄埔船坞或者启德机场，结果无一命中。所有的炸弹都掉到海里，炸死了许多鱼。我听说，渔民们希望这样的轰炸多来几次！只有一

架日本战斗机在轰炸时强行着陆，结果爆炸。

踏入1944年，"飞虎队"对香港的轰炸越来越频繁，有时一天空袭几次，有时轮番轰炸一整天。

日军也不甘示弱，除了动用高射炮反击之外，还不时派出战斗机起飞迎战。

2月11日，"飞虎队"从桂林机场出动12架轰炸机，在20架战斗机护卫下空袭香港。日军战斗机群升空迎战，双方在粤港长空展开生死搏斗。是役，日机5架被击落，美机1架被击落，美机飞行员跳伞后获救。

4月18日，"飞虎队"再次空袭香港，有1架飞机被日军击落，飞行员阵亡。

5月26日早上，"飞虎队"的两架重型轰炸机又从桂林起飞，低空袭击停泊在香港和大亚湾的日军运输船队。其中有1架轰炸机被日军舰只上的防空武器击中起火，机上5名机组人员跳伞获救。

"飞虎队"最惊人的战斗表演，是同年10月16日轰炸香港。陈香梅在晚年的著作中写道：

> 当时，从美国海军的航空母舰上起飞的飞机和从中国基地起飞的B-29型轰炸机，遍扫台湾各港口和机场长达三天以上，将近二十万吨的敌军船舶从台湾港口狼狈撤退，穿过南中国海，潜入香港的港口内避难。但他们几乎还没有能抛锚停稳，就遭到了第十四航空大队的猛烈攻击。结果敌军遭到了大灾。美国人击沉了八艘日本运输舰，击伤十一艘，损毁其八万吨能力，还使日本最大的修船坞之一遭受严重破坏。

在这次猛烈的轰炸中，香港大批市民也经受了"城门失火，殃及池鱼"的厄运，伤亡惨重。一本专门叙述日占时期香港苦难的书写道：

> 同年十月十六日下午三时半，盟机大炸九龙红磡，投下重型炸弹，目标原本是黄埔船坞。这一次空袭，损坏最重，死伤

"飞虎队"轰炸香港太古船坞的日军船舰

累累。红磡各防空洞多处中弹，洞内所贮煤油着火焚烧，燃烧了数天之久才告熄灭。红磡小学校址被毁，当时正在上课，学生死伤二百余人，连罹难市民在内，死伤达数百人。盟军飞机未炸沉日舰而炸死许多港人，他们死得实在太冤枉。楼宇损坏在三分之二以上，是为战争期间港九受战火摧毁最严重之一角。

这年11月20日，盟军飞机3架再次袭港。

12月22日，"飞虎队"出动100余架飞机飞袭香港、广州、汕头等地。

进入1945年，日军在南太平洋一败涂地，"飞虎队"进一步加紧对香港日军的袭击，直至日本战败投降，香港光复。

东江纵队协同作战

"飞虎队"对香港和华南地区的空袭，得到中共领导的东江纵队的大力协助和救援。

1944 年 2 月 11 日，"飞虎队"的一名战斗机驾驶员克尔中尉（Lt. Donald W. Kerr），驾机与同队战友们一起，第三次掩护轰炸机从桂林空袭香港。在香港上空，他负责指挥一小队机群袭击启德机场。不料，一架日机从云层中钻出来，从侧面向他驾驶的战斗机开火。顿时，油箱中弹起火，火焰很快灼伤他的脸和脚，他被迫弃机跳伞。在半空中，他俯视机场及附近的太子道，看到许多人在拍掌欢呼，机场旁边的日本兵来回奔跑。一切都看得清清楚楚。

克尔心想，一切都完了！他绝望地用手蒙住自己的眼睛。

20 多天后，克尔中尉向前来采访他的东江纵队《前进报》记者，讲述完全出乎意料的脱险奇遇：

> 出乎意料之外，风向把我吹送到新界某地降下。
>
> 我也知道此地与九龙不过一山之隔，敌人随即就会来将我捕捉的，但我还是向前奔跑。突然，有个小童跑上来，用手势招呼我。他在前面跑，我跟着他跑。我知道敌兵已经追来了，但那个小童很迅速，很勇敢，机警而又灵敏。他对于那些山头的每一个角落都十分熟悉，他带我跑了几个山头，在一个小角落中隐蔽起来。
>
> 敌兵已在四面八方进行搜索了，他跑出去联络，便把我们分散了。在惊涛骇浪中过了一天，那天晚上他才回来，找到我，并和一位女士送来了食物和棉被。
>
> 在敌人严密的包围封锁下，我再转移到另一个较安全的地

方，在那里隐蔽两个星期以上。每一天都亲眼看见敌人在山头山脚，在附近的围村、田野走来走去，呱呱地噪，这种场面实在是一种难言的恐怖。但你们游击队的小同志和女同志，给了我不少的勇气和安慰。

在那些日子里，每当夕阳西下，黄昏的美景浮上天际时，我就感到人生特有的愉快。我甚至低声地哼着歌曲，和小同志玩笑，因为一到黄昏，敌人的搜索就停止了。

在一个黑漆漆的夜，敌人还没有撤退，但情形已经松懈了许多，我才被你们的神勇的同志刘黑仔保护到另外一个地方。我又接受了你们蔡大队长热情的招待，翻译员谭君把你们的活动情形和极有价值的敌方材料供给了我。对于你们的活动力，我十分佩服。我想，如果游击队都不会走夜路，世界上就不会再有能走夜路的人。我想，为了抢救我，你们一定动员了许多我所看不见的力量，我要和你们做永久朋友，永久永久。

克尔（左）告别东江纵队司令曾生（中）时的留影

发誓和东江纵队做永久朋友的克尔，是来华才九个月的美国青年。据《前进报》记者介绍，他"率直坦白、热情、诚恳、不摆架子、没有绅士气味"，"他的父亲是一个军火商——坦克军工厂厂主"，"他自己曾做过新闻界的摄影记者"。

就是这么一个美国军火商的儿子，抛弃舒适惬意的生活，远涉重洋，来华参加对日作战。他帮助了中国，中国也帮助了他。

最先帮助克尔的那位小童名叫李石，时年 14 岁，是港九独立大队的交通员。

同年 3 月间，安全返抵桂林基地并升任中美联合空军指挥员兼教官的克尔，给东江纵队写来一封热情洋溢的感谢信。信末写道："中国的抗战已赢得全世界的景仰，而我们美国人也以能与你们如兄弟般一同作战而自豪，在战争里以及在和平的时候，我们永远是你们的同志。"

1944 年 5 月 26 日，东江纵队海上护航大队又在大亚湾海面，营救因轰炸日军运输船队而不幸中弹坠机的 5 名美国飞行员。他们都是属于"飞虎队"的 417 号 B－25 型轰炸机的机组成员：射击手沙克（Rolerld Shoak）上士，编号 13046632；驾驶员兼掷弹员勒夫哥（William Lefkoe）中尉，编号 0741846；驾驶员拉忽累尔（G. Laveerll）中尉，编号 073509；炮手康利（D. Conleg）上士，编号 34402807；以及炮手艾利斯（H. Ellis）上士。他们获救后，由东江纵队游击队员护送到国军防区，取道韶关，安全返抵桂林基地。

1945 年 1 月 16 日，东江纵队又将因轰炸省港地区而被日军击落的"飞虎队"飞行员伊根（J. Egan）中尉，以及美军第三舰队飞行员克利汉（M. J. Crehan）少尉营救出险。他们分别致函东江纵队司令曾生和负责营救盟军的东江纵队国际小组负责人黄作梅，表示衷心的感谢。

将近 40 年之后，美国总统里根在他的 1984 年来华访问的日程安排上，作出到上海复旦大学发表演讲的决定。演讲的主题是发展 20 世纪 80 年代的中美关系，里根却首先津津有味地追述中美两国军民在华合作抗日的动人情景：

法西斯军队席卷亚洲的时候，我们和你们并肩抗战。在座的有些人会记得那时候的情况，会记得美国的陈纳德将军率领空军，飞越半个地球前来助战的事迹。有些飞行员在中国上空，机毁人伤。你们还记得那些勇敢的小伙子吧？你们把他们藏起来，照料他们，包扎伤口。你们救了他们很多人的命。

历史不会遗忘。

尽管中国和美国、英国等西方列强在第二次世界大战前后，发生不少激烈的冲突和对抗；但是，二战期间，中国和美、英等西方盟国以及当时唯一的社会主义国家苏联相互合作，共同打败日本法西斯主义的许许多多的动人事迹，仍然构成近现代中外关系史上最为灿烂夺目的重要篇章。

这将启迪今人开创以和平、发展为主调的当代中外关系的新页。

在日占区弃机跳伞的克尔中尉等人奇迹般地脱险归来，使"飞虎队"司令官陈纳德将军极为振奋。他决定与创造这一奇迹的东江纵队合作，创造出更多的意想不到的奇迹。

1944年10月初，"飞虎队"派美国陆上技术资讯委员会技术代表欧乐尔博士（Dr. Merrills Ady）和一名华人报务员，来到东江纵队司令部，要求与中共游击队合作，建立电台，收集情报，以便加强对省港地区的空袭。

东江纵队立即于同月9日将此情况电告延安，请示对策。13日，周恩来代表中共中央，电复东江纵队：

> 与欧博士谈话，可表示欢迎合作。关于建立电台、搜集情报、侦察气象、训练爆破，可以答应。如有其他要求，可先电延安请示。

根据这一指示，东江纵队司令员曾生亲自与欧乐尔会谈，并将此任务交给负责纵队司令部情报工作的袁庚组织实施。袁庚调动东江纵队情报系统的力量，组织专门部门与欧乐尔密切合作，逐渐建立起多达200人的情报网络，分布在南自香港、北到广州、东抵海陆丰、西达珠江东岸的日占省港地区。情报网的所有华人工作人员，都是东江纵队的游击队成员，其活动经费也由东江纵队负责解决。单柱贞、张淑贤、冯芝等游击队员在搜集情报中英勇牺牲。在将近一年的时间里，东江纵队情报网通过欧乐尔博士等向"飞虎队"和驻华美军司令部提供了大量十分宝贵的重要情报。在香港负责此项工作的黄作梅，曾撰文摘列其中一部分情报的内容：

一、一九四四年十二月四日（香港）启德、（宝安）西乡南头飞机场之图例及说明，香港船坞的图例和材料，关于日本飞机场之材料及一卷未冲晒的重要军事目标的照相。

二、一九四四年十二月十八日太古船坞的图例计划，油麻地区目标，和关于虎门地方及以外之日军巡逻船只之报告。

三、一九四五年一月五日，启德机场图，太古船坞图样，和香港海傍日军在港之机关、油仓、船坞等之详细大幅图样。

四、一九四五年三月三日，日本华南舰队密码，香港政府之文件、报告概要，香港政府组织和军事斥堠手册之摘录。

五、一九四五年三月十六日，各种油类样本，日本杂志、文件及陆军符号、命令等。

六、一九四五年三月二十二日，得自跌落桥头日机之材料一包，得自一九四四年十二月落于惠阳之日机材料一包，得自一九四五年二月沉没或受创于汕头之船只材料一包，和三包于一九四五年三月八日得自龙岗之文件。

七、一九四五年四月四日，稔平半岛和范和江港口的地图，樟木头仓库图则，"M"型运输舰的图解和说明，沿海机场电油样本，以及得自跌落坪地之美国机师之证明材料。

八、一九四五年四月二十日，图南船坞组织之详细报告和从日本俘虏和朝鲜逃兵得到的报告。

九、一九四五年四月二十六日，香港政府之三月份香港情报总结。

十、一九四五年五月十一日，港九地图、传染病图表（极密）、沿广九路之日军工事图解，及日军在石龙以南、拜亚士湾海岸区、稔平半岛、太平、虎门、新界等地工事图则，和日军俘虏关于日本五二部队的报告。

十一、一九四五年五月十七日，香港政府之三月份港九第三国人及"敌国人"报告。

十二、一九四五年五月十九日，香港政府之命令文件，一个日本飞行员在飞行学校"训练"时的"飞行与战斗战略"之笔记与其关于日军一二九师团之重要文件。

十三、一九四五年五月十八日，日本在广州之货仓、船坞、工厂及政府机关之表册，和四幅自稔平半岛以东至惠来县之海岸线、海滩及深度等详图。

十四、一九四五年六月十一日，日本在广州之货仓、工厂、船坞及军政机关之表册，并附日本地图标明位置。

十五、一九四五年六月十二日，白云机场图则和龙眼洞区标示工事、仓库之图则。

十六、一九四五年六月十四日，日军华南司令部宣传计划。

十七、一九四五年六月二十二日，K. I. 84 式飞机图例共128张，买自日军人员方面。

十八、一九四五年六月二十六日，香港政府第三十六号及四十号情报（极密）。

十九、一九四五年六月二十七日，广东化学工厂和沙面目标之图样。

二十、一九四五年七月五日，日军在香港、广州之防卫力量及意图之详细报告。

附：两大城市沿广九铁路及沿海的工事、军队防地、仓库、船坞及供应等详报。

由于东江纵队情报网与欧乐尔博士设在东江纵队的情报站的密切合作，"飞虎队"和驻华美军源源不断地获得有关香港和华南日军的极其机密的情报。"飞虎队"总部与驻华美军司令部不时来电，称赞东江纵队的工作"优越、奇异"，"对美国战略部队在中国组织的成功有着决定性的贡献"。

陈纳德还专门致电欧乐尔，请他向东江纵队说明"飞虎队"在中国"对任何政党都没区别，而且对中国不同的政治不感兴趣。我们对他们抗击日本人有巨大的尊敬，因为我们对打击同样的敌人感兴趣。我们已开始从他们得到良好的情报，你要尽任何方法与每一方法的可能来帮助他们，以进行这种工作。在互相合作中，我们会因此树立早日战胜敌人、争取我们的胜利的基础"。

东江纵队与"飞虎队"的情报合作，是中共华南抗日武装与盟军协同作战的优秀范例，在中美两国军民联合反击日本法西斯的战争史上留下光辉的一页。

第五章
谁来收复香港

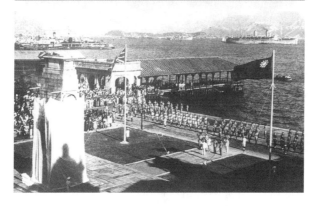

1945 年 11 月 10 日，香港政府举行和平纪念碑揭幕仪式，英、中两国国旗迎风飘扬

香港牵连大国梦

浩瀚的太平洋，波涛汹涌，水天相连。

从近代起，太平洋就铺设世界走向中国、中国走向世界的海上通道。

现在，太平洋又成为贯通世界各国反法西斯战争并使之一体化的一个主要战场。

自从太平洋战争爆发之后，原先只关注欧洲战场的英国、美国等西方列强，从被日本人突袭的切肤之痛中，开始真正理解多年来中国一直独力坚持的抗日战争的伟大意义，及其在世界反法西斯战争中的重要地位和作用。

原来在远东，在太平洋的西岸，早就有这么个古老的大国在顽强抵御着新兴法西斯的日本帝国的入侵。这个古老大国力挽狂澜的壮举，理应得到盟友的尊重和对待。

太平洋战争爆发的第二天，即1941年12月9日，美国总统罗斯福致电蒋介石，向坚持抗战的中国致敬，希望美中两国共同努力，击败公敌日本。英国首相丘吉尔也向蒋介石发来类似的电报。

次年元旦，宣布向德国、意大利、日本等法西斯轴心国联合作战的《联合国家宣言》在华盛顿发表，共有26个国家在宣言上签字，其中领衔的是4个大国。这4个大国按照罗斯福最初的亲笔排序是：美国、中国、苏联和联合王国（英国），后来罗斯福又将顺序调整为：美国、联合王国、苏联、中国。其他22个国家按英文国名的字母顺序排列。《联合国家宣言》奠定后来联合国成立的基础。中国成为宣言的四大领衔国之一，意味着国际社会开始接纳中国进入主导国际政治的大国行列。

1942年1月3日，同盟国宣布：反轴心国的第一最高区域统帅部及西南太平洋区之统帅部已经组成。驻印度英军总司令魏菲尔上将任西南太平洋区陆海空军总司令，美国空军总司令勃勒特少将任副总司令。中国战区（包括越南、泰国及将来盟军可能控制的附近区域）陆空军最高统帅由蒋介石担任。

同年1月6日，罗斯福在美国国会上发表国情咨文。他一一列举美国在大战中联合的各大盟国，其中提到"勇敢的中国人民"，会场上顿时响起热烈的掌声。罗斯福由衷地继续称赞道："那几亿人民在四年半的时间里，顶住轰炸，忍受着饥饿，不畏日军的优势装备，给侵略者以一次又一次的无情打击。"

罗斯福对中国抗战的公开称赞，在相当程度上，发自他对中国政府可能停止抗战的潜在忧虑。当时，蒋介石和他的国民政府不断向西方列强要求巨额军援，并且以中国一旦战败将给世界战局造成的可怕前景，来加重要求西方援助的紧迫性，这确实使罗斯福担心蒋介石政府如果真的停止抗日，那么整个亚洲都会倒向日本人一边。"如果中国屈服了，你认为日本可以腾出多少部队，这些部队会用来干什么？"罗斯福曾经这样告诫他的儿子："他们会占领澳大利亚，夺取印度，印度就像熟透的李子。他们还将直捣中东。……那将是日本和德国的大规模钳形攻势，在远东会师，彻底切断苏联与外界的联系，孤立埃及，严重扰乱通过地中海的所有航道。"

基于这一担忧，罗斯福告诉专程来美国磋商战局的丘吉尔，使中国蒋委员长的情绪高涨起来很重要。

于是，尽管美、英两国首脑和参谋长在当时举行的阿卡迪亚会议上，重申"先欧后亚"的战略，即优先处理欧洲战局，在此基础上处理亚洲和太平洋战局，但是仍然着手建立西南太平洋区统帅部和中国战区统帅部。尽管同盟国还没有派军队到中国参加对日作战的计划，但是仍然承认蒋介石为独立的中国战区盟军统帅，并由他在重庆召开协调中、英、美军事行动的联合军事会议。

战后，美国陆军历史学家们询问与罗斯福交往密切的马歇尔将军：罗斯福总统的对华政策是什么？他有没有向你解释过他的对华政策？

马歇尔回答：总统的这项政策，可以概括成一句话——"把中国当作一个大国来对待"。

悠悠大国梦。

古代的中国一直相信自己处在世界的中央。历代有作为的帝王、贤相、能臣，都把万邦来朝作为自己文治武功的最高境界。

可是，自从昧于世界大势的大清王朝在首次与资本主义列强较量的鸦片战争中，败于人数不过二万多的英国远征军，被迫将香港岛割让给英国之后，依然地大物博、人口众多的近代中国竟从此沦为列强任意瓜分宰割的半殖民地，再也谈不上在崇尚实力竞争的国际政治生活中享有发言权。

开眼看世界的近代中国人，为了中国的独立、民主、富强，展开一次又一次可歌可泣的革新、革命、探索和奋斗。

他们在内心深处始终梦想着，有朝一日，中国能够在国际政治生活中取得和中国的疆域、人口乃至实力相匹配的一席之地，和那些仅凭实力就可以主导世界的大国平等相处。

悠悠大国梦，而今竟然在千百万人浴血奋战的抗日战争中梦想成真?!

当时，与英、美等国列强在同一条战线上抗击日军的中国，还背负着从1840年鸦片战争以来由列强强加给中国的一系列不平等条约构成的枷锁。

这种状况，即使中国人再善于忍辱负重，也令崇尚平等观念的英国人和美国人汗颜。

况且，日军占领中国大片领土的现实，也使英、美等列强无法继续享受不平等条约给予的在华特权。

于是，在 1942 年中华民国"双十"国庆节的前一天，美、英两国政府分别通知中国：愿与中国国民政府谈判废除两国在华的不平等条约。

蒋介石闻讯欣喜过望。他在次日的日记中写道：

> 接获美、英自动放弃治外法权之通告，此为总理（指孙中山）革命以来毕生奋斗最大之目的，而今竟得由我亲手达成。心中快慰，实为平生唯一之幸事。

他特意在重庆夫子池精神堡垒广场举行的国庆节纪念大会上宣布这一消息，并且评论说：

> 我国百年来所受各国不平等条约的束缚，至此已可根本解除。国父废除不平等条约的遗嘱，亦可完全实现。我全国同胞自今日起应格外奋勉，自强自立。

他还致电罗斯福，表示谢意：

> 几十年为中国争自由的奋斗中，继续不断地梦想中国终必成为独立、民主的国家。今日理想已成事实。谨衷心感谢阁下卓越的领导、鼓励和协助中国在盟邦取得平等的地位。

中华民国国庆"双十"节这天，美国费城独立厅的自由钟奉命敲响 31 下，作为对盟友中华民国国庆节遥致的祝福。

蒋介石欣喜过望地以为悠悠大国梦已成真。

后来与英、美两国进行的谈判，却表明大国梦难圆。

1942 年 12 月，中国与英、美两国已就废除近代不平等条约赋予两国在华的如下特权，达成协议：

1. 领事裁判权。
2. 使馆界及北宁铁路沿线等区域的所有驻兵权。
3. 租界。
4. 租界内的特别法庭。

5. 外籍引水员等特权。

6. 在中国领水内行驶军舰的特权。

7. 沿海贸易和内河航行权。

8. 影响中国主权之其他问题。

不过，当谈判进入商拟平等新约的阶段，尽管在华盛顿进行的中美谈判仍然比较顺利，但是在重庆进行的中英谈判却遇到难以逾越的障碍：英方不肯放弃属于香港范围的北九龙和新界租借地。

丘吉尔和英国政府认为，根据 1842 年中英《南京条约》，香港岛已永远割让给英国。根据 1860 年的中英《北京条约》，界限街以南的九龙半岛南端及昂船洲岛也永久割让给英国。1898 年的中英《展拓香港界址专条》，则将深圳河以南、界限街以北的北九龙土地以及大屿山等周围岛屿租借给英国，为期 99 年，直至 1997 年为止。英方只愿废除 1901 年《辛丑条约》及其赋予英国在华的各项特权，香港主权归属问题不在此次废约谈判之内。

蒋介石和国民政府诸大员则认为，香港历来是中国的领土，中国政府有权收回。英国既然已无法守住香港，而让日本人占领，中国更有权在对日作战中收复包括香港在内的一切失地。作为解决香港问题的第一步，应该在此次洽商修订中英新约中，声明英方放弃九龙、新界租借地，将其归还中国。因为废除租界与租借地，是中、英、美废除不平等旧约、另订平等新约所达成的共识之一，九龙新界租借地理应包括在内。

香港牵连大国梦。

不仅中国人在努力圆这个梦，英国人也在努力圆这个梦。

蒋介石和他的大员们认为，美、英两国宣布愿意放弃在华治外法权，与中国另订平等新约，是列强承认中国的大国地位而送来的"礼物"。不过，按照中国人的心理和礼仪，"送礼"就得一次送，如果连放弃已被日军占领的九龙新界租借地的承诺都不包括在"礼物"单上，岂不是没有脸面与列强平等相处！

丘吉尔和他的大员们鉴于中英两国的舆论，表面上也非正式地宣称愿意战后与中国商洽归还香港问题，同时一再强调当前最紧要的是要相互合作，打赢正在进行的战争；实际上却不愿在香港问题上作出任何让步。尽管英国在西南太平洋区的多个殖民地已相继被日军占领，英国却力图保住依据不平等旧约对这些殖民地的拥有权和管辖权，担心一旦放弃面积数倍于香港岛和南九龙的九龙新界租借地，会危及战后英国对香港的控制，引起东南亚英属殖民地的连锁反应，动摇英国近百年来苦心经营的世界殖民大帝国的显著地位。

弹丸之地的香港，成为中英两国争取或保住各自大国地位的争议焦点。

奉命代表中方谈判的外交次长吴国桢和傅秉常，坚持要求代表英方谈判的英国驻华使馆参赞台克满将九龙租借地问题列入谈判范围。双方相持不下，谈判形成僵局。

外交部部长宋子文吩咐他们中断讨论，要求英国驻华大使薛穆电告伦敦，重新考虑英国政府的立场。伦敦方面的回复却是：建议英中两国互换照会，由中方说明九龙问题不属于当前条约讨论范围，由英方表示如需讨论九龙租借权的终止期，可在战争胜利后进行。

1942年12月25日，宋子文在前外交部部长、时任国防最高委员会秘书长的王宠惠的寓所，召开外交部高级官员会议，商讨中英谈判和处理九龙问题的对策。参加这次会议的中国驻英国大使顾维钧，后来在回忆录中写道：

王宠惠、吴国桢和王化成都说，（蒋）委员长对九龙问题颇为坚持，如果找不到克服障碍的方案，谈判就可能破裂。如果问题得不到解决，委员长宁愿不缔结条约。

宋子文征求我的意见，并问我有何妙计。我说，看来要在条约和九龙两者之间有所取舍。如问题在于是缔结条约，还是坚持收回九龙，那就是政策问题。如果除非九龙归还中国，否则我们宁愿不签署条约，那我相信，任何方案也无从打破僵局。

如果是想签署条约，则不难找到处理九龙问题的办法，这种办法能使我们体面地退让而又不放弃原则。其关键是要英国声明两件事情：一是有将九龙归还中国的意愿，二是随时准备为实现这意愿而进行谈判。

我从口袋里掏出前一天晚上拟好的一个计划原案，大家看了一致都说计划可行，但说这应该是我们解决问题的最低限度，如这一计划遭到拒绝，那还不如不缔结条约为好。

王宠惠和吴国桢都强调除非九龙问题解决，否则中国舆论是不会满意的。条约草案的文本变动如此之多，中国民众是不会把缔结这样的条约视为成功或胜利之举。

王宠惠又问，如不缔结条约，英国将会如何？条约谈判失败，在美国又会产生什么影响？我说，英国很可能会发表一项声明，说他们原来的提议是废除治外法权及有关权利，而且就此草拟了条约并达成为协议；但中国提出并一再坚持归还九龙，并坚持以废除九龙租借权为签署条约的条件。英国还会解释说，它并非不愿讨论这个问题，但目前九龙不在英国手中，因此建议战争胜利后再行讨论。我说，它发表了这样一个声明，就可任凭世界舆论来评论是非了。英、美舆论看到这个问题并非当务之急，就会采取现实的态度，觉得首要之事是协同作战，争取最后胜利，而非现在就敌人占领下的领土问题进行争吵。另外，他们会看到这个问题并不在英国承诺的范围之内。宋子文认为我们可以要求英国政府不发表任何声明。我回答说，这是不可能的，因为这个问题肯定要在英国议会中提出来。

最后大家一致同意把这个问题呈报委员长，并极力主张尽量避免和英国的谈判破裂。在今后对付苏联时，与英国的合作是至关重要的。中英谈判在目前破裂，肯定会使两国关系进一步冷下来（我们觉得，这种政治论点对委员长会比对其他领导人更有作用）。

国民政府外交大员的讨论表明，尽管他们都意识到收回九龙租借地的重要性，甚至考虑不达目标就不缔结新约，可是当他们将这种考虑置于主宰国际政局的大国政治之下加以衡量时，他们就不得不改变主意：收回九龙租借地与中英联合对日作战以及对苏交涉相比较，轻重缓急立见，忍让已属必然。

蒋介石还想作最后的努力。

12月27日，他在外交部草拟的提案上批示：英方要宣布愿意归还九龙租借地。

当天上午11时30分，顾维钧奉命约见薛穆，向他指出中英条约谈判有破裂的危险，这是中方不愿看到的。薛穆听后面露忧色，郁郁不乐，颇为沮丧。他说，他已竭尽全力设法提出一项合适的折中方案，并已在圣诞节交给宋子文。如果谈判破裂，那不是英国的过错。

结果，奉命去说服英国大使作最后让步的人却首先让步。顾维钧见薛穆不肯退让，便建议和宋子文一起去将情况禀报给蒋介石。他认为，英国在九龙问题上不会过多地迁就中方，这是英国政策上的重大问题，而中方即使暂时牺牲九龙，也应该签署条约。

王宠惠赞成顾维钧的意见，建议以如下论点说服蒋介石目前不宜坚持九龙问题：

第一，谈判破裂将意味盟国团结的破裂。

第二，中国对苏交涉需要借助英国的影响。

当晚6时45分，顾维钧、王宠惠、宋子文、吴国桢等外交大员，与蒋介石共进晚餐。

顾维钧后来在回忆录中写道：

晚宴前，我向委员长汇报了我同薛穆的谈话。饭后，我们继续进行商讨。委员长问我，威海卫是怎样从英国管辖下收回的，中国是否先向英国提出了要求。我讲述了当时的情况，并补充说，这两个租借地的条款是不同的，尤其租借期限不同。他问我，如中国提出的方案已说要就九龙问题继续进行磋商，这对中国是否合适。我告诉他，采取这个立场是稳妥的。还说，我们应向所有人表明，有关这个问题的磋商事实上将继续进行，这样可使公众放心无疑。委员长说，条约对中国是有利的，因此，如坚持归还九龙会导致条约谈判的失败，目前他就不再坚持。这真使我又惊又喜。

12月28日早晨，已经获悉蒋介石想法的宋子文召见英国大使薛穆，试图再度要求英方作出让步。他对薛穆强烈暗示情势的严重性，敦促他电请伦敦重新考虑在条约问题上的立场。他还吩咐外交次长，当天早晨不要和英国驻华使馆的任何人员谈话，以便让英国人体会到局势的严重性。

心存让步之念的人却暗示对手先让步，这种"暗示"往往徒劳无益。

30日，薛穆拜会宋子文，交给他一份有关九龙问题的英方草案文本。宋子文觉得，这充其量是薛穆先前承诺在战争胜利后再讨论九龙问题的翻版，因而感到很沮丧。顾维钧劝他说："缔结新约肯定对中国有利。现实的外交方针应是取现在之可取，其余则留到以后再争。不过，即使决定缔约，我们仍须在九龙问题上努力争取可能的最好方案，否则也必须提出保留意见，阐明我方的观点和立场。"

这天，宋子文、顾维钧和王宠惠三人，再度与蒋介石密谈如何在缔结中英新约时处理九龙问题。蒋介石说：对待目前的局势可能有两种办法，其一是拒绝签署条约，其二是目前根本不提九龙问题，而在以后用我们自己的军队收复它。

宋子文说："条约中的其他内容还是不错的，我们不妨把现在能得到的先弄到手。由于最惠国条款的关系，拒绝签署中英条约将会在某种程度上使中美条约失效。九龙问题不是迫在眉睫的实际问题，如果在这个问题上不能取得一致就不签署中英条约，这在美国看来将是不可理解的。"

顾维钧说："如果在签署中美条约后，未能签署中英条约，将给人以这样的印象，即盟国内部存在着严重的分歧，盟国阵线的团结有缺口。目前可遵循的最佳途径似乎是先签约，然后声明保留随时再次提出九龙问题的权利。这样就向公众澄清了政府的立场，同时也可确保我们今后向英国追回九龙的法律地位。"

宋子文等人的劝告，勾起蒋介石原先持有的不以九龙问题造成中英谈判破裂的想法，他打算忍让，采纳顾维钧的方案。但是在内心深处，蒋介石对英国人只顾全大英帝国的体面而毫不理会中国有失大国体面的做法仍然大为恼火，以致产生战后以国军收复九龙的念头。

这天晚上，蒋介石一定辗转反侧，难以入睡，因为他在次日（1942年12月31日）的日记中写道：

> 晨五时醒后，考虑与英国订新约事。我虽不要求其对九龙问题作出任何保留之约言，而彼反要求我声明九龙不在不平等条约之内，否则，彼竟拒绝签订新约。果尔，我政府唯有自动发表废除不平等条约之声明，以不承认英国在华固有之权利；一俟战后用军事力量由日军手中取回，则彼虽狡狯，亦必无可如何。此乃为最后之手段。如彼无所要求，则我待签字以后，另用书面对彼说明：交还九龙问题暂作保留，以待将来继续谈判，为日后交涉之根据。

> 对英外交，颇费心神，以九龙交还问题，英坚不愿在新约内同时解决，余暂忍之。此实为对英政策与技术一大改变也。

元旦，新年伊始，万象更新。

按照蒋介石及其外交大员们的愿望，中美和中英两个新约原定在1943年元旦签订，作为美、英、中三国政府送给正在艰苦抗战的中国民众的贺年礼。可是，尽管中方已愿将九龙租借地问题暂时搁置到战后再议，英方却以技术方面的原因要求延期签订，美方也跟着提出类似要求。期待新年礼物的中国人吃了西方列强的闭门羹。

"美英新约不能在元旦如期举行，乃为平生遗憾，更知外交被动之苦也。"蒋介石只能在这年元月3日的日记上慨然长叹。

悠悠大国梦！

吊诡的是，日本人先来给中国人圆这个梦！

1942年12月18日，东京大本营已经侦知中国正与美、英两国进行废除治外法权的谈判，于是专门举行联席会议，决定率先交还在华租界和取消治华法权，以"改善"南京汪伪政府的傀儡形象和日本侵华的凶残形象。21日，日本御前会议通过《为完成大东亚战争而决定的处理中国问题的根本方针》，宣称"对于在中国的租界、治外法权和其他特殊的各种形态，应以尊重中国主权和领土的精神为基础，设法尽速予以撤销，或者予以调整"。

这真是狼外婆的假慈悲！

当日军侵占中国大片领土并将此作为杀人放火的屠戮场、无恶不作的殖民地时，东京大本营宣称"尊重中国主权和领土"的惺惺作态，实在难以掩人耳目。更何况御前会议通过的"方针"还宣称"关于九龙租借地的处理和香港一起另行规定"，企图为日后在法律上占有香港埋下伏笔，这就露出狼外婆的长尾巴。

1943年1月9日，日本与它在南京扶植的以汉奸汪精卫为首的"中华民国国民政府"签订《关于交还租界及撤销和废除治外法权之协议》。汪伪政权肉麻地将此吹嘘为"中日亲善史上最先荣的一页"。作为对日本主子的回报，汪伪政权在当天向美、英两国"宣战"。

次日，蒋介石在日记中继续感叹：

美国对新约一再延搁，以致日汪先行发表伪废除不平等条约消息，殊为遗憾。一般人士明知伪约为儿戏，然而中美新约继其后发表，未免因之减色。

因之减色的中英、中美关于取消英、美在华治外特权及其有关特权条约（分别简称中英、中美新约），于1943年1月11日分别在重庆和华盛顿签署。同日，中国政府以外交部部长宋子文名义，向英国驻华大使薛穆递交一份关于九龙问题保留意见的照会。中方决定，这份照会在10天之后才以答记者问的形式发表。照会全文如下：

> 关于交还九龙租借地问题，英国政府不以现时进行谈判为宜，本代表以为憾事。一八九八年六月九日许予英国租借九龙条约之早日终止，实为中国国民素所企望。而本日签订条约之意义，为开两国邦交之新纪元。中国政府以为若该约能以此时终止，则新纪元之精神当更为显著。因此之故，本代表通知阁下，中国政府保留日后重行提请讨论此问题之权。

3月19日，国民政府最高委员会通过动议：英国如交还香港，中国可自动宣布香港及九龙等为自由港；但英方不应以此作为将香港交还中国的前提条件。

中国终于以忍让来圆大国梦。

资深的中国外交家顾维钧就香港交涉问题，向重庆的中国外交界人士发表演说：

> 每一个中国知识分子都记得一句古语：宁为玉碎，不为瓦全。换句话说，坚持原则比只顾局部利益为好。我一向把这句话看作是在个人一生中的宝贵箴言，因为一个人的生命是有限的。但这项箴言不适用于外交，因为国家是永存的，不能玉碎。一个外交家不能因为必须坚持原则，而眼看着他的国家趋于毁灭而不顾。在外交上，人们必须始终考虑到对方，每一方都想取得全胜。因此，如果一个人意欲防止"玉碎"而不屑

顾及"瓦全"，那他就是只想到自己而不考虑到对方。如果每一方都坚持百分之百的成功，那么任何谈判都不会有成功的可能。

因此，在外交上一个人必须首先判断形势，不仅要估计对方，也要估计自己。著名的《兵法》作者孙子说过，打仗要"知己知彼"。由于双方都想百分之百地达到目的，那么在谈判中唯一要做的事就是以做到百分之五十以上为目的。如果一个人取得百分之六十，他就应该满足了；如果他想超过百分之五十稍多一点，那他就得特别慎重。这就是取得谈判成功之道。

抽象说来，顾维钧这番话是外交策略上的经验之谈。具体论及香港交涉问题，却不恰当。因为无论香港岛、南九龙以及北九龙租借地，都是中国的领土，而不是英国将要送给中国的"礼物"。中国被迫暂时搁置收回九龙租借地的问题，根本原因是自己实力不逮，需要依靠美英援助以坚持正面战场的抗战，这才不得不对英退让以求"瓦全"。倘若实力强盛，毋需"玉碎"，又何必"瓦全"？

开罗会议：罗斯福主张香港归还中国

"瓦全"得来的大国梦，在开罗会议上再次经受考验。

1943年11月23日，埃及首都开罗的郊区。

华丽的米纳大厦饭店坐落在一望无垠的沙漠边缘，与雄伟壮观的金字塔遥相对望。饭店半里以外，是辽阔的卡塞林森林。森林里星罗棋布地点缀着寓居开罗的各国富豪的豪华住宅和花园。

这一世界闻名的旅游胜地，而今戒备森严。英军一个旅和500门高射炮在四周布置最严密的地面和防空警戒，饭店周围也架设起高射炮和雷达装置。此外，还有8个中队的英军飞机在附近机场待命，以防德军空袭。

这里将要举行决定世界战局和战后国际前途的同盟国大国首脑会议。密码代号"六分仪"。

会议发起人是美国总统罗斯福。他很早就邀请英国的丘吉尔、中国的蒋介石和苏联的斯大林一道召开美、英、中、苏四大强国首脑会议。现在，丘吉尔和蒋介石已如期抵达开罗，两人分别住在饭店外的别墅区和饭店里。

斯大林没有到会。他不认为中国是四大强国之一，不愿与蒋介石平起平坐。他宁愿稍后在伊朗首都德黑兰另外与罗斯福、丘吉尔举行"三巨头"会议。

斯大林避免与蒋介石会晤，还因为苏联曾于 1941 年 4 月与日本签订《苏日中立条约》，双方宣布互相尊重苏联帮助建立的"蒙古人民共和国"与日本扶植清朝废帝溥仪在中国东北建立的所谓"满洲国"的"领土完整"和"神圣不可侵犯性"，该条约的"有效期"为五年。尽管此时苏联已暗中派遣空军志愿人员来华帮助抗日，但斯大林基于暂时避免与日军公开冲突以陷入东、西线两面作战的战略考虑，依然不愿放弃苏联在中日战争中的"中立"地位。直到 1945 年 5 月初苏军与盟军攻克德国首都柏林，斯大林才于同年 8 月初宣布苏联对日宣战，出兵中国东北及日本占领的附近地区。

由美、英、中三国首脑举行的开罗会议，在罗斯福寓居的美国驻埃及大使柯克的别墅举行开幕式。

在为期三天的会议里，三国首脑及随行高级将领就彼此关心的联合军事行动问题，进行直接而坦率的磋商，达成不少重要的原则性协议。

此外，政治问题尤其是有关战后建立国际新秩序的问题，也是三国首脑及随行高级官员磋商的又一项中心内容。其中，自然涉及香港归属问题。

罗斯福基于他的反殖民主义的民主观念，早就在这年春夏就曾经向到美国访问的宋子文、宋美龄兄妹表示，日本占领的东北、台湾和香港等地在战后应该归还中国，不过香港可以划为自由港。这样中国就可以成为主权独立的大国。他发起开罗会议的目的之一，是下决心要使中国人觉得这对他们来说是一次确认大国地位的成功会议。他认为，当前对中国只有一件事情最要紧："让中国继续战斗下去，拖住日本军队。"而在战后，罗斯福制定对华政策的四项原则：第一，中国必须与苏联达成一项协议，防止苏联在战后干涉中国；第二，中国必须收回被日本和其他国家侵占的领土，包括香港；第三，支持国民党政府，把它看成能够统一中国的唯一政权；第四，美国在远东的外交政策，必须以中美两国的密切工作为基础来制定。

丘吉尔是一位致力于维护大英帝国及其原有殖民地体系利益的政治家。他参加开罗会议的目的，主要是落实先前与美、苏两国商定的"先欧（洲）后亚（洲）"的反法西斯战争的战略部署。至于东南亚的战事，丘吉尔认为最重要的目标在于重建英国在新加坡和香港的权力。这关系到维护英帝国在远东长期拥有的殖民利益。对于中、美两国一再敦促英国联合推进的旨在打通滇缅通道，以便盟国接济中国抗战的缅甸战役，丘吉尔不大感兴趣。他认为缅甸只是英帝国的一个前哨阵地，而不是具有重要战略意义的区域。他固然想将日本兵驱逐出缅甸，但这与其说是以此援助中国，毋宁说是借助中国远征军，一起洗雪日本兵入侵英帝国领地的奇耻大辱。

蒋介石将参加开罗会议看作中国首次进入主导国际事务的"四强"之列的大事，因而在会议中着眼于改善中国的战时处境和战后地位，要求英国出动海军以配合中、英陆军击败占领缅甸的日军，声明战后中国将收回台湾、澎湖等被日本占领的国土。他不打算主动提出解决香港问题的提案，以免与丘吉尔直接冲突。他在日记中写道："余此去与罗、丘会谈，应以淡泊自得、无求于人为唯一方针，总使不辱其身也。对日处置提案与赔偿损失等事，当待英、美先提，切勿由我主动自提，英、美当知敬我毫无私心于世界大战也。"

三国首脑分别从各自的"大国"立场，看待战后的香港归属问题，难免在私下聚会时发生龃龉，尽管这最终没有影响到联合击败日本的共同目标。

根据罗斯福总统的儿子艾里奥特·罗斯福的记载，11 月 24 日下午，罗斯福在与蒋介石会晤时，主动提出战后香港归还中国并改为国际自由港的议案。他提议：战后中国国民政府继续容纳共产党，组织国共联合政府；在此条件下，他愿努力劝促丘吉尔同意将香港、广州、上海等地的英国割据地及租界归还中国。

其后，罗斯福在他的开罗寓所里，又对盟军在华最高军事代表、蒋介石的参谋长史迪威等人，谈起他主张的将香港主权归还中国并使之成为自由港的计划。他自信地描绘着未来的蓝图说："让我们先在那儿升起中国的国旗，然后在第二天蒋介石就会作出一个漂亮的姿态，让香港成为自由港。这就是处理香港问题的方法！跟处理大连问题一样！"

罗斯福的提议自然得到蒋介石的赞成，虽然他内心深处并不赞成在战后组织国共联合政府，并以此作为收回香港主权的前提条件。

丘吉尔却明确反对将香港归还中国。据说，在三国首脑的一次会议中，罗斯福有意问蒋介石："你对香港如何打算？"蒋正想回答，丘吉尔却抢先抗议说："请诸位注意，香港是英国领土。"蒋介石立即反驳说："过去英国以暴力入侵中国，与清廷所订的不平等条约，国民政府概不予承认，战后随时可以收回香港。"

丘吉尔听了，觉得难以答辩，竟佯作委屈地抱怨着反问："既然盟国共同战胜日本，为什么英国也要像残暴的日本一样，受到剥夺土地的惩罚？"

中英双方对香港主权的争议，同样反映到双方协商军事联合行动之中。在讨论太平洋对日作战问题时，盟军中国战区参谋长史迪威提议以美国海军陆战队和中国驻印度远征军的两个加强师在广州湾（今湛江）登陆，进攻华南日占区。

英国参谋总长艾伦·布鲁克对此表示异议："这是一件令人感觉奇异的事件，何以在广州湾登陆而没有英国部队参战？谁都知道，那里的香港是英国的领土。英国必须参加广州湾登陆的战役。"

蒋介石愤而驳斥说："中国为独立自由而战。香港原是中国领土，在不平等条约下被英国霸占。英国人现已被日本人从这块土地上赶走，今天要以无数的中国生灵去收复这块地方，香港必须归还中国。"

布鲁克不敢在当初英国向清朝割占香港的历史问题上置辩，却以肯定英国对缅甸的殖民管辖权的现实问题来牵强附会，诘难说："既然英、中、美三国合力在缅甸击败日本之后，缅甸仍将属英国管辖，何以在广州湾击败日本之后，香港就应该归属中国？"

蒋介石回答："不能拿香港和缅甸相比，香港原来就是中国领土，中国必须收回。中国没有扩张领土的野心。"

布鲁克哑口无言。

丘吉尔声言："中国要收回香港，除非跨过我的尸体"

丘吉尔等英国大员坚持在战后香港归属问题上寸步不让，有其至深的根由。

在开罗会议上，被罗斯福和蒋介石一再敦劝将香港归还中国的丘吉尔，曾经失去绅士风度，气急败坏地质问陪同蒋介石参加会议的宋美龄："你以为我真的是骗子、恶棍，守住殖民地不肯放手？"

"你又怎么知道我有这种想法？"宋美龄收起常见的笑容，反问道。

质问和反问，显示出丘吉尔内心极力隐藏的、明眼人也已经识破的"守住殖民地不肯放手"的心态。

曾经雄霸世界、殖民地遍布全球的大英帝国，已经在第二次世界大战中，无可挽回地失去往日的显赫地位和对原有殖民地的控制权。

丘吉尔却以临危受命、挽回大英帝国的显赫地位和对原有殖民地的控制权为己任。他一再明确地对罗斯福等人表示：在其有生之年，不能使大英帝国自由解体；大英帝国的任何疆域，不能作为商议主权转移乃至别国托管的对象。

根据中国驻英大使顾维钧的回忆，丘吉尔还曾对赫尔利说过一句斩钉截铁的绝情话："中国要收回香港，除非跨过我的尸体！"

生怕将香港归还中国，引起大英帝国殖民地体系的"多米诺骨牌"般的崩溃，因此不惜将其生命押注在反对中国收回香港的表态中。这就是丘吉尔的良苦用心。

不可否认，丘吉尔是一位矢志反对法西斯主义的杰出的西方政治家。在领导同盟国取得世界反法西斯战争胜利的国际伟人当中，他的名字仅次于罗斯福而备受世人的敬重。

然而，在决心维护大英帝国殖民体系方面，丘吉尔又是一个落后于反殖民主义时代新潮的正在衰落的英帝国的孤臣孽子。他反对将香港归还中国，质疑中国有资格进入主导国际事务的四大强国行列，不愿将英国海军和更多的陆军投入到美、中两国力主尽快解决的缅甸战场，以免扩大中国在东南亚的影响，这一切都使开罗会议有关中国问题的讨论和决议出现令人遗憾的局面。

丘吉尔的态度令罗斯福慨叹，令蒋介石心寒。

蒋介石在日记中写道：

11 月 25 日下午，罗斯福在茶会中向他慨然叹曰："现在所最令人痛苦者，就是丘吉尔的问题。"又称："英国总不愿中国成为强国。"彼且郑重表示其对于殖民政策极不以为然。言下对于将来东西方民族问题颇有忧色。余因慰之曰："这是时代问题，时代总是前进的，只要时间到来，总是会解决的。"请其不必悲观。

蒋介石虽然想在罗斯福面前表现出对丘吉尔待以时日的豁达态度，但是内心已对英国的立场及其对华政策彻底失望。他在 11 月 30 日反省本月大事中写道：

> 开罗会议之经验，英国决不肯牺牲丝毫之利益以济他人。彼对于美国之主张亦决不肯有所迁就，作报答美国救英人之表示；其于中国存亡生死，则更不值一顾矣。……英国之自私与贻害，诚不愧为帝国主义之楷模矣。

在对日作战的太平洋战争中，中、英两国是公开的军事盟友。

在香港归属等战后胜利成果再分配的问题上，中、英两国是潜在的外交对手。

作为盟友，丘吉尔和英国政府以及英国人民都曾在力所能及的情况下，支持和援助中国的抗战。如同本书前述，丘吉尔曾在太平洋战争爆发前夕，电劝罗斯福勿忘中国；英国政府和人民曾在遭受德国飞机狂轰滥炸的情况下，节衣缩食，贷款捐钱献物，支援中国；诸如"英军服务团"等在华军事单位，也以不同的方式，和中国军民一道，为战胜日本法西斯而竭尽全力。这一切，都是敬重患难之交、礼轻情重的中国人民所珍视的。

作为对手，丘吉尔和英国政府大员们基于维护大英帝国殖民体系的固执立场，不愿看到中国在战后的崛起和强盛，更不愿因将香港归还中国而导致远东其他殖民地的连锁反应，因而不仅无视中国政府与人民要求收回香港主权的意愿，而且不理会罗斯福关于"平等对待中国，是防止在未来东西方之间出现鸿沟的最好方法"的劝诫。这种昧于时代进步潮流而恪守其殖民政策的顽固态度,是争取独立、民主、自由的中国人民所厌恶的。

公开的盟友与潜在的对手,英国政府就这样在战时对华交往中扮演着双重的角色,当时的中英关系随之相应呈现微妙的特色。

在共同对敌时是盟友,在争夺权益时是对手,这种现象在最终讲求本国利益、崇尚实力较量的国际政治舞台上屡见不鲜。即以当时人推崇的"山姆大叔"美国、后来人钦敬的"老大哥"苏联而论,它们的对华政策又何尝没有盟友与对手的两重性?!合作的盟友与竞争的对手或一身二任,或先后替换,这种双重角色的兼任或替换,增添了大国政治在竞争较量中的诡秘与多变,益发考验竞争者本身的实力与睿智。

面对身兼盟友与对手的丘吉尔和英国政府,蒋介石和他的国民政府缺乏与之平等相处、折冲周旋的实力和睿智,因而未能在开罗会议上取得更为满意的进展。

1943 年 11 月 26 日下午 4 时许,奠定对日作战方略与战后处理原则的《开罗宣言》,经由美、中、英三国首脑及随行高级幕僚磋商之后,正式定稿通过。会议商定,这一宣言由罗斯福和丘吉尔带至德黑兰,待与斯大林会谈协商后公布。

同年 12 月 1 日,《开罗宣言》正式发表,其英文本中译如下:

> 罗斯福总统、蒋介石委员长、丘吉尔首相各率军事、外交幕僚,相会于北非,发表宣言如下:
>
> 三国军事人员关于今后对日作战计划,已获得一致意见。三盟国决以无保留之海陆空军力,打击其残暴之敌人。此种压力之加增,业已在望。
>
> 三大盟国此次进行战争之目的,在于制止及惩罚日本侵略。三国决不为自身图利,亦无拓展领土之意。三国之宗旨,在剥夺日本自 1914 年第一次世界大战开始以后在太平洋所夺占之一切岛屿,在使日本窃夺之中国领土,如满洲、台湾、澎

湖列岛等（《开罗宣言》中文本此处作："1931 年 9 月 18 日以前之中国土地及台湾、澎湖、旅顺、大连悉行交还。"——笔者）归还中华民国。日本亦将被逐出其以武力或贪欲攫取之所有土地，我三大盟国轸念朝鲜人民所受之奴隶待遇，决定在相当期间，使朝鲜自由独立。

我三大盟国抱定上述之各项目标，并与其他对日作战之联合国家目标一致，将坚持进行重大而长期之战争，直至日本无条件投降。

罗斯福

蒋介石

丘吉尔

鉴于英方的态度，《开罗宣言》没有提及战后香港归属问题。但它首次以国际文献的形式，宣布承认中国对日本割占半个世纪的台湾和澎湖列岛拥有无可置疑的主权，这显然是抗战的中国在主导国际事务的大国政治中取得的意义深远的重大外交成果。

同年 11 月 27 日，蒋介石、宋美龄与随行人员乘飞机从开罗返抵重庆。

重庆报刊随之赞颂"中国外交史上空前之胜利"。

报刊上登载的开罗会议"三巨头"与宋美龄的合影，使这类赞誉声更为高涨。

据说，在临别合影留念的时候，罗斯福曾让蒋介石居中坐，蒋谦让，推罗坐中。于是，在照片上，前排左起第一人是蒋介石。他穿着紧身军服，衣领上镶着三颗星，双手戴着白手套，捧着饰有青天白日圆形徽章的军帽。第二人是罗斯福，穿着黑色西装，侧身面对蒋介石。罗斯福的这种姿态，无论是有意做作，还是源自摄影师的抢拍，都会凸显蒋介石的地位，满足他与大国领袖平起平坐的荣誉感。第三人是丘吉尔，穿一身白色西装、一双白色皮鞋，神情严肃。第四人是宋美龄，身穿黑缎旗袍，外加白色短外套，脚穿饰有蝴蝶结的白皮鞋，显示出东方女性的魅力。

开罗会议"三巨头"与宋美龄等人的合影

蒋介石在重庆过足了"大国领袖"瘾。

可惜，重庆不是开罗。

在开罗，蒋介石的国际声誉虽然达到他一生中的顶峰，却又迅速从顶峰上坠落。

罗斯福和丘吉尔都是在开罗第一次见到蒋介石。首次会面，曾经给他们留下好印象。罗斯福觉得蒋介石是他见到过的"第一个真正的东方人"，和他认识的受过西方教育的东方人迥然不同。丘吉尔则在后来的回忆录中写道："他的那种沉着、严谨而有作为的性格，给我以深刻的印象。"

然而，在此后几天的直接交往、会谈和争辩中，丘吉尔首先因为蒋介石极力向罗斯福强调援助中国战场的重要性，生怕破坏英美"先欧后亚"的既定战略方针，而对蒋产生不满；继而更因与蒋介石在缅甸会战和香港归属等问题上政见歧异，而对蒋失去好感。跟随他参加会议的英国参谋总长布鲁克，干脆将蒋介石讥讽成有"一副雪貂般的狡猾奸诈的嘴脸"，"不抓战争大事，却一心想着讨价还价勾当"的人。

罗斯福也在同蒋介石以及他的夫人宋美龄的直接交往中，逐渐对他们失去信心。在一次与蒋介石作长夜密谈之后，他向秘书萨姆纳·韦尔斯抱怨说：近几年来，他在这位委员长那里"真不知遇到多少麻烦"。现在，蒋介石在他的心目中已成为"变化无常"的人。他对蒋介石政府的腐败和低能感触良多，他觉得自己"无法容忍这个政权对中国下层人民的苦难漠不关心的态度"。

在此之前，罗斯福已对宋美龄在 1942 年 11 月至 1943 年 5 月访问美国期间流露出来的东方专制女王般的作风不以为然。1943年 1 月初，宋美龄与随同她访美的孔二小姐应罗斯福夫人的邀请，入住白宫。她们居然将在中国对下人颐指气使的傲慢态度，也搬入讲究平等礼仪的白宫，令白宫特工人员颇有非议，尽管思想和语言已经西方化了的宋美龄在向美国公众演讲时，以其妩媚的风采和卓越的才华赢得潮涌般的欢呼和掌声。

对宋美龄内外表现均已耳闻的罗斯福，在第一次接见她的时候，改变一向让被接见者坐在身旁沙发上的惯例。他吩咐侍者在自己面前摆上一张牌桌，在牌桌的另一边放上一张椅子。他对女儿解释说，这样安排是因为他不想与客人靠得太近。在一次共进晚餐之后，罗斯福就当时美国发生的矿工罢工事件问宋美龄，如果她的政府在战时遇到类似情况，将会采取什么对策。喜欢宣称像美国人一样崇尚民主自由的宋美龄，用一个手指，优雅地在自己雪白脖子上一抹，做出一个杀头的手势。罗斯福忍不住仰头大笑，边笑边对曾经感叹宋美龄"可爱、温柔"的第一夫人意味深长地说："埃莉诺，您瞧见了吗？"

东西方政治文化的差异，终于使罗斯福对蒋介石夫妇的评价大打折扣，从而影响到他为美国制定的对华政策。

海外学者梁敬锝在《开罗会议与中国》一书中，列表比较罗斯福在开罗会议前对蒋介石及其统治下的中国的期许，以及此后实际看法与决策的变化。为便于读者了解，兹改以文字叙述如下：

开罗会议前，罗斯福和美国曾将蒋介石视为中国"唯一之领袖"；开罗会议后，罗斯福却在致马歇尔的信中予以新的评价："蒋介石只如摩洛哥之酋长"。

开罗会议前，罗斯福和美国认为，中国将在战后成为"最有希望之国家"；会后，罗斯福却对丘吉尔说："中国须再经五十年之教育"。

会前，罗斯福主张中国有参与远东事务的决策权；可是，开罗会议之后举行的雅尔塔、波茨坦、魁北克等重要国际会议，都不再邀请中国参加，中国实际上被美、英、苏三大国排除于处理远东事务之外。

会前，罗斯福主张视中国为世界四强之一的平等盟邦；会后，中国实际上却成为美、英、苏三强协议的牺牲品，属于中国领土的香港仍决定由英国管辖，大连、旅顺以及中东铁路和南满铁路（后称长春铁路，1897—1903 年由沙俄筑建），则决定仍由苏联接管。

会前，罗斯福政府的对华政策只以蒋介石领导的重庆"国民政府"作为唯一交涉对象；会后，罗斯福根据其民主政治的观念和史迪威等在华部分官员的意见，坚持在延安设置美国军事观察小组，无形中等于承认中共在抗战中享有不可忽视的地位，与国民党同为交战团体。此举对战后中国局势的变化产生微妙的影响。

总之，在罗斯福和丘吉尔等西方列强的心目中，蒋介石及其政府的地位已经大为下降。

不过，尽管他们不再尊重蒋介石，却都认为尚还无人能够取代他统治中国的地位。

罗斯福认为，不管这位委员长的军事眼光多么"有限"，"也不管他的军队打得多么糟糕"，他仍将是战后统治中国的人物。"尽管蒋介石夫妇缺点很多，但我们还是得依靠他们。"罗斯福对他的儿子说。

西方列强对蒋介石姑且"依靠"，实则瞧不起的态度，使得蒋介石在开罗会议之后再也无法与大国领袖们平起平坐。

蒋介石和国民政府希望借助罗斯福支持而争取在战后解决的收回香港主权的问题，随之变得前景叵测。

蒋介石坚持中国战区统帅受降权

1945 年春夏之交，世界反法西斯战争终于显露胜利的曙光。

在欧洲战场：这年 4 月，苏联红军攻克德国首都柏林，并在易北河的托尔高地区与攻入德国的美国、英国同盟军胜利会师。纳粹德国灭亡。

在亚洲太平洋战场：美军以跳岛战术在海上大步跃进，接连攻占日军固守的外洋重要岛屿，随即将战争推向日本琉球群岛，并且出动大批轰炸机群，对日本本土进行持续不断的毁灭性轰炸。英国海军太平洋舰队也协同美军太平洋舰队对日作战。

这年 2 月 11 日，参加雅尔塔高峰会议的美、英、苏三国首脑，就苏联击败德国之后参加对日作战问题，达成秘密协议。在未征询中国意见的情况下，协议允诺苏联在中国取得旅顺、大连港口和中东、南满铁路的特别权益，允诺承认外蒙古独立，以此作为苏联参加对日作战的主要条件。

此事表明，即便是后来中国人一度认为是最好盟友的苏联"老大哥"，在决定出兵帮助中国击败日本之际，也不忘索回沿袭近代不平等条约取得的在华既得权益。社会主义国家苏联尚且如此，何况资本殖民帝国英国之于香港！

任何国家都是在维护乃至扩大本国权益的基础上，参与国际政治。奢言"无私的国际援助"，掩饰利己的原始动机，终究都会在严峻的历史事实面前出丑。

1945 年的中国战区开始出现局部反攻的迹象。

正面战场上，不断获得增援的盟军"飞虎队"已经从日本空军手中，夺回制空权。日军无法招架来自空中的攻击，遂于 3 月下旬出动 8 万名陆军，企图从地面攻占湖南芷江的盟军空军基地。这是侵华日军发动的最后一次大攻势。5 月上旬，日军在国军与盟军的陆、空力量联合打击下，遗弃约 2 万名战死者的尸体，溃逃而退。国军乘势在广西、福建、浙江等南方省份开始局部反攻，到 7 月间已收复南宁、河池、宜山、柳州、桂林、福州、黄岩等城市。

敌后战场上，自从 1944 年春季日本发动打通中国大陆交通线的"一号行动"战役以来，中共领导的八路军、新四军和各抗日游击队分别向华北到海南岛的大片沦陷区发动大规模的游击攻势，扩大解放区，牵制日伪军，配合国军作战。到 1945 年 8 月之前，中共领导的抗日武装在敌后开辟建立的各类解放区的总人口，已达 9200 万人；八路军和新四军的人数达 65 万人。

中国战区的局部反攻，将日本用于侵华的上百万名中国派遣军牢牢牵制在辽阔的中国国土上，从而破坏日本希望尽快结束侵华战争以便抽调兵力增援太平洋战场的企图，为美、英盟军在太平洋上实施的战略反攻，提供有力的侧翼支持。

1945 年 8 月 6 日，美国战略空军第 20 航空队第 209 特别混合大队出动 B - 29 重型轰炸机，在日本广岛上空投下第一颗原子弹。

8 月 8 日，苏联正式对日宣战。苏军以摧枯拉朽之势，向中国东北、朝鲜和库页岛上的日军发起进攻。

9 日，美国战略空军又在日本长崎上空投下第二颗原子弹。

10 日，日本天皇在御前会议上决定接受《波茨坦公告》，以照会托瑞士政府转达美、英、中、苏四大国，请求投降。

14 日，日本天皇在御前会议上作出停战决定，颁发停战诏书。同日，因罗斯福于同年 4 月去世而接任美国总统的杜鲁门，任命西南太平洋盟军最高司令官麦克阿瑟为接受日本投降的盟军最高统帅。

15 日，日本天皇向全国广播，宣布接受《波茨坦公告》，向盟国无条件投降。盘踞在中国大陆和香港、台湾等地的日军官兵，也在当天中午 12 时从广播里收听到天皇亲自广播的停战诏书。

设在香港中环汇丰银行大厦里的日本香港占领地总督部，接到天皇训令，命令隶属中国派遣军第 23 军的驻港日军就地向盟军投降。

在南京中山北路 32 号原中国国民政府外交部大院内设立总司令部的中国派遣军总司令官冈村宁次，也接到要他率部投降的类似训令。

日本宣布投降的消息迅速传遍中国各地。

这消息、这喜讯来得太突然。多少人乍听时不敢相信，待到相信时已是举国若狂！

重庆张灯结彩。

延安彻夜欢腾。

从 1931 年"九一八"事变开始，中国人民进行长达 14 个年头的英勇抗战，终于以全国军民伤亡 3500 多万人、有统计的财产损失 732.59 亿美元的巨大代价，在近代历史上，第一次赢得对外反侵略战争的光辉胜利！

日本战败投降，也是对日作战同盟国的胜利。

胜利者理所当然地要收复失地，接受战败者的投降。在香港归属问题上互不相让的中、英两国，谁来收复香港？

负责盟军受降事务的最高统帅麦克阿瑟将军，就划定区域接受日军投降一事，发布"总命令第一号"，其中规定："凡在中华民国、台湾、越南及北纬 16 度以北地区之日军，均应向蒋委员长投降。"

之所以要向"蒋委员长"投降，是因为蒋介石是盟军中国战区的统帅。

香港是中国的领土，其地理位置在北纬 16 度以北，占领香港的日军历来隶属中国派遣军第 23 军，该军司令部设在广州，司令官田中久一中将当时兼任香港占领地总督。这一切，都顺理成章地意味着：如同中国派遣军必须向中国战区军民投降一样，香港日军也必须向中国战区军民投降。

蒋介石因此坚持中国战区统帅拥有对香港日军的受降权。

自从香港被日军占领之后，英国一些朝野人士虽然认为可以在战胜日本之后，与中国谈判归还香港的问题，但是这种意见并没有为政府所接受。相反，英国政府专门成立研究处理战后香港问题的机构，供高层决策时参考。

1945 年夏天，隶属内阁办公室的"远东计划小组"参照殖民部和外交部的意见，提出一份备忘录。其中强调战后若将香港归还中国，牵涉问题极为重大，除非出现下列两种情况，否则不应考虑：

一、有充分证据证明，中国已经组成强大、公正、能为外商提供安全而公平的贸易环境的政府。

二、由于火箭和原子弹等新式武器的出现，对于战略形势尤其是香港在新战略下的作用的影响已经明朗化。

与此同时，隶属殖民部的"香港计划小组"在经过半年时间研究战后香港如何进行政制改革之后，也提交了一份备忘录。建议收复香港之后，在施行民政之前，先由军政府治理；然后成立市议局，推行局部民主选举，改善对香港的殖民管治。

8 月 13 日，英国参谋总长提议，一旦日本宣布投降，则应派遣一支海军部队前往接收香港。

这一系列前期准备，使英国在获悉日本投降、麦克阿瑟划定受降区域之后，迅速作出反应，抢夺香港受降权和控制权。

英国政府以香港是英国的殖民地、英国人曾在那里抗击日军为由，要求美国将香港日军受降权交给英国。

继丘吉尔之后出任英国首相的艾德礼，专门致电杜鲁门称，英国将派一支海军部队向香港进发，任务是从日本人手中接管香港，恢复英国在那里的统治。艾德礼说："在这个地方的日本指挥官，可能会把香港包括在'中国境内'，因此我要求您指示盟国最高帅麦克阿瑟将军，命令日本最高统帅官保证驻英国殖民地香港的日本地方司令官，应在英国海军部队的司令官到达香港后，向他们投降。"

杜鲁门不像罗斯福那样主张将香港归还中国，也不想因为中国而与关系更为密切的英国冲突，因而很快同意将香港受降权让予英国。他在回忆录中写道：

> 罗斯福总统并没有作出什么诺言，但是他却暗示过，他不愿妨碍中国人战后为争取收回香港而与英国人进行的谈判。这是和我们鼓励中国取消治外法权和外国租界的总的政策是一致的。但是我们认为这个问题须经过公开讨论，因此我们依然遵守我们承认既定权利的原则，指示麦克阿瑟将军部署香港向英国司令官投降的事宜。国务卿贝尔纳斯把这个情况通知了宋子文，并向他声明，这样做决不等于表示美国对香港未来地位的看法。

与此同时，英国外交部决定将派遣海军舰队前往收复香港的计划通知中国。英国驻华大使薛穆于是会见国民政府外交部次长吴国桢，向他递交英国外交部的照会。

中国立即就此问题作出反应。

8月16日，吴国桢召见薛穆，申明中国政府尊重英国的利益，在接受日本投降的问题上，双方必须紧密合作，以求促成远东的和平和安定。同时中方希望英方在安排受降计划时，必须遵守盟军最高统帅发布的"总命令第一号"，在没有最高统帅和中国战区统帅的授权时，不要派军队占领中国战区内的任何土地。

吴国桢还口头表示：中国不打算利用香港位于中国战区的事实，来恢复中国在香港的主权。中国政府认为，香港问题可以在将来通过外交途径来解决。

吴国桢这番不软不硬的表态使薛穆感觉到，重庆方面对香港受降权的争辩，核心问题是争面子而不是争主权。他在稍后向英国外交部汇报这一看法，指出一个可行的解决办法是，由蒋介石委任一位代表，和英国舰队指挥官一起在香港接受日军投降。

同日，吴国桢还召见美国驻华大使赫尔利，请他转达蒋介石以个人名义写给杜鲁门的一封信。信中说，香港属于中国战区，不属于英国负责的东南亚战区；根据麦克阿瑟将军的第一号命令，香港不属英军接管范围。英国派海军接收香港，违反盟国协议，实为盟国不幸。因此，他请杜鲁门知会英国政府，不要违背第一号命令和采取不恰当的行动。

17 日，英国驻华大使薛穆拜会吴国桢，向他解释英方对于香港的立场：英国政府一贯深信，各同盟国只要自己有足够的力量，那么不管其失地位于何种战区，都应该自行收复。英国将自己收复香港的计划在第一时间内通知中国，正是对华"友善"的表示。

会后，薛穆向伦敦报告说：中方在接收香港的问题上，强调的是双方都应遵守受降的既定规划和程序；因此他相信，蒋介石真正不满的是英方在获得他的授权之前，就决定派兵到他的战区去。因为在会谈中，吴国桢曾询问英方有何办法，可以回避这一难题。

19 日，薛穆到中国外交部递交一项备忘录，宣称英国政府不接受将香港列入中国战区来受降，他希望身为军人的蒋介石理解英国的决定：英军曾在香港屈辱于日军，急欲从日军手中接管香港，一洗前耻。英国政府欢迎蒋介石派代表，参加英方在香港举行的受降仪式。

备忘录以当然拥有、不妨施与的居高临下态度，谈论本该由中国战区行使的香港受降权问题，活现出英国人一面争权夺利、一面彬彬有礼的绅士风度。

蒋介石当然不吃这一套。

20 日，他致函美国总统杜鲁门，就英国驻华大使在递交备忘录时，声称美国已知会英国，不反对英国出兵接收香港一事，向杜鲁门提出忠告和反建议。信函称：

> 英国大使通知外交部次长吴国桢博士，说您曾致电艾德礼首相，说明美国并不反对由一支英国海军部队去接收香港。英国大使还说您同意英国在香港"各地区"接受日本武装部队的投降。我们却没有从宋子文博士或您，总统先生，听到任何承认或拒绝英国的要求的话。如果您没有向英国发出这样的电报，我要强烈地提出忠告，不要对《波茨坦公告》和盟国最高统帅所发出的投降条款作任何片面的改变。现在改变投降命令，会制造不良的先例，会在香港以外的一些地方带来更为严重的后果，英国应该遵照总命令，撤回要在香港登陆的部队，打消在这一地区接受日本投降的企图。
>
> 如果正如英国大使所宣称的，您已致电艾德礼首相，为了不使您为难，我提出如下的建议：日本在香港的部队应向我的代表投降，在受降仪式上，将邀请美国和英国的代表参加。在受降后，由我授权英国部队登陆并重行占领香港。英国不得利用任何借口，命令部队在中国大陆登陆。我做出上述让步是不得已的。我希望阁下能支持这种立场，并在我和英王陛下政府作出明确的安排以前，得到您的答复。

蒋介石的信函表明，他坚持中国战区统帅在香港应该享有的受降权；在此基础上，他愿意作出让步——"授权"英军重新占领香港。

先前，英国驻华大使薛穆认为蒋对香港问题实质上将只争面子、不争主权。这一判断得到了证实。

诚然，蒋介石所争的不仅仅是他个人的面子，还包括他当时主持的中国国民政府的面子。而且，在争这些面子的同时，也为映衬中国在香港的主权埋下伏笔。但是，蒋介石这种迹近"曲线救国"的做法，与开罗会议时面对丘吉尔力争战后收回香港主权的表现两相比较，已属倒退。这是因为此时的蒋介石外无类似于已故罗斯福那样的大国领袖的支持，内则急欲调兵遣将，迅速控制抗战胜利后的全中国，实在无力也无暇与英国竞争收复香港，只好搁置主权问题，改从法理上争"面子"，坚持香港受降权。

蒋介石与国民政府将香港主权与受降权分开而论，原以为可以避难趋易，孰料正好露出破绽。杜鲁门于是乘虚而入，抓住蒋介石在香港主权上的让步，敦劝他进而放弃受降权之争。

杜鲁门在答复蒋介石的回信中说：

> 关于日本人在香港投降的问题，在我看来，主要是一个军事行动性质的问题。关于英国在该地区的主权，并没有发生什么问题。据我了解，您并不想提出这个问题。由于考虑到这些，我才向艾德礼首相发出上述电报。日本军队在实际可行的地区，向当地行使主权的国家当局投降，似乎是合理的。在香港，英国和您在行动上取得军事合作，在我看来，是完全可行的。这种协调将使日本在香港向英国军事当局投降成为可能。

杜鲁门后来回忆蒋介石收到上述函电后的态度，说：

> 蒋介石仍然不愿意在主要问题上让步。他希望由他的代表把香港当作中国的一部分加以接收，但是他却认识到，如果没有我们的支持，他自己的军队就无法到达香港；正如没有我们的支持，他的军队就不能到达华北和满洲一样。

当时，蒋介石需要依靠美国的海、空两栖运输力量，将集结在西南的国军主力紧急运往原先被日军占领的东北、华北和东南沿海各大城市，以便在战后迅速恢复对全国的统治，因而不得不遵从杜鲁门的意见，继续在香港受降问题上退让。

8 月 23 日，蒋介石致电杜鲁门：

> 亲爱的总统先生：赫尔利大使已将您就香港受降问题的电报转交给我。在中、英两国之间有关香港行动的军事协调，遵照您的嘱咐和建议，我已通知英国，作为这个地区的最高统帅，我同意授权英国司令官接受在香港的日本部队的投降。我还指派一个中国官员和一个美国官员去参加那里的受降仪式，并请英国事先与我的参谋长魏德迈将军和中国军事司令部在行动方面取得必要的军事协调。总统先生，对我来说，作出这些让步是很困难的，但是由于以各种可能的方式和您合作，是我的愿望，因而我终于这样做了。

蒋介石的电文表明，他愿意在香港受降问题上作实质性的退让，让英国司令官接受日军投降，自己则保留名义上的中国战区最高统帅的受降权。

虽然名存实亡，毕竟可以保存最后一点面子。

杜鲁门就此写道："我认为蒋介石的让步是十分合理的，同时我以为这样就把问题解决了。"

他发电报表扬蒋介石："在关于香港日军向英国司令官投降问题上，您采取了审慎的措施。您的措施已解决了一个僵局，请接受我对您这一行动的谢忱。"

可是，英国人却要剥下蒋介石企图保存下来的最后一点面子，拒绝接受蒋介石的"授权"，而要名副其实的香港受降权。

8 月 25 日，英国驻华大使薛穆奉命以口头通知形式，向中国外交部宣示英国政府对香港受降的决定：

> 英王陛下政府迫切希望取得一个双方满意的安排。他们并不怀疑委员长会了解大不列颠决心于日本战败以后在香港恢复战前的统治。因此他们必须遗憾地指出，他们不能接受委员长关于英国部队军官应作为委员长的代表，在英国的属地上接

受投降的建议。他们欢迎中国代表，也同样欢迎美国的代表。受降将由英国军官来执行，他将根据"总命令第一号"的授权来实现这一目的。委员长所指派的中国和美国官员将以中国战区最高统帅代表的资格参加，预料届时还要签订投降书，他们得以证人资格签字。

薛穆还表示，英国政府已指派海军少将夏悫作为特遣舰队总司令，率舰队前往香港，接受日军的投降。

英国政府宣称它派出的英军军官将不接受蒋介石作为中国战区统帅的授权，而根据麦克阿瑟的"总命令第一号"的授权来接受香港日军的投降，这在法理上是自相矛盾、难以成立的。

8月27日，蒋介石召见薛穆，强调到香港受降的英国军官必须取得中国战区统帅的授权。他在当天的日记上写道："如其不接受此委托而擅自受降，则破坏联合国协议之责任在英国，余决不能放弃应有之职权，且必反抗强权之行为。"

当天，他还就此事召见美国驻华大使赫尔利，并直接致电美国总统杜鲁门。电文称：

> 我告诉英国大使，我不能同意英国政府在这一问题上所采取的立场。英国愿意恢复香港的原状始终没有受到影响，因为从一开始我就向他们保证中国政府无意派遣中国军队占领香港。按照"总命令第一号"，香港并不包括在英国人受降区内，香港明确地划在中国战区内。作为这个战区的最高统帅，我有履行和遵守与盟国签订的协议的义务。我做出让步，授权英国司令官在该地接受投降，纯粹是出于我的维持与盟国的友好关系的愿望。而在我做出这个让步时，曾得到您的赞同和认可。超出这种让步的限度，对我来说，既不符合与盟国签订的协议的精神，也与我作为这个战区最高统帅的职责不符合。
>
> 我还通知英国大使，既然英国政府已任命夏悫海军少将接受香港日军的投降，从今天起我便授权给他。……我深信在这

一事件上，您会支持我，而训令麦克阿瑟将军对夏悫海军少将发出必要的指示。

赫尔利在稍后向杜鲁门报告与蒋介石会谈的情况中，描述蒋介石对英国人的愤怒：

> 他说，他从英国方面接到的每一通知，都带有武力威胁。这还不仅仅限于香港和九龙，而且还牵连到中国其他地区。委员长说，他认为英国的态度是帝国主义式的，表现飞扬跋扈，是与联合国成员的资格不相称的。

杜鲁门不再理会中、英两国在香港受降问题上的争拗。后来，他在回忆录中写道：

> 对于我们两个盟国之间的摩擦，我虽然感到遗憾，但是我似乎又无法解决。英国海军部队已经出发前往香港，夏悫海军少将终于在 9 月 16 日在香港接受日军投降。在受降仪式上，他根本没有提到委员长，但是蒋介石的总司令部却把香港列为由他受降的几个地区之一。在这个问题上，我没有采取进一步的措施。

这就是杜鲁门与主张战后将香港归还中国的已故总统罗斯福的不同之处。

在赞成英国人恢复对香港的殖民统治的 5 年之后，杜鲁门纠集"联合国军"，发动最终导致中、美对抗的朝鲜战争。战争的结果是，美国有史以来第一次被迫在没有取得胜利的对外战争的停战协议上签字。

杜鲁门在世界大战刚刚结束之际，就忘记罗斯福的遗训：平等地对待中国，是防止"在未来的岁月里，东西方之间出现鸿沟"的最好方法。

蒋介石在香港受降问题上，从最初坚持由中国派代表主持受降，最后退到由他以中国战区统帅名义"授权"英军司令官主持受降的底线。

他决定无论如何不再退让。

此时，距同盟国确定的 1945 年 9 月 2 日在日本东京湾美国战列舰"密苏里"号上举行的日本正式签降仪式，已经时日无多。

在这种情况下，英国决定留给蒋介石最后一点面子。

8 月 30 日，英国政府单方面决定，率领舰队驶抵香港的夏悫海军少将在受降书上签字时，将同时代表英国政府和中国战区统帅蒋介石。

次日，蒋介石在日记上感慨地写道：

> 英国对余委派英军官接受香港敌军投降之指令，最后仍承认接受，是公义必获胜利之又一明证。惟英国侮华之思想，乃为其传统之政策，如我国不能自强，今后益被侮辱矣！

英军抢先接收香港

中、英两国在通过外交途径争执香港受降权的同时，也各自紧急调动部队，准备从军事上接收香港。

中国方面以接收香港为目标的军事行动相对迟缓，这是因为蒋介石首先考虑的是紧急将国军抢运到内陆各大城市，开展战后大接收。

8 月 21 日，蒋介石才命令驻防广西的国军第二方面军司令官张发奎，担任广州、香港、雷州半岛及海南岛等地的受降官，率军向这些地区推进，接受该地日军的投降。张发奎随即派遣集结在广西苍梧地区的第 13 军，沿西江而下，将主力部署在广州至九龙的广九铁路沿线，待命接收香港。

英方的军事行动和政治行动因有准备而较为迅速。

8 月 13 日，英国外交部致电在重庆的英国驻华使馆，让他们指示在华南活动的 BAAG，设法将一则指令传达给关押在香港赤柱国际集中营里的原香港政府辅政司詹逊。指令称：英方正努力寻求美国总参谋长同意从英国太平洋舰队中，派遣一支海军部队驶往香港。詹逊应在日本投降后，设法恢复香港政府的行政管治，并在海军部队司令官抵港后，向他移交行政管治权。

BAAG 的赖特上校立即通知澳门情报站的一名华人情报员，将此指令转递给詹逊。他估计，转递这一指令可能会花费两个星期的时间，为了早日赶赴香港，营救关押在国际集中营的盟国战俘和难友，他和几名英、美军事人员在 8 月 17 日采取一项冒险行动，乘坐一架 DC－3 型双引擎运输机，从云南昆明起飞，准备取道广州，作为首批盟军先遣人员飞抵香港。但是，这项未经盟军与战败日军协商同意的私下行动，在途中降落广州机场之后，因受到当地日军劝阻和在华盟军司令部禁止而被取消。

这时，日本投降的消息已经传入香港赤柱国际集中营，詹逊立即向香港日军当局要求恢复行使原先由英国政府授权给他的行政权力，要求给他和他任命的香港政府官员提供住处，使用无线电台进行通信联络。日本人很快同意这些要求。

詹逊后来写道：

> 我回到我的住所之后，门外响起敲门声，一个中国人走进来。他表示，他是 BAAG 从澳门派来的联络员，带来外交部的指示。随后，他说他姓梁（Leung），……他向我讲述国际形势的变化。我所了解的一切使我认为，我应当宣誓出任香港政府的行政长官。

英国外交部给詹逊的指示是：

> 一、英国政府决定恢复在香港行使主权，并计划在获任命的英军或盟军长官到达香港时尽快建立军政府。
>
> 二、假如情况容许，詹逊应以最高行政长官的身份，执行代理总督的职务，直到英军或盟军接收香港，建立军政府为止。

于是，詹逊找来前香港首席按察司麦格里高爵士，向他宣誓就任香港代理总督。随后召集被囚禁在各集中营里的原香港政府高级军政警务人员，筹建管理市政的临时政府。社会治安秩序则仍由驻港日军维持。

8月23日，英国殖民地部电告詹逊，由海军少将夏悫率领的英国海军特遣舰队，即将从菲律宾的美国海军基地苏比克湾出发，赶赴香港。

27日，詹逊在香港电台向市民发表首次广播讲话："我是目前驻港英政府的首席代表，现已取得日方同意，在维多利亚城设立一办事处，并准备必要的步骤，当英军抵港岛受降时，恢复英国的统治权。我确信英军抵港的日期将在不远。"

詹逊在香港宣布英军即将抵港，恢复英国的统治。占香港人口绝大多数的华人却盼望中国军队早日到来，恢复中国对香港拥有的主权。

8月26日，香港巨富兼慈善家胡文虎出资主办的一度投日近已倒戈的《香岛日报》（原称《星岛日报》），发表题为《香港接收问题》的社论，道出一般港商与市民主张香港回归祖国的心声。兹摘介如下：

> 香港何以归英国统治？谁也知道是鸦片战役、由中英《南京条约》缔结所注定的命运。香港这一中国的荒岛终于穿上英殖民地的外衣，便由那时候起了。"七七"抗战开始，中国即取得国际的同情，香港无形中成为中国抗战物质的输入口，一半也成为中国民众的避难地，同时更是一个民众抗战情绪强烈暴露的好地方。而在一九四一年十二月二十五日起，即为日本的占领地。
>
> 据驻华美军司令威得还雅（又译作魏德迈——作者注）说："中英政府正讨论接收香港及接受香港日军投降问题。……自开战以来，香港即被划入中国战区，故由中国军接受香港日军投降，乃自然之事。"这是美军司令威得还雅口中的事

实根据。……事实是英国远在欧洲，当时的新加坡亦受到强烈的攻击，无法援救香港，香港之必被占领，又是一个无可逃避的命运。香港被占领后，英国仍在一筹莫展之中，其为划入中国战区，在作战的现实上是毋庸争执的事。既然香港方面由我国军队负责，则今日对香港日军投降的接受之应属于我们国军，这不但是法理所宜然，抑且从历史的根据与建国大计、领土完整的两点说来，更是有其强劲健全的理由。

然而，香港应属何国接收，国府自有权衡，同时盟国方面亦当有卓越而合理的办法。但在理论上则我们该针对事实，拥护国权，而在适合时地中发表我们所应发表的意见。不过，香港居民的爱国心素重，请毋一时冲动，有碍国政进行，而忽视委座的谆谆劝导。应以镇静态度，期待外交成功，并于适当时机中欢迎国军举行入城典礼。

平心而论，这篇社论在论述中国理应拥有香港受降权的观点时，是鞭辟入里的。但在议论香港华人如何对待"谁来接收香港"的问题时，却暴露出中国传统政治文化只强调"国权"、"国政"而否认"民权"、"民主"的弊端。

当时，正是由于香港中文报刊等传媒以及战后"政治真空"期间公开恢复活动的国民党港澳总支部、三青团港九分团等政治组织力劝爱国港人"请毋一时冲动"，应"拥护国权"、"勿碍国政"、"期待外交成功"，遂使香港华人无法像战后其他英属殖民地人民一样，开展反对延续英国殖民统治的大规模的民族民主运动，有组织地表达要求香港归还祖国的正当意愿，响应和支持中国国民政府对英交涉香港受降权。而港人"于适当时机中欢迎国军举行入城典礼"的热切期盼，便于孱弱的"国权"、"国政"与"民权"、"民声"中，烟消云散。

8月29日，《香岛日报》发表社论《香港接收问题明朗化》。内中引载蒋介石在同月25日发表谈话时，申明国军不接收香港的原因：

> 中国并未派出军队接收香港，因香港本有条约规定，故在中国未与英国交涉以前，实不能改变其地位；惟吾人甚愿与英国协议以解决之。

至此，国军不来接收香港，已经"明朗化"。

英军前来接收香港，也已"明朗化"。

同日，夏悫少将率领的英国海军特遣舰队驶抵香港以南的中国担杆列岛海面。夏悫在旗舰"不屈"号航空母舰上，用无线电向香港日军总督部宣布英军前来受降。

英国海军特遣舰队包括两艘航空母舰、两艘巡洋舰和驱逐舰、一艘战列舰以及多艘鱼雷艇和潜水艇，可谓实力雄厚。

英国航空母舰"不屈"号驶入香港

8月30日早晨，英军舰队浩浩荡荡地驶近香港岛南端的赤柱海面，派出摩托艇去解救赤柱国际营的战俘和难民。夏悫随即换乘巡洋舰"史维苏尔"号，由两艘驱逐舰和潜水艇护航，直驶九龙半岛与香港岛之间的维多利亚港。

维多利亚港的海面上，不愿投降而愿为已经战败了的日本法西斯主义殉葬的一些日军官兵，乘坐约100艘木船，企图向缓缓驶来的英军舰队发起自杀式攻击。从航空母舰上起飞的英军战机很快以轰炸和扫射，荡平日军顽固分子以卵击石的妄动。

最先驶入港口的一艘英军驱逐舰也受到正在海军船坞码头上放哨的一名日本兵开枪射击。舰上一挺马克西姆重机枪立即朝他开火，还以颜色。日本兵抱头而逃，随即切腹自杀。

九龙岸上的日军也曾两度向陆续驶入港口的英军船舰开火，但很快就被制伏。

夏悫胜券在握地站立在巡洋舰高耸的指挥塔台上，俯视着碧波荡漾的湛蓝色海面，对小股日军负隅顽抗的自杀式举动不屑一顾，心里只考虑接收香港之后，如何建立军政府，实施军事管制并逐步复兴香港。

忽然，他看到泊靠在港口的帆船，每一艘帆船上，都飘扬着中华民国的国旗。港湾岸边的几乎每一栋房屋乃至每一个窗口，也同样飘扬着中国国旗。他的神情不由凝重起来。

香港华人普遍以悬挂中国国旗的方式，冷眼看待英国人从日本人手中接收香港。

当天，港英临时政府向全港市民发布光复后的第一号公报。当晚，香港 ZBW 电台恢复广播，呼吁市民保持冷静。

此后，港英政府将这一天作为香港重光纪念日，是为公众假期之一。

回归梦再搁 52 年

1945 年 9 月 1 日，夏悫在旗舰上签发《军政府统治公告》，宣布香港临时军政府成立，对港九居民实行军事管制。随后签发《委托权力公告》，表示军政府将把权力转交各个渐上轨道的行政机关。

当天，在英军已经接收香港的情况下，英国政府通知重庆，同意接受由中国战区统帅委托英军司令官夏悫对香港日军受降。

随后，重庆派中国军事代表团抵达香港，与夏悫就香港受降与国军过港北上等问题进行谈判并达成协议：中方同意由英方主持香港受降活动，中方协助英方办理受降事宜；英方同意自达成协议之日起，至 1947 年 8 月 15 日止，中国军队得自广州进入英界，在香港乘搭海轮北上，并将九龙塘北部一部分民房租给中方，作为国军北上的临时兵营。于是，全副美式装备的国军，源源不断地开入九龙。然后乘坐美国提供的各种海上运输工具，昼夜不停地赶赴北方各大城市与战略要点，抢占和扩大地盘，准备与在抗日游击战中迅速壮大的中共军队打内战。

先后开入香港九龙的国军，总数超过 10 万人！

如果这些国军不去打内战而留下来接收香港，香港唾手可得，历史将重新改写。

历史没有"如果"，只有当时人所作所为种下的结果。

结果是：战后收复香港的良机被轻易放弃。

根据中国方面提议，香港日军投降仪式在 9 月 9 日日本中国派遣军总司令官冈村宁次在南京举行投降仪式之后进行。

9 月 16 日下午 4 时，香港总督府楼下大堂，卫兵环立，气氛庄严肃穆。

大堂当中摆着一张大长桌，桌后摆着四张椅子，英国海军少将夏悫以香港军政府最高长官身份，代表英国政府兼中国战区最高统帅蒋介石，端坐在长桌后面正中央的椅子上，准备接受日本驻港陆军司令和华南舰队指挥官的签字投降。

中国派出少将潘国华、余少麒和中校周雁宾等 5 人，组成军事代表团，参加这一受降仪式。潘国华坐在夏悫的右边，其余的人和与会的盟军军官环列着站在大堂四周。

夏悫的左边坐着美军代表威廉逊上校，再左边坐着加拿大军代表凯士上校。

3 名全副武装的英军将日军投降代表冈田梅吉陆军少将和藤田类太郎海军中将押入大堂。冈田与藤田两人走到长桌前，向英、中、美、加四国受降代表行九十度鞠躬礼。

夏悫严肃地问冈田、藤田是否已经明白投降书的内容。两人齐

中、英、美、加四国代表接受香港日军投降

声回答说"明白"，随即各自解下佩剑，献给夏悫，然后用毛笔在英文写成的投降书上签字。投降书全文如下：

> 签立降书人冈田陆军少将和藤田海军中将，兹根据1945年9月2日在东京湾签立投降文书第二条所载，任何地域所有日本武装部队和日本辖下的部队，均须向盟国无条件投降。因此，我们代表日本天皇和日本帝国大本营以及我们辖下所有部队，谨向夏悫海军少将无条件投降，并负责履行海军少将或其授权人所颁发一切指示，和发出一切必要的命令，俾能予以实施。

> 1945年9月16日，陆军少将冈田梅吉、海军中将藤田类太郎在英国政府代表兼中国战区最高统帅代表夏悫海军少将之前，签立于香港总督府。

冈田、藤田签字之后，夏悫吩咐卫兵将二人押下，随即在港督府的草地上举行升旗典礼，米字旗又正式升起在香港上空。

几经争拗而为世人瞩目的香港受降仪式，仅仅历时15分钟。

日占香港时期香港华人和各同盟国籍人遭受的苦难，却长达三年零八个月。

光复后的香港，依然是延续英国管治的"殖民地"。

香港日军受降仪式结束后，英国路透社记者随即采访率领中国军事代表团参加此次受降以及接收香港日军军用物资的国军少将潘国华，径直询问其如何看待战后香港的前途问题。潘将军后来回忆说：

> 余稍加思考，当即答云："我军事代表团此次前来香港，主要任务在接受香港日军之投降及其所有之军品物资。至关香港前途之讨论，本团尚未奉有此项任务，自未便多所发言。不过，本人以中国国民一分子的立场，对此问题也许有些看法。我认为英国的取得香港，是由鸦片战争而来。当时，英国政府以炮舰政策，威胁清政府，迫订《南京条约》，乃有割让香港之事。这种史实，在中国固为耻辱，而在英国亦不光荣。现值第二次世界大战结束，英、美与我均系同盟国，我已为四强之一。且英、美各国表示自愿放弃不平等条约，与我重订平等新约。香港之割让，是基于不平等条约而来，今不平等条约既经废除，自无再行保持香港之可能与必要，未审阁下以为如何？"彼聆讯之后，似对中国将领之率直无隐，不无惊奇之感。遂云：这问题很值得研究欤，乃尽而退。

潘国华感愤于英国继续沿袭近代与中国签订的不平等条约，在战后的香港重建殖民统治，于是通过驻港中国军事代表团的机要密电，再三向国府最高领导人蒋介石建言陈词，建议趁国军借道香港北上之机，收复香港。后来，他在《香港受降忆往》一文中写道：

> 受降之后，我就基于这一概念向最高当局提出建议。余对当局之建议，皆由余亲拟文稿，使用专家对总统通讯之密码，由刘方矩上校亲译，然后经专用电台发出。在知其事者，仅我二人。所以如此慎密，乃防企图泄露，反生枝节也。余为此曾再三进言，当局仅有一次反应，略云"所见甚是，惟时机上尚待考虑"等语。盖当时国内情势，未趋稳定，虽对外战争赢得胜利，而国内和平尚难实现，如何安内攘外，似为当务之

急。北方情势急待增援，极不欲以一军留驻香港。加之对共产国际自须有所戒惧，并不愿盟邦原有之关系有所影响，因之对香港问题之解决，乃生迟疑，未能断然处置。

潘国华的忆述，道出蒋介石最终决定国军只借道香港而不趁机收复香港的心思。当时，蒋介石急于借助美、英两国的力量，紧急调运国军主力北上，接管投降日军先前控制的大片国土，准备向在敌后抗日游击战中迅速壮大的中共军队发动内战。攘外必先安内，收复香港之事自然被搁置下来。

此时，英国人在香港恢复殖民管治之后，却因兵力不足，一度想借助中共东江纵队在香港的实力和影响力，以维护香港新界地区的治安秩序。

日占香港后期，东江纵队港九独立大队的活动范围遍布香港各地，下辖西贡中队、沙头角中队、元朗中队、大屿山中队、海上中队、市区中队等6支游击武装，在香港城乡居民中享有较高的威望，其实际控制的西贡等游击根据地治安井然有序，得到当地人的拥护。

英军特遣舰队重新占领香港之后，由于陆上兵力不足，暂时只能控制港九城区。一时治安紊乱，百废待举。暂时借助中方武装力量，维持香港治安，就成为新建立的香港军政府考虑的当务之急；加上英方在香港日军受降问题上曾与蒋介石及其国民政府发生激烈争执，不便借助国民党指挥的过港国军，且恐其纪律松懈，祸及香港，于是，香港军政府便着手借助中共之力，以为权宜之计。

1945年9月上旬，港英方面向东江纵队表示，希望港九独立大队暂缓撤离香港，协助维持治安，并愿意就此问题与东江纵队谈判。

9月下旬，港九地区的社会秩序回复正常状态。根据中共中央的指示，东纵司令部决定将港九独立大队撤离香港，同时派人与香港军政当局谈判有关善后事宜。9月28日，油印的《东江纵队港九独立大队撤退港九新界宣言》在香港各区散发张贴，表明中共领导的游击武装愿意在香港"重光"的欢呼声中功成身退：

> 全世界反法西斯战争和中国抗战胜利结束了！我港九人民已经在日寇铁蹄下解放出来了！

> 回溯我队在港九沦陷后成立，我们的目的就是打倒日本侵略者。三年又八个月，我们在中国共产党领导下，冒出生入死之险，不惜重大牺牲，救护盟邦人士，肃清土匪活动，破坏敌伪统治，保卫人民利益，确实尽了我们应有的努力，并做出了许多成绩。斗争的事实又说明，我港九人民对于祖国是无限忠诚的，对于敌人是极端仇恨的。三年多的日子，他们虽饱受日寇的屠杀与迫害十分惨重，但他们对我队的帮助与支持却有加无已，他们的斗争实在是可歌可泣的。

> 今天，全世界和全中国和平建设的时期来临了。在这新情况下，我队奉司令部命令，从港九新界地区撤退。在此以前，我们已经发现过不少反动分子、地痞流氓假冒东江纵队名义，到处招摇撞骗，抢劫勒索，无所不为，实施挑拨阴谋，破坏我队威信。在此以后，我港九人民要更加提高警惕，加强自卫力量，消灭与防止土匪流氓及反动分子的破坏活动。我队特再郑重声明：在宣言之日起，一星期内撤退完毕。

> 别了！亲爱的港九新界同胞们！今天，我们离开港九了，但我们关心你们的自由幸福，仍和以前一样。经过了长期困苦的斗争之后，我们希望你们能获得香港政府的救济，重建家业，改善生活。我们希望你们光荣的斗争能引起国际人士应有的尊敬，获得应有的自由、和平与幸福的生活。

> 今天，我们撤退了，但我们的心却是永远不会离开你们的。

> 大队长　黄冠芳
> 政治委员　黄云鹏
> 中华民国三十四年九月二十八日

港九独立大队的撤退宣言，使港英当局确信中共无意以武力夺取香港。他们因此称赞宣言写得好，再次要求与东江纵队谈判。同年9月底10月初，东江纵队基于"争取外交统战关系，展开宣传民主运动"的考虑，委派当时担任东江抗日民主政权的东（莞）宝（安）行政督导主任谭天度等人，与港英当局的代表进行谈判。

10月2日，中共广东区党委向党中央电告双方首次谈判的要点：

我主动提出：

1. 我武装撤退后，尚留下之非武装及伤兵、病员，应予保护。

2. 在港设办事处，进行撤退事，与我协商及以后联络。

3. 大鹏湾海面，我队因保护商旅，撤退时间须稍迟。

4. 希予港九人民以武装自卫、维持治安之权利。

5. 我拟组织战后救济会，希望赞助进行。

6. 非得我同意，英军不得自由进入我地区。

港方表示完全同意，并对我数年来坚持斗争之精神及成绩，深表敬佩感谢。

同时提出：

1. 现英军兵力单薄，希我队再留驻九龙以西及大屿山之地区，待将来再逐步撤退。

2. 协助英方组织及武装港九之人民，要其供给武器及经费。

10月9日，东江纵队政委尹林平致电中共中央，报告东江纵队与港英当局达成的初步协议，以及东江纵队的对策：

1. 英方允许我人员在港九居住、来往、从业的自由。并指定医院数处，安置我伤病人员约三百人。医药、膳食均由他负责。

2. 同意我队之人负组织四个区域的民众自卫武装，枪械、给养、管理均由他负责，人数尚未商定。我们拟将现在队伍拨一部分去，以掌握武装；并安置一批身体较弱的干部，另设两个秘密电台在附近山地（市内电台不在内），以便内战严重时，党的机关转移到那里。

3. 在新界外围几个区，要求我们暂缓撤退武装，但不同意我所提改变名义的方法（由他指挥我整理的义勇队或后备警察）。我拟答应他的要求，但须确定三个月至四个月的时间，须由他帮助经费。他同意我武装船在马士（百）湾海面活动，但陆上据点尚未答应。

4. 他应允救济新界人民，由我协助进行。

5. 同意我在香港设办事处，与他联系。对于秘密联络，我拟要求他帮助我建立电台。

6. 九龙军事最高负责人菲士廷将军想会见曾（生）、王（作尧）。我们正试探其来意，必要时拟与之会晤。

7. 我拟利用时机，在港九进行募捐经费，并进行秘密内线工作。

上述电文表明，港英政府为了应付接收香港时出现的兵力不足、治安不稳的局面，不得不改变即使在日军进攻香港时也一直坚持的反对武装华人的政策，在请求东江纵队部队暂缓撤离香港的同时，同意东江纵队提出的建立新界乡村自卫武装的要求。而且，英军驻港将领还希望与东江纵队司令员曾生、副司令员王作尧会晤，答应允许东江纵队在香港设立办事处。这一切，都为中共继续在香港坚持活动，进而在日后将香港作为华南解放战争的地下指挥中心，奠定良好的政治和社会基础。

1945 年 12 月 26 日，BAAG 奉命解散。赖特上校为首的英军官兵与曾在香港政府机构任职的华人公务员们，在香港沦陷之后自动组织起来，致力于营救困留香港的盟国战俘难友，千方百计收集各类情报，为包括香港在内的中国战区的华南抗战作出自己应有的贡献，同时也与中共领导的东江纵队建立颇为友好的合作关系。香港对日作战史上将给他们留下光辉的一页。

此后，赖特主持香港大学的复校工作。1949 年，他出任香港大学副校长，直至 1964 年退休离职。他的儿子伊德文·赖特根据他保存的资料和文件，写成《1942—1945 年香港抗战期间的英军服务团》一书，1981 年由英国牛津大学出版社出版。

1945 年冬天的一个晚上，寒风呼啸。九龙油麻地的庙街失去白日的街市喧哗，变得冷冷清清。只有街中间的土相派名相士黄石公开设的"阳档"灯火辉煌，吸引着三三两两前来卜卦算命的各种人物。

一个相貌英俊、斯文的国军军官匆匆从远处走来。他路过大名鼎鼎的黄石公相命"阳档"，看到档前悬挂着的"眼观前世姻缘，心测未来祸福"的招牌，不禁心念一动，竟折回头，坐到黄石公的档前。

黄石公打量着这位将近 30 岁的国军军官，判断他是广东人氏，便用粤语问道："请问长官此来，是问前程，还是问财气？"

军官摇摇头。

"是问父母、兄弟、姐妹，还是问个人姻缘？"

照样摇摇头。

黄石公心里有些不安，再三思量之后，试探着问："长官可是家居香港？"

军官点点头。这下子，黄石公放下心来，从容问道："那么，长官想问——"

"国家大事，香港几时归还中国？"军官突然开声说道。

这回轮到黄石公心中一震。他沉吟半晌，反问："长官是坐飞机来，要坐船到北方去？"

"是，明天一早就随军北上。"军官想起 8 年前抗战爆发，自己投笔从戎，返回内地，参军杀敌；现在虽说算是衣锦荣归，却又要奉命北上，前途叵测，更不知何时能见香港归还中国，不禁百感交集，仰首慨叹。

黄石公陪着军官叹了一口气，忽然问："长官乘坐飞机来港，可曾俯瞰港九山川大势？"

军官答："看过又如何？"

黄石公一本正经地解释说："港岛如海上浮萍，归属未定；九龙、新界背靠大陆，劫数尽时终有结果。"

围观的人群对黄石公与军官的对话越听越有兴趣，大家忍不住催促黄石公测算一下中国何时收回香港。

黄石公猛然醒悟，连忙伸出一个巴掌，摇两摇，赔笑道："天机不可泄，莫谈国事，莫谈国事了，哈哈。"

后来，崇拜黄石公相术的人都说：一个巴掌，五个手指，摇两摇，就是暗示中国收回香港的时间。这时间，有人说是 7 年之后，有人说是 10 年之后，还有人说是 52 年之后。

其实，香港的命运乃至中国的命运，都不是由"天机"，而是由站起来的中国人民来决定的。

1982 年 9 月 22 日，享有"铁娘子"盛名的英国首相玛格丽特·撒切尔夫人飞抵北京，就香港前途问题和中国政府领导人举行会谈。地点就在在天安门广场西侧的人民大会堂。

次日，中国政府领导人向中外记者第一次明确宣布：中国政府将在 1997 年恢复对香港行使主权。

24 日，邓小平会见撒切尔夫人时，阐明中国对香港问题的基本立场。他说：

> 关于主权问题，中国在这个问题上没有回旋余地。坦率地说，主权问题不是一个可以讨论的问题。现在时机已经成熟了，应该明确：一九九七年中国将收回香港。就是说，中国要收回的不仅是新界，而且包括香港岛、九龙。中国和英国就是在这个前提下来进行谈判，商讨解决香港问题的方式和办法。如果中国在一九九七年，也就是中华人民共和国成立四十八年

后，还不把香港收回，任何一个中国领导人和政府都不能向中国人民交代，甚至也不能向世界人民交代。如果不收回，就意味着中国政府是晚清政府，中国领导人是李鸿章！

这番斩钉截铁的话，使"铁娘子"感到震惊。或许是因此神情恍惚，她在走下人民大会堂的台阶时，竟一不留神一脚踏空，差点跌倒在台阶下。

"铁娘子"在北京"失足"。这一意味深长的历史画面立即通过电视、报刊等传媒，映印在世人的心目中，成为预示英国将对香港放弃持续一个半世纪的殖民统治的历史征兆。

两年之后，即 1984 年 9 月 26 日，在北京人民大会堂西大厅，中、英两国政府代表团团长分别代表本国政府，草签《中华人民共和国和大不列颠及北爱尔兰联合王国政府关于香港问题的联合声明》。《联合声明》宣布：中国政府决定于 1997 年 7 月 1 日对香港恢复行使主权；英国政府将在同日将香港交还中国。中国政府还在《联合声明》中，按照"一国两制"的构想原则，宣布对香港的基本方针政策。

至此，一代代人热切期盼并努力争取的收回香港主权的问题，终于大局已定，前景明朗。

同年 10 月 22 日，邓小平总结解决香港问题的原因，说：

> 香港问题为什么能够谈成呢？并不是我们参加谈判的人有特殊的本领，主要是我们这个国家这几年发展起来了，是个兴旺发达的国家，有力量的国家，而且是个值得信任的国家，我们是讲信用的，我们说话是算数的。粉碎"四人帮"以后，主要是党的十一届三中全会以后，五年多的时间确实发生了非常好的变化。我们国家的形象变了，国内人民看清了这一点，国际上也看清了这一点。当然，香港问题能够解决好，还是由于"一国两制"的根本方针，或者说战略搞好了，也是中英双方共同努力的结果。

国际政治，说到底是实力、智慧的较量。

国力强盛加上方针策略正确，中国就可以实现统一、民主、富强并且与世界各国平等相处的悠悠大国梦。

1997 年 7 月 1 日，中国对香港恢复行使主权。

此时，距离 1945 年抗日战争胜利和香港"重光"正好将近 52 年。

从此，香港可以背靠祖国，面向世界，继续谱写繁荣、稳定、昌盛的历史新篇章。